德国社会经济的韧性

为什么是德国

[英] 约翰·肯普夫纳 (John Kampfner) ◎著
胡文菁 ◎译

Why
The Germans
Do It Better

Notes from a Grown-up Country

浙江人民出版社

图书在版编目（CIP）数据

为什么是德国：德国社会经济的韧性 /（英）约翰·肯普夫纳（John Kampfner）著；胡文菁译.—杭州：浙江人民出版社，2023.3

ISBN 978-7-213-10825-9

Ⅰ.①为… Ⅱ.①约… ②胡… Ⅲ.①经济—研究—德国 Ⅳ.①F151.6

中国版本图书馆CIP数据核字（2022）第206409号

浙江省版权局
著作权合同登记章
图字：11-2021-139号

Why The Germans Do It Better: Notes from a Grown-up Country
By John Kampfner
Copyright © John Kampfner 2020
Simplified Chinese translation copyright © 2023 by Zhejiang People's Publishing House , Co.,LTD
All rights reserved

为什么是德国：德国社会经济的韧性
WEISHENME SHI DEGUO: DEGUO SHEHUI JINGJI DE RENXING

[英] 约翰·肯普夫纳（John Kampfner） 著　　胡文菁 译

出版发行：浙江人民出版社（杭州市体育场路347号 邮编：310006）
　　　　　市场部电话：（0571）85061682　85176516
责任编辑：方　程
特约编辑：陈世明
营销编辑：陈雯怡　赵　娜　陈芊如
责任校对：杨　帆
责任印务：刘彭年
封面设计：末末美书
电脑制版：济南唐尧文化传播有限公司
印　　刷：杭州宏雅印刷有限公司
开　　本：710毫米×1000毫米　1/16　　印　张：17.75
字　　数：220千字　　　　　　　　　　插　页：1
版　　次：2023年3月第1版　　　　　　 印　次：2023年3月第1次印刷
书　　号：ISBN 978-7-213-10825-9
定　　价：68.00元

如发现印装质量问题，影响阅读，请与市场部联系调换。

致我已故的父母弗雷德（Fred）和贝蒂（Betty）。经历过战争的他们，对德国有着属于自己的评判。

推荐序
为什么德国不同

1989年11月9日,柏林墙倒塌,默克尔35岁。她没有像其他民主德国人那样,兴冲冲地第一天就穿过柏林墙去联邦德国。当天是周四,是默克尔的"桑拿日",她选择像往常一样,约了朋友一起去蒸桑拿:既然墙塌了,去西柏林的机会要多得多,不急在一时。她很能沉住气。

在柏林墙倒塌之前,身为科学家的默克尔早就盘算好了去联邦德国的计划,准备像很多民主德国的科学家一样,等60岁一退休,就办好手续去西柏林:到时候,带上积蓄,在西柏林找个警察局换一本联邦德国护照,然后就到美国自驾游,从东海岸一直开到西海岸。

第二天,默克尔随着人潮到了西柏林,从陌生人手中接过一罐啤酒。联邦德国政府给民主德国人每人100联邦德国马克的"见面礼",默克尔没有像其他人那样乱花。冬天的柏林,许多开销都免不了,在黑市上,联邦德国马克与民主德国马克的比价已经到了一比十。她当时没有想到,为了推动两德统一,联邦德国总理科尔会把两德马克的汇率定成一比一。

相信无论是默克尔还是当时的全球观察家都很难想象,民主德国人默克尔在统一后的德国政坛能如此快速跃升。因为没有历史的包袱,

1990年，默克尔作为民主德国屈指可数的德国基督教民主联盟代表，被选入统一后德国的新一届国会。科尔一下子就看中了默克尔，把她收入自己羽翼之下悉心栽培。

在喧嚣而民粹盛行的世界中，自2005年起就担任总理的默克尔几乎成为西方各国的压舱石。

新冠肺炎疫情再度凸显了德国与英美治理水平的差异。与特朗普和约翰逊政府不同，默克尔在新冠肺炎疫情的处理中表现出沉着、稳健、果断，备受称赞。她相信科学，和民众讲清楚形势，也制订了详尽的计划，把疫情给德国带来的冲击减到最小。

约翰·肯普夫纳在《为什么是德国：德国经济社会的韧性》中提出，默克尔的低调与务实恰恰凸显了战后德国已经成长为一个成熟的大国，有不少地方值得英美学习。虽然默克尔在一年前辞任，但她对冷战结束之后德国的影响深远。

1871年1月18日，铁血首相俾斯麦统一德国，距今只有150多年。而在短短150多年的历史中，德国给全世界带来了巨大的冲击，发起了两次世界大战，纳粹杀害了几百万犹太人，第二次世界大战（简称"二战"）之后一片废墟的德国又分裂了44年，真正统一的德国也才只是一代人30年的光景。为什么相对其他西方大国，德国在如此短的时间内能做得更好？这的确值得我们仔细琢磨。

直面历史，积极向前

因为1945年前的历史不堪回首，过去70多年，德国一直努力向前看，也一直力图成为经济发展和政治持重的优等生。"二战"后德国直面历史的态度，体现在三个重要的时间点。

1968年，距离"二战"结束已经23个年头，联邦德国在这一年超越英国成为全球第三大经济体，但这一年更重要的事件是战后一代年轻人的觉醒和反抗。他们把父辈在纳粹统治期间的罪恶——要么服从，要么默许——暴露在阳光下，对纳粹历史展开了彻底的清算。

1970年，联邦德国总理勃兰特在华沙犹太隔离区起义英雄纪念碑前为死难的犹太人下跪，为战争给他国人民造成的巨大痛苦真诚地道歉。我们千万不要小看勃兰特的这一跪。这一真诚悔过的姿态帮助联邦德国获得邻国的谅解，不仅为联邦德国经济崛起成为欧洲经济的发动机奠定了基础，也为19年后冷战结束时两德成功统一创造了契机。

1985年5月8日，德国战败40周年，联邦德国总统魏茨泽克在纪念发言上提出"5月8日是解放日"。这句话很震撼，他认为5月8日不是战败日，而是将德国从纳粹的枷锁中解放出来的日子，这再次表明了德国的态度。和其他大国不同，战后的德国人很清楚，在现代，它没有煊赫的历史可以炫耀，历史上背负着的都是负资产：两次世界大战战败的包袱、纳粹上台的包袱、屠杀几百万犹太人的包袱。德国必须轻装前行，积极向前。对历史的清算让德国人更强调制度建设。

对历史的反思，让战后的德国不仅在废墟上重建了经济，也重建了自己的精神家园。德国人变得更善于反思。而这种反思，让德国人一方面更执着于恢复文化层面和社群层面维系人与社会健康发展的纽带，另一方面对全球化和科技进步带来的快速变化有更多质疑。这种反思也让德国人并不像英美社会那样盲目崇拜成功，德国人会花更多时间去讨论事情背后的意义。甚至在文艺创作领域，德国也有更多棱角，不会像英国人那样沉溺于怀旧。

相反，许多英国人对德国的理解仍然停留在1945年之前的刻板印象，并因为电影《敦刻尔克》和《至暗时刻》而被一代又一代地加深。作为旅居德国的英国人，肯普夫纳在书中自嘲：1945年，英国丢掉了帝国，却还没有找到自己在全球的位置。70多年过去了，英国光是一个脱欧就瞎折腾了四年之久，脱离欧盟的英国将沦为二流国家。相反，德国人选择只向前看，不回头。英国脱欧之后，德国将成为欧盟27国名副其实的领头羊。

战后德国之所以成功，一个很大原因是它真正吸取了历史教训，但并不是所有国家都能够理解这一点。《枪炮、病菌与钢铁：人类社会的命运》的作者贾雷德·戴蒙德在新作《剧变》中强调，无论是曾经的大英帝国还是如今的美国，都期望掌握主动权，将自己的意志强加于他国，究其实质，还是因为它们缺少对历史的反思。

"二战"的全面失败和战后分裂的痛苦与重建的艰辛，让德国人更清楚俾斯麦在150多年前就提出的观点：德国需要清晰地理解大趋势，必须选择因时而动，抓住对自己有利的机会。

社会市场经济

德国与英美到底有哪些不同？

两德统一之后，德国境内各区域的经济能够相对均衡发展（当然两德经济还是存在差距）。德国不像英国或法国，伦敦和巴黎占据太多资源，头重脚轻；也不像美国，东西海岸和芝加哥等大都市与内陆之间不仅存在经济发展的鸿沟，政治上也日益撕裂。虽然德国老牌政党在走下坡路，极右翼势力抬头，但默克尔构建的以德国基督教民主联盟为主的党派同盟执政超过15年，为德国带来了稳定。后默克尔时代，朔尔茨率领德国社会民主党组织新执政联盟，没有其他欧洲国家党派联盟不稳固的问题。

更重要的是，与20世纪80年代里根、撒切尔夫人所推崇的自由市场经济不同，虽然同样面临全球化的冲击和科技迭代的颠覆，德式的"社会市场经济"（social market economy）仍显示出稳健的发展步调，努力去平衡资本与劳工、大城市与乡村、短期与长期的关系。而在自由市场经济中，这一系列关系的失衡，自2008年金融危机之后就不断产生日益严峻的问题。

德国经济学家阿尔马克提出了"社会市场经济"这一概念。德国战后经济的发展也顺应这一逻辑：一方面，让市场来配置资源，发展经济，创造财富；另一方面，在经济成果的分配上兼顾资本和劳工，体现社会的公平。

德国人特点鲜明。他们守规则，有社群精神，强调秩序。整个德国社会都构建在一种相互肩负责任的基础上，而这一责任也代表了一种保持平衡的社会态度：国家就是为了帮助弱者挑战强者，平衡富贵与贫穷。

在企业组织上，社会市场经济强调劳工与资本的平衡，工会代表进入董事会，工会加入企业的管理。在面临经济周期下行或经济危机的时候，企业尽可能减少裁员，用提前休假、无薪休假、减少工作时长等办法，共度时艰。德国企业在成长过程中意识到，强有力的工会和资方与劳方共同遵守的规则是更好的制度安排。劳工的稳定让它可以避免英美企业在经济下行时大量裁员给劳工带来的痛苦，也不用担心在经济上扬时需要花大量时间培训新员工。强大的工会参与董事会管理，也可以确保劳资双方大多数时候都会选择协商而不是对抗罢工的方式解决纠纷。

持续投资人力资源，使得德国企业工人的生产率能够持续提升。这也是2019年就有德国企业率先尝试"做四休三"的工作制度，减少工作时长，让员工有更多时间照顾家庭、享受生活的原因。

资本和劳工有制度保障去谋求共识，也有助于德国企业拥抱"长期主义"。德国企业的中坚是家族连续几代人管理的中小企业。恰恰是因为资本与劳工的利益的深度捆绑，这些中小企业的发展目标更长远，它们也能确保自己持续在细分市场保持领头羊的地位。

德国大企业分布在全国各地，而不是集中在几个大城市，也确保了区域之间经济发展的平衡，以及大城市与乡村之间的平衡。柏林几乎成为西欧所有大国中唯一对国民经济不具备主导地位的首都，自然有其历史原因（当然，柏林也因此成为德国的创意与创业之都）。相比之下，英美等国过去30年越来越多的工商业向主要大城市集中，加剧了社会的失衡。

面临三大挑战

2004年11月，在默克尔当选总理之前，有人问她，德国最能唤起她什么情感？她用一贯平实的语言回答："我会联想起密闭很好的窗子，没有哪个国家能制造出密闭性又好又漂亮的窗子。"2021年底，默克尔辞任总理，德国制造的可靠性或许是默克尔管理这个国家留下的最大遗产。

在总理任上，默克尔的低调作风赢得了世人的尊重。她行事稳重小心，好像深思熟虑的棋手。随着在位时间的增加，她越来越谨慎，做事强调迈小步，尽量考虑周全。

不过，这并不意味着德国没有挑战。相反，无论是全球化的冲击，还是技术迭代带来的创新窘境，抑或是发达国家面临的人口老龄化难题，都是复杂的难题。

简单梳理一下，德国面临着三大挑战。

首先，在高科技不断颠覆在位企业的时代，德国企业被普遍认为创新不足。为数不多的德国移动支付企业Wirecard爆出的造假丑闻，让很多人担心德国人没有学到硅谷创新的精髓，却沾染上热钱吹捧出的泡沫。英国脱欧带来的机遇，让法兰克福跃跃欲试，并希望取代伦敦成为欧洲的金融中心。可是，以德意志银行为代表的德国大银行还没有走出 2008 年金融危机的挫败，依然一蹶不振。在云存储、云计算和云服务勃兴的数字经济时代，德国软件巨头思爱普也和当年最主要的竞争对手美国的甲骨文那样，缺乏竞争力。最令人担心的是德国企业的脊梁——汽车制造业，它会不会在应对电动汽车新势力时一再贻误时机。

这一系列质疑都在挑战德国企业所信奉的"缓慢但踏实"的做法。努力在资本和劳工之间谋求共识的做法，能否适应全球化带来的更大的竞争压力，以及科技迭代带来的更快的变化？换句话说，德国能否适应快速数字化转型的时代，能否在数字经济领域推动创新？

其次，全球化的竞争显然对德国的社会市场经济带来了冲击，德国该如何应对？ 德国一贯秉持财政保守主义，强调"黑色的零"（对赤字说不），直接导致基础设施投资严重不足，现有的基础设施缺乏维护，数字基础设施更是乏善可陈，比如德国的网速在发达的经合组织（OECD）国家排名靠后。

两德统一之后，德国工人的实际工资基本没有增长。收入停滞，储蓄率高，导致德国整体消费没有大的增长，德国巨大的产能过剩需要其他国家的消费来支撑。

欧盟一体化，短期给德国制造带来红利，德国国内过剩的产能可以向欧洲他国出口。南欧的西班牙、葡萄牙也享受到了发展带来的红利，可以以更低廉的价格发债刺激经济发展。但欧元区的南北差异也带来长期的结构性问题，在 2008 年金融危机的冲击之下暴露无遗。欧元区第一个十年的繁荣，建立在南欧过度举债的基础上。比如，西班牙通过债务激增来消化德国的产能过剩，但在这一过程中带来了浪费性的消费，以及包括房地产在内的资产价格的暴涨。金融危机过后，南欧各国至今仍然没有从债务危机中完全走出，资产泡沫的破灭对德国和南欧国家都有所打击。

欧盟东扩，让两德统一的红利影响到更广泛的中东欧。冷战双方的工资和生产率都相差甚远。离德国和奥地利咫尺之遥的斯洛伐克，2000年的工人工资只有德国工人工资的九分之一。因此，过去30年，德国汽车企业在欧洲增加的产能几乎全部投资在东欧。寻求更便宜的工资水平，在跨国公司眼中无可厚非，但显然也给德国本身的经济带来了压力。

中国已连续多年成为德国最大的贸易伙伴。但德国人也在思考一系列问题：是否过度依赖出口中国？中美未来的贸易摩擦又会对中德经贸关系带来什么样的影响？中国并购德国中小企业中的行业龙头是否会对德国经济未来的竞争力带来负面影响？（美的并购德国机器人制造商库卡之后，德国已经加强了对这类并购的审批。）2020年岁末，历经七年谈判长跑，中欧投资协定终于达成。默克尔一直希望中欧能就市场准入、公平竞争与可持续发展等重要问题达成协议。协议达成，不仅了却她的夙愿，也为中德未来的经贸发展提供了制度性的规则与保障框架。

最后，统一之后的德国并没有完全融为一体。柏林墙倒塌30年之后，不少民主德国人再度燃起怀旧情绪，倒不是对民主德国有多少怀念——很多年轻的民主德国人出生在统一之后，而是对全球化带来的剧变感到恐慌。有人把民主德国人的这种心结比喻为"心中的墙"。

这种隔阂感也体现在于联邦德国人不大相同的身份认同。在不少民主德国人印象中，典型的联邦德国人常常把类似的话挂在嘴边：我已经厌倦了马尔代夫的海滩，正在想要不要把自己的奥迪卖掉，换辆新车。

不知道默克尔对这样的"凡尔赛"体，作何感想？

吴晨

《经济学人·商论》总编辑

2022年9月

目 录

推荐序　为什么德国不同 / 1

前　言　他们与我们 / 001

1　重建和铭记　战后岁月的痛苦 / 019

2　母亲的怀抱　默克尔与东部传承 / 049

3　多元文化　移民与认同 / 084

4　不再是孩童　民粹主义时代的外交政策 / 116

5　经济奇迹　德国的经济奇迹及其余波 / 150

6　同室不操戈　一个团结的社会 / 178

7　未来充满挑战　气候变化与汽车工业 / 209

结　论　为什么德国人做得更好 / 228

致　谢 / 236

参考文献 / 238

前　言
他们与我们

2021年1月是德国成立150周年，但德国人并不想庆祝。从俾斯麦至希特勒时期的德国无疑是军国主义、战争、大屠杀和分裂的代名词。除德国以外，世界上没有任何一个国家能在如此短的时间内给全世界造成如此大的伤害。

然而，此前不久的两个纪念日却有着更为积极的历史意义。2019年11月，数百万德国人由衷地庆祝柏林墙倒塌30周年。2020年10月是两德重新统一30周年。关于当代德国的故事，其中一半毫无疑问是由恐怖主义、战争和独裁统治构成的，而另一半是由赎罪、稳定和成熟书写的。除德国以外，世界上没有任何一个国家能在如此短的时间内取得如此大的成就。

诚然，思及德国的过去，有些人很难将德国视为道德和政治的灯塔。而我想将德国的方方面面与其他国家尤其是我自己的故乡英国进行比较。这必然会让那些仍然痴迷于丘吉尔和闪电战精神的人不爽。但实际上，德国拥有强大的宪法、更加成熟的政治辩论环境，更别提其在战后无与伦比的经济表现。

世界上还有哪个国家能以如此微不足道的代价成功实现和平统一？世界上还有哪个国家可以允许数百万难民进入自己的领土？

德国正面临着许多棘手的问题。难民的拥入加快了文化分裂。人们不再信赖那些历史悠久且备受推崇的老牌政党。许多人开始为极端党派投票，而且这一现象在原民主德国地区更为严重。经济增长也由于过度依赖出口而放缓，更别提人口老龄化和落后的基础建设这种老生常谈的问题。在欧洲和西方民主社会迫切需要一个领军人物的时候，德国在外交方面并没有承担起相应的职责。

随后到来的新冠肺炎疫情无疑是这个国家的另一场劫难。2020年早春，新型冠状病毒在欧洲传播开来，数十万人死去；经济崩溃，人们的生活再也回不到从前。世界各地都采取了严格的封锁措施，这迫使着人们重新思考与审视：什么是更重要的事情？国家和社会究竟应该扮演怎样的角色？我们的生活最终将恢复正常，但什么才是新的"正常"？

人们为什么要对自己的国家有信心、有信仰？衡量一个国家、机构或个人的方法不是看他们所面临的困难有多么艰巨，而是看他们如何克服困难。在当前的挑战下，当代德国的表现是令人羡慕的。德国有着其他国家完全无法比拟的成熟气度，这份成熟并不是德国与生俱来的，而是它艰难习得的。

新冠肺炎疫情是对领导力的终极考验。在上任15年后，德国时任总理安格拉·默克尔（Angela Merkel）迎来了这一特殊挑战。她言辞恳切而又坚决地向德国人详细讲述了他们为了遏制疫情蔓延必须做出的牺牲，以及她的政府必须实施的紧急法案——鉴于该国的历史，这些都是非常敏感的。默克尔坦率地告诉德国民众：她、部长们和科学家们知道什么，不知道什么。她从不吹嘘，从不说大话。她被迫做出的大多数决定都与当代德国所代表的价值观背道而驰。被关闭的边境表明，人们想在欧洲大陆自由穿行的伟大梦想可能会轻易地终结。一个德国公民，即使并不想向国家提供任何个人信息，也需要在此时被要求接受行迹跟踪和追查。默克尔知道，她别无选择。

而另一方面，英国向世界展示了一个完全不去应对危机的国家。英国时任首相鲍里斯·约翰逊（Boris Johnson）有着强大的演说能力，但他所领导的政府并不如同他的演讲一般令人信服。约翰逊未能及时意识到问题的严重性。尽管在英国政府于2015年发布的《国家安全战略、战略防御与安全政策评述》中，流行病就已经被列为该国面临的最高危险之一，但政府仍然没有做任何准备。这位首相宣称，只要保有英国人一贯的勇气，英国就能渡过难关。只可惜，尽管英国全程目睹了病毒在意大利的疯狂传播，英国政府对社交的限制措施仍然推行得十分缓慢。英国在提供新冠肺炎核酸检测和个人防护设备（PPE）方面也做得不尽如人意。总而言之，英国不可能找到一位比约翰逊做得更糟糕的首相了。应对危机需要一位有条不紊、忙中有细的领导人，而通过人际关系和玩弄话术上位的约翰逊显然不具备这种能力。

因新冠肺炎疫情去世的人非常多，这虽然令人极度悲伤，但并不奇怪。养老院变成了死亡陷阱。2020年5月，英国因新冠肺炎疫情死亡的人数居欧洲榜首。德国的确诊病例数也很高，当然，大量且广泛进行的新冠肺炎核酸检测也是确诊病例多的原因之一。但是，德国的死亡率与英国（及欧洲大部分地区）相比低出一大截，即使德国的人口老龄化问题更加严重。

英国新冠肺炎疫情的悲剧并非孤立发生的。当然，某些错误与医疗保健决策有关，但大部分问题的根源实际上深深埋藏在政府结构中。德国人惊恐地看着他们所钦佩的、务实又冷静的英国邻居陷入了伪丘吉尔式的自欺欺人。对于与我交谈过的大多数德国人来说，英国最近遭受的苦难一直令他们感到悲伤和同情。我们之间的许多对话都是从同一个问题开始的："我的英国朋友，你怎么了？"他们希望英国有一天能回归正常。

战后的德意志联邦共和国只拥有过八位领导人,其中大多具有相当高的地位。康拉德·阿登纳(Konrad Adenauer)为德国土地播下了民主之种,将联邦德国嵌入跨大西洋联盟中;威利·勃兰特(Willy Brandt)在冷战高峰期巧妙地缓和了局势;赫尔穆特·科尔(Helmut Kohl)以果决和灵巧的精神实现了两德统一;格哈德·施罗德(Gerhard Schröder)推行了非常激进的经济改革,尽管他的政党为此付出了巨大的代价。2005年,默克尔接替施罗德担任新一任德国总理,当代德国的大部分活动都围绕着这位女性展开。论在任时间,她已经超过了阿登纳,仅次于科尔。在我第一次见到她时,她是民主德国第一位也是唯一一位民选总理洛塔尔·德梅齐埃(Lothar de Maizière)的顾问之一。当时,我和她坐在东柏林的议会大楼里喝咖啡,那里是一个很受欢迎的聚会地点。当周围一片混乱时,她却沉着、克制和冷静,这使我大受震撼。如果那时我就知道她会成为德国总理的话……

自第二次世界大战以来,有四个关键年份定义了当代德国:1949年、1968年、1989年和2015年。我将按照主题而非时间顺序,来分析这些伟大时刻对当代德国在各个领域造成的不同影响。这四个年份给德国社会留下了深刻的印记,也使德国成为它现在的样子。1945—1949年,德国社会工作重心是重建因战争被占用和毁坏的土地。大多德国城市遭到了极大的破坏,甚至还有许多城市几乎被完全摧毁,数百万人流离失所。全面溃败的精神创伤主宰着德国民众。盟军,尤其是美国人,使这个破碎的国家重新站了起来。德国所有公共生活的基础都源自那部于1949年批准的《德意志联邦共和国基本法》(以下简称"德国基本法")。这是一部非凡的法案,是德国战后重建和恢复时期最伟大的成就之一。德国基本法不仅有着成熟且牢固的法律基础体系,还有着与时俱进的能力。自问世起,德国基本法已经被修改了60多次(每次修改都需要两院的三分之二多数通过),但这些修改没有危及其核心原则。与其他国家的同类法案相比，德国基本法无疑是绝妙的大师之作。美国宪法被一些只可能适用于18世纪而非当代的条款（例如第二修正案，授予美国公民携带武器的权利）拖累。法兰西第四共和国与德国几乎同时成立，但它的宪法仅持续了12年就遭到了废止，随着新宪法的通过，法兰西第五共和国成立。西班牙现行的基本法——1978年西班牙宪法，在马德里中央政府和加泰罗尼亚地方政府的争端下也显得摇摇欲坠。战后的意大利和比利时甚至连维持一个运作良好的政府都十分不易。与此同时，英国并没有一部单一的宪法法案，而是在时代的进程中不断改革和进化，形成了一系列原则的集合，我们始终相信自己会凭此渡过一切难关。

战后所构建的联邦德国政治体系是自由民主主义最伟大的成果之一。当然，英国人在其中发挥了重要作用。他们协助德国人制定了一部如此成功的宪法，以至于德国人最引以为豪的对象便是德国基本法。

为什么我们不考虑在英国也创造类似的东西，而不是继续用令人尴尬的政治体系来拖累自己呢？

德国战后初期的经济重建取得了如同奇迹一般的成功，但德国人并没有及时对战争进行反省和赎罪。直到1968年（第二个关键年份）发生在民主德国的学生和工人运动后，年轻一代才开始与父母面对过去。他们不再接受沉默、半真半假的论述或者全部的假话。他们想要了解老一辈人参与或视而不见的恐怖事件。几年后，巴德尔－迈因霍夫集团（Baader-Meinhof Group，即红军派）这一极左组织出现，它所呈现出的激进与暴力无疑是1968运动的延续。德国再次陷入了混乱之中。德国审视、直面并最终解决了这一问题，德国的民主也因此得以巩固。

毫无疑问，第三个重要的历史时刻便是柏林墙倒塌和两德重新统一。就在柏林那些激动人心的事件发生前不久，科尔在波恩以最高军礼迎接当时的民主德国领导人埃里希·昂纳克（Erich Honecker）来访，实现了两个德国的正常交往。然而，民主德国的国家形态也就此开始崩溃瓦解。1989—1990年，作为英国《每日电讯报》（*The Daily Telegraph*）驻民主德国记者，我有幸亲历了那段戏剧化的岁月。在莱比锡和东柏林时，我也参与了那些呼吁改革的自发活动，我知道警察和军队随时都准备向我们这群民间社会活动者和教会民众开火。这些抗议活动发生在1989年之后不久。当时我们谁都不知道抗议结束后会发生什么。抗议活动不一定会和平地结束。实际上，两德重新统一并不是注定发生的。

德国在两德重新统一后，成为其历史上第一个边境确定的稳定国家。

自此，德国人一直在审视他们在统一时所犯下的错误。当时，民主德国的经济体系能否得到更多保留呢？是不是一切都进行得太快了？联邦德国的民众是不是既傲慢又麻木不仁？为什么民主德国所具有的某些更好的特质，例如民主德国的女性更加自由平等的状态，没有被这个新国家吸纳？这些问题都是值得讨论的。然而，我不认为有人能说出任何一个可以比德国做得更好的国家，尤其是在德国是以极低代价实现了两德重新统一的情况下。

第四次历史动荡是2015年的难民危机。慈善机构、安全部门和军方都报告称，那些从中东和北非源源不绝拥入欧盟南部的难民是欧盟无法承接和应对的。默克尔当时正因希腊债务危机焦头烂额，并没有时间和精力应对难民潮。然而，她最终的举措是与世无双的。令所有欧洲国家感到震惊的是，德国向自战争结束以来在欧洲从未见过的巨大人潮敞开了大门。她为此在政治上付出了巨大的代价，德国的社会创伤被再次揭开，反移民政党德国选择党（AfD）支持率飙升。直到现在，德国人仍然对默克尔当时的决定感到震惊，但这一决定是正确的，也是好的。就算批评声从未断绝，但在当时的情况下，这位德国总理还能做什么呢？难道建集中营吗？

随着默克尔时代的结束，德国将面临比任何同类国家都更大的考验。为什么？正如托马斯·巴格（Thomas Bagger）——现任德国总统弗兰克-瓦尔特·施泰因迈尔（Frank-Walter Steinmeier）的顾问所指出的那样，这个国家的身份认同、国家稳定和自我价值都完全建立在战后德国的自由民主主义结构和法治体系上。1945年是德国的"零点时刻"（Stunde Null），德国从零开始了。不像崇尚军事力量的俄罗斯和法国，也不像喜爱讲述开国元勋故事的美国，更不像拥有大不列颠统治史且痴迷于战争的英国，战后德国没有可以追溯的历史根源。这就是为什么德国如此注重流程和想要把事情做对，而不是随意且迅速地处理事情。历史上，德国几乎没有高光时刻，这是德国拒绝回望的原因，也是德国将每一次对民主的挑战都视为国家生存威胁的原因。这也是为什么我和许多与这个国家有着复杂关系的人一样，非常钦佩它自1945年以来一以贯之的严肃与认真。更重要的是，我想记录这一切。

我与德国的联系最早可以追溯到20世纪30年代。当时，希特勒的军队正在向捷克斯洛伐克进军，我的犹太父亲弗雷德为躲避灾祸，匆忙地逃离了家乡布拉迪斯拉发。祖父母带着父亲辗转铁路和陆路偷偷穿过德国，并最终出境。他们有好几次差点被抓到，但都凭借着好运气和他人的善举逃脱了。而他们的许多同族亲戚死在了集中营。我的父亲最后在英国度过了自己的一生，其间他在新加坡生活了15年，正是在那里遇到了我的母亲——一名来自肯特郡的坚定的基督教徒，当时的她是英国陆军医院的护士。

我的童年都是在伦敦度过的，那是德国人备受嘲笑的20世纪60年代和70年代，无论歌曲、笑话还是电视节目，人们都爱拿德国开涮。"脏兮兮的德国人横渡莱茵河",这是一句在法国军队中广为传唱的歌词。"希特勒只有一个蛋,另一个在皇家阿尔伯特音乐厅"是一句笑话。① 我祖母的家位于牛津北部,我经常在她家花园的防空洞里玩耍。我会阅读战争题材小说作家约翰·勒卡雷(John le Carré)和弗雷德里克·福赛斯(Frederick Forsyth)的书,会看经典战争电影《冲破天牢》(Colditz)和《轰炸鲁尔水坝记》(The Dam Busters),会因为英国情景喜剧《非常大酒店》(Fawlty Towers)中"不要提及战争"这一经典桥段捧腹大笑。但有时,人们也会深思。《再见,亲爱的》(Auf Wiedersehen, Pet)是一部讲述英格兰东北部失业的建筑工人去德国北部寻找临时工作的电视剧,向观众展示了英国与德国关系中更加人性化和复杂化的一面。然而,大多时候,流行文化还是以侮辱和嘲弄德国的小刊报道为主。

1966年世界杯决赛的早晨,文森特·马尔克罗(Vincent Mulchrone)在英国《每日邮报》(Daily Mail)上发表评论:"联邦德国今天可能会在我们引以为豪的国民运动上击败我们,但这是公平的。毕竟我们在德国的国民运动上击败了他们两次。"[1]当时的我还年轻,没能理解这些话。众所周知,英格兰队最终以4:2的好成绩击败了德国队。一首新的赞歌诞生了:我们在两次世界大战和一次世界杯中击败了德国!1996年,当德国与英国再次在欧洲杯决赛相遇时,我们疯狂地希望英国足球能在经历了30年的伤痛之后重回巅峰,就像出现在布莱尔时代之前的酷不列颠尼亚(Cool Britannia)②一般。"小心点,投降者!"英国《镜报》(Mirror)在自家头版喊道,"对于你来说,欧洲足球锦标赛已经结束了。"[2]对于某些人来说,这种笑话是好笑的。2002年,德国《明镜周刊》(Der Spiegel)写道:"对于许多英国人来

---

① 英语中,蛋(ball)与音乐厅(hall)谐音。——译者注
② 20世纪90年代蓬勃发展的英国文化状态。——译者注

说，第二次世界大战永远不会结束，因为嘲笑德国人实在是太有趣了。"[3]

我对德国的看法在我15岁那年改变了。我开始学习德语并爱上了它。我接触了歌德（Goethe）、布莱希特（Brecht）、马克斯·弗里施（Max Frisch）和尼娜·哈根（Nina Hagen）。在我20岁出头的时候，我抓住了一个去德国工作的机会，成为波恩（曾是联邦德国首都）的一名新人记者。1986年4月，我的父亲决定在他逃离德国近50年后来德国看望我——在横穿整个德国并最终奔赴自由的非凡旅程之后，他就再也没有回来过。出发前，他给我打了一个电话，说他对这趟行程还是很担心的。当他抵达时，他的行李还被汉莎航空公司弄丢了。他开玩笑地说，可能是因为德国人并没有传闻中那么高效。他沿着过境高速公路抵达了西柏林。他看见了一个自在的国家，并且这个国家对一个操着20世纪30年代维也纳口音德语的旅行者非常礼貌且友善。这一切都令他印象深刻。

在我外派波恩的时间里，除了我的父亲来访外，我很少思考与战争有关的话题。我觉得，办公室里的朋友和我在波恩大学遇到的学生，都与我家族内的同龄人没什么不同。困扰我的不是过去，而是当下，是当代德国对规则的痴迷。记得在一个阳光明媚的周日中午，我坐在公寓的阳台上，用收音机听着本地摇滚音乐电台的节目。当电台节目的提示音出现时，我当时的德国女友关掉了收音机。我让她把收音机重新打开，但她拒绝了。她说："难道你不知道这是休息时间吗？在休息时间，你必须考虑岁数大的邻居，不要发出过大的声响打扰他们的睡眠。"我说："人们不需要为这种事情定下规则。"她反驳道："哦不，人们当然需要！"我开始思考人们对德国人的刻板印象，他们的从众心理既招致了邪恶，又孕育了善举。她指责我是一个自私的撒切尔主义者，只顾关心自己的感受。我经常想起那次谈话，思考着我们的对与错。

在德国的日常生活中，我会碰到一些非常典型的烦恼。比如，有一次，我被警察罚款了。当时是凌晨四点钟，警察发现我正在红灯亮起时过马路。我跟警察争辩说，在接下来的几个小时内，这条安静的道路上可能不会有车驶过。但是，这只会让事情变得更加糟糕。规则就是规则。比如还有一次，我在汽车的挡风玻璃上发现了一个精美的印花信封，信里写着："亲爱的邻居，请您清洁一下您的座驾，因为它正在拉低我们街道的声誉。"随着时间流逝，某些规则已经逐渐放宽，还有一些规则被更新的规则取代。一位无意中走在自行车道上的行人仍然会挨骂。德国人最典型的特征（守时）没有发生变化。最近，一位朋友接我去位于柏林郊区的友人家吃午餐，我们于下午一点差七分抵达目的地。她得意地说："现在我们可以放松一下，聊聊天。"到一点整时，她宣布："我们可以进去了。"

许多德国人都能理解外国人关于他们的这些刻板印象，他们试图为其寻找理由。第一个理由是"每个国家都有自己的怪癖"。第二个理由是"厌战的我们需要规则来控制自己的行为"。第三个理由是最有趣的，"德国社会的基本信念包括相互承担的义务和共同努力的决心，并坚信由规则指导的社会秩序必然是良性的"。我曾在莱比锡遇到了一位年迈的前朋克爷爷，他年轻时会与马尔科姆·麦克拉伦（Malcolm McLaren）和伦敦的性手枪乐队（Sex Pistols）一同出去游玩。他向我解释说："人们最害怕的是没有规则。没有规则就意味着强者可以肆意欺凌弱者。"他指着窗外说道："人们不应该被允许扩建会遮挡到邻居采光的设施。人们不应该被允许在某一时间后发出过大的声响，因为这会影响老年人休息。"这可是一位前朋克音乐家说的话。他坚持认为，在民主社会中，国家的作用应该是帮助弱者战胜强者，在穷人和富人之间重新建立起平衡。

德国身份的文化战争，以及唐纳德·特朗普（Donald Trump）上台和英国脱欧的双重冲击，从根本上撼动了德国的信念体系。在法国经常发生的暴力示威——黄马甲运动，也一样令德国人目瞪口呆。最重要的是，德国人还目睹了英国在过去的四年里因为脱欧所承受的折磨与苦难。他们完全无法相信，更无法理解：为什么"议会制度之母"竟然陷入了如此混乱的境地？英国脱欧公投的结果令人震惊。德国人意识到英国人对欧盟持怀疑态度（当然一些德国人也是如此），但他们无法想象这种怀疑会导致整个民族失去理智。"幼稚"和"随意"是人们用来描述当代英国政治最常见的两个形容词。

德国人无法理解规则的缺失："一次性公投和代议民主制，到底哪个更重要？"我嘟囔着回答说："这没有一个明确的答案。"就算是代议民主制，当议长和首相可以边走边达成一致时，这又算哪门子的民主呢？我只能耸耸肩。因为我知道，我找不到任何可以解释自己国家失败的原因。我的这种沮丧被非常德国式的幽默抵消了：一位柏林友人非常严肃地告诉我，她已经不再订阅网飞（Netflix），因为她可以通过观看英国议会频道直播获得同样的乐趣，更别提德国人模仿英国下议院议长约翰·伯考（John Bercow）咆哮着"秩序！秩序"的滑稽模样。

2018年12月，当特蕾莎·梅（Theresa May）与欧盟关于英国脱欧协议的交涉遭遇第一次失败时，德国节目《今日秀》（Heute Show，相当于美国的《每日秀》）将年度"金笨蛋"奖颁发给了英国，同时获奖的还有特朗普和沙特阿拉伯王储穆罕默德·本·萨勒曼（Mohammed bin Salman）。主持人奥利弗·韦尔克（Oliver Welke）展示了一张照片：默克尔正在首相府外尴尬地等待当时的英国首相下车，因为首相的豪华轿车门打不开。他就此评论特蕾莎·梅"无法离开欧盟，也无法离开她那该死的车"。然后，他又展示了一段动画，一位戴着圆顶礼帽、身着细条纹西装的英国绅士反复地被燃气灶烫伤自己的手，然后痛苦地用叉子刺向自己的眼睛。在场的观众都笑了。韦尔克喊道："硬脱欧，软脱欧，液体脱欧，这些都是浮云！"对于英国人来说，观看这种节目是痛苦的。全世界都拿英国取乐。然而，正如勃兰登堡州州长迪特玛·沃德克（Dietmar Woidke）在一场政策制定会议上所说的那样："英国脱欧不是一档喜剧节目，而是一部真实的多幕剧。"[4]

约翰逊在2019年12月赢得大选，成为英国首相。这进一步推动了英国脱欧的进程。德国可能会因为它不再需要应对英国脱欧的不确定性松了一口气，然而它发现民粹主义早在自家门口生根发芽了。这种民粹主义的种子，是由约翰逊从他的"朋友"特朗普那里"借来"并播种在英国的。英国人怎么会选出一个在布鲁塞尔做记者时就爱编造各种欧盟故事的小丑做自己的首相？对于许多德国人来说，约翰逊完全是政治家的反义词、对立面。

使英国离开欧盟的不是英国的心理因素。这是一种早已存在的症状。我们被困在了垂死的政治制度和宏伟的妄想中。当时任美国国务卿迪安·艾奇逊（Dean Acheson）于1962年指出英国已经不再是一个帝国但还没有找到一个新的角色时，他不会想到60年后的我们仍然在为此挣扎。我们从未忘记我们赢得了世界大战。我们争先恐后地观看《敦刻尔克》（Dunkirk）和《至暗时刻》（Darkest Hour）等电影，我们继续围绕70多年前发生的事讨论着我们的文化和历史。几十年来，我们的大多数媒体都将欧洲一体化描述为德国人和法国人为了破坏英国价值观而制定的阴谋。关键词常常是"胜利"和"投降"，以及"合作者"和"叛徒"。

战后不久，英国就失去了能与美国匹敌的经济和军事实力。马歇尔计划不是我们设计的。然而，我们在保持柏林自由、保证德国国家安全（归功于莱茵河上的英国军队），以及帮助德国构建自由媒体和令人信赖的德国政治机构方面确实发挥了重要作用。德国人因此对我们非常感激。

英国对欧盟从来都是不满意的。在1975年举行第一次公投时，那些反对英国继续留在欧洲经济共同体（EEC）的抗议活动将《入盟条约》（Treaty of Accession）比作内维尔·张伯伦（Neville Chamberlain）签署的《慕尼黑协定》（Munich Agreement），认为这是绥靖政策。1974年，当联邦德国总理赫尔穆特·施密特（Helmut Schmidt）准备在工党会议上发表讲话时，他向内阁咨询他应该用什么论点来说服英国的选民同意继续留在欧洲经济共同体。他的一位刚刚会见了其英国同行芭芭拉·卡斯尔（Barbara Castle）的部长说道："让英国留在欧洲经济共同体的唯一方法是不要提醒它已经加入了。"[5]

这份会议记录于2019年在波恩德国历史博物馆举办的一场展览中展出，展览主题为"非常英式的德国观点"。正如策展人彼得·霍夫曼（Peter Hoffmann）告诉我的一样，这是该博物馆最受欢迎的展览之一。这场展览是在英国脱欧公投之前设计的，随后又经过修改，添加了一个以脱欧为主题的展厅。霍夫曼承认，德国人因为英国所遭受的苦难更加关注英国，这使得博物馆的游客人数显著上升。这场展览十分有趣，内容非常丰富，但令人痛苦。这是一场关于"单相思"的展出。

德国人主动吸收了英国的亚文化、流行音乐、电视节目［他们也以自嘲的方式发现了《弗尔蒂旅馆》（Fawlty Towers）的有趣之处］，发现了艾玛·皮尔（Emma Peel）和英剧《复仇者》（The Avengers）的魅力，直到现在也没有停止。许多德国人都可以讲述他们开着自家露营车去康沃尔、苏格兰和湖区度假的经历。他们不仅爱看英超联赛，更与英超联系紧密。他们痴迷于王室，尤其是来自汉诺威王朝的德国贵族（他们强调道）。他们热爱英国的传统，即便有些是他们自己编造出来的。每年的新年前夜，整个德国，无论男女老少，都会观看一部名为《一人晚餐》（Dinner for One）的英语电影。这部电影是一部黑白片，时长只有20分钟左右，于1963年首播，是历史上播放次数最多的电影。它讲述的是一位珠光宝气的英国贵族苏菲小姐的90岁生日晚宴。以前每年她都会邀请同样的四位先生陪伴她。问题是，他们现在都去世了。但是，管家仍然面不改色地摆好桌子，桌上有四道菜和咖喱汤，佐以雪利酒、葡萄酒和香槟。德国人对每句台词都烂熟于心。当管家问苏菲小姐"还是和去年一样的程序吗"时，他们会笑得前仰后合。

柏林墙倒塌之时，本应该是庆祝英国在民主德国重生中所扮演角色的重要时刻。民主德国的政治制度被成功瓦解。玛格丽特·撒切尔（Margaret Thatcher）、罗纳德·里根（Ronald Reagan）和米哈伊尔·戈尔巴乔夫（Mikhail Gorbachev）都在其中发挥了重要作用。然而，对于撒切尔夫人来说，柏林墙的倒塌只意味着危险。在柏林那令人震撼的场景发生一个月后，她在斯特拉斯堡的一次晚宴上对欧盟领导人说："我们击败了德国人两次，现在他们又卷土重来了。"她从手提包里拿出西里西亚、波美拉尼亚和东普鲁士的地图，对当时的法国总统弗朗索瓦·密特朗（François Mitterrand）悄声说道："他们会拿走这一切，包括捷克斯洛伐克。"[6]

几周后，撒切尔夫人的布鲁日智库从她最喜欢的经济学家之一肯尼斯·米诺格（Kenneth Minogue）那里听到了以下内容："欧洲的机构正试图按照查理大帝、拿破仑、德皇和希特勒的传统，建立一个欧洲联盟。"[7]她最信任的内阁部长之一尼古拉斯·里德利（Nicholas Ridley），曾对英国《旁观者》（The Spectator）杂志说，欧洲汇率机制（欧元的前身）"完全是德国为了掌控整个欧洲的诡计……我原则上不反对放弃主权，但这也太过分了。你不妨坦率地把它交给希特勒"。[8]

他因此被迫辞职，但他只是说出了某一类英国人对德国的想法。

撒切尔夫人认为反对德国统一是她的使命，直到她意识到她身边没有人支持她。她曾经试图私下游说戈尔巴乔夫。这位苏联领导人从来没有想过他的政治改革会导致整个苏联解体。他无疑是最关键的角色，但他不仅支持德国统一，还同意德国加入西方社会主导的北约，以及将苏联军队撤回自家军事前线。撒切尔夫人的恳求被他置若罔闻。密特朗也对新的德国持保留态度。法国人有理由担心一个变得更加强大和统一的德国，而一个削弱和分裂的德国对他们来说必然是有利的。法国作家、批评家弗朗索瓦·莫里亚克（François Mauriac）曾于1952年打趣道："我对德国爱得如此深切，所以我更喜欢它一分为二。"[9] 然而，密特朗知道他无法阻挡历史的进程。

"2+4"方案让人们意识到，科尔、里根、撒切尔夫人、密特朗和戈尔巴乔夫正在就一项条约进行谈判，目的是创建一个统一的德国并构建一个新的欧洲。民主德国名义上的领导人德梅齐埃只是走了一个过场。撒切尔夫人从不掩饰她对科尔的敌意，这种敌意源自战争心理，而不是政治立场。科尔在自己的办公室里放了一尊丘吉尔的半身像。他公开承认自己是亲英派，认为英国在欧洲具有影响力是有益的。然而，无论他怎么努力，他都无法赢得撒切尔夫人的好感。1990年3月，撒切尔夫人和科尔参加在剑桥举行的第四十届英德会议。会议组织者在安排座位时认为，将他们俩放在一起太冒险了。那天晚上，撒切尔夫人对她邻座的一位资深的德国外交官说道："想要让英国人再次信任德国人，至少还需要40年时间。"[10]

不过，值得称道的是，仅仅三年后，撒切尔夫人就在回忆录中承认了自己的错误："如果要用一个例子来说明我所奉行的外交政策遇到了明确失败，那就是我针对德国统一的政策。"[11]

即使是现在，英国似乎也不太清楚它想从德国那里得到什么。当英国经济陷入困境时，就像20世纪80年代中期和90年代中期那样，英国被人嘲笑为"欧洲病夫"，监管过度且墨守成规。当"德国制造"垄断全球市场时，英国是自负且极度贪婪的。如今，英国经济增长再次放缓，人们又开始幸灾乐祸。英国人不希望德国在世界范围内有自己的影响力，但他们又确实希望德国在世界舞台上占据一席之地。

千禧年之初，托尼·布莱尔（Tony Blair）和施罗德还在谈论着共同的欧洲家园。而如今，这一切都随着英国脱欧而烟消云散。2016年，约翰逊出任英国外交大臣，并开启了对德国的粗鲁外交时代。他的官员对他的言论感到十分绝望。约翰逊在慕尼黑安全会议上说，离开欧盟将是一种解放，他特意用法语发音讲述"解放"一词，这让他的听众震惊不已。他自封为历史学家，以丘吉尔为榜样，还从撒切尔夫人那里沿袭了许多关于德国的观念和措辞。这些措辞在保守党中一直深入人心，如今仍然如此。一位在特蕾莎·梅手下任职的大臣回忆说："在最近的一个选区晚会上，一位党内坚定分子喋喋不休地嚷嚷道，'我们赢得战争并不是为了听从德国人的指示'。许多人为他喝彩。"

英国也许一直沉湎于在战时领导全球的状态中，但它不是唯一一个还没有走出战争阴影的国家。德国仍然认为它没有能力把任何事情都做对。当德国在债务危机中严格限制希腊时（本书后面将讨论其对与错），画有默克尔的标牌出现在雅典，她的脸上画着希特勒的标志性胡须。

好在英国与德国之间的故事还有另一面。英国的年轻一代与德国在商业、科技和艺术方面有着密切交流，德国对于英国人来说不再神秘。"虽然贫穷但是性感"（柏林市市长在2003年时使用的短语）的首都柏林成为最吸引游客的目的地之一。十多岁和二十多岁的孩子成群结队地利用周末时间拥向柏林、汉堡和莱比锡。德国现在拥有欧洲第四多的英国人口，仅次于西班牙、法国和爱尔兰。一项由柏林牛津大学（Oxford in Berlin）和柏林社会科学中心（WZB）发表的联合研究表明，在英国脱欧公投后的三年内，获得德国公民身份的英国人数量增加了十倍，这个数字在接下来的几年中还会增长。[12] 对于许多年轻的英国人来说，德国象征着希望和机遇。

在过去的一二十年里，德国人慢慢开始愿意谈论他们的国家了。有些人将此归因于2006年成功举办且大受欢迎的国际足联世界杯。还有些人坚持认为德国并没有所谓的转折点，改变随着缓慢流逝的时间而来。但德国人仍然犹豫不决。2019年是德国基本法颁布70周年，但纪念活动只是通过展览、电视纪录片和摆在大街上的纪念摊位悄然进行，并没有别的形式。大约在同一时期，开放社会基金（Open Society Foundation）进行了一项关于爱国主义（这是一个令德国人烦恼的话题）的详细调查。这项调查结果指出，几十年来，德国民族自豪感最重要的来源一直是德国基本法。一种被许多德国人接受的爱国主义是所谓的"宪法爱国主义"。他们对自己国家的自豪感不是那种挥舞国旗的自豪。相反，他们希望通过一套明确的民主规则为世界树立一个好榜样，并因此感到自豪。

我很想亲自验证这项调查结果的准确性。2019年的一个夏日，在东柏林的普伦茨劳贝格（Prenzlauer Berg）——如今的潮流新区（30年前，我在这里目睹了反对民主德国政权的抗议活动），我与我的朋友加里（Cari）和雅努什（Januscz）一起拍摄了一组采访视频。他们是语言课程"简单德语"的主讲人。我需要向所有受访路人提出的问题是："德国人擅长什么？"大多数路人都被这个问题吓到了，有的人甚至找不到一个对应的答案。德国人的回答包括守时、严谨、匠人精神，有的回答很严肃，有的回答带着一丝讽刺。有人甚至说："我们并不容易相处，但我们诚实、直爽，而且信守承诺。"大部分人选择了更安全的答案，比如面包和啤酒。

然而，这使我开始思考，德国人究竟在哪些方面做得更好？他们实际上可以教会别人什么，或者说他们究竟学到了什么？在提出这些问题时，我希望能引发一场关于德国各个方面的、不同类型的辩论，这不是为了强调优越感，而是为了调整近代历史的平衡。你可以逛逛附近的书店，看看有多少关于德国的书不是讲述两次世界大战的？近年来，确实有一些不错的作品问世，但它们数量很少而且散落在各地。

为什么我要写这本书？德国持续的经济增长正在走向尾声，前方等待它的是不确定性加剧的时代。我长达一年的公路旅行和一系列采访并没有让我对这个国家的过错视而不见。我把我的所见所闻、所思所想全部写在这本书里。我为了这本书采访了许多德国人，从著名的政治家和跨国公司的CEO（首席执行官），再到艺术家、帮助难民的志愿者、我的老友和我偶遇的普通民众，他们都被我的论点和这本书的书名吓到了，无一例外。他们会发出尖叫或尴尬的笑声："你不能那样说。"然后，他们开始罗列一长串德国面临的麻烦和做错的事情。无论想到什么，德国人都很焦虑。他们看到他们所珍视的一切如今面临着威胁。他们看到了一个民主被民粹主义和强人统治公然嘲笑的世界。在德国国内，他们看到德国选择党风头无两，主流政客只能勉强应对。他们也看到了气候的恶化，意识到保护环境迫在眉睫。

现在就是最适合检测德国韧性的时代。大多数德国人，更别提外国人，都只能看到德国即将面临的黑暗。虽然德国人确实有着许多亟待解决的问题，但是我强烈反对这类想法。让我充满期待的，是他们自我质疑的能力以及他们几乎病态的记忆力。德国人无法赞美自己的祖国，这种拒绝是有其固定逻辑的。然而，德国有很多值得骄傲的地方，尤其是与欧洲及其他地区的国家相比。正如美国评论员乔治·威尔（George Will）在2019年初所写的那样："今天的德国是世人见过的最好的德国。"[13] 像英国这样傲慢自大的国家，应该明智地向德国学习。

1
重建和铭记
战后岁月的痛苦

魏玛是拥有歌德、席勒、巴赫、李斯特和老克拉纳赫的城市。这里是女性作家爱上德国文化的地方，例如法国评论家和小说家斯塔尔夫人（Madame de Staël）。此外，魏玛也是包豪斯艺术的发源地。

在我的酒店外面，你可以乘坐6路巴士从歌德广场站出发，用不了几分钟就能到达布痕瓦尔德集中营。在德国，你不需要走很远就能直面那段可怕的历史。例如，在慕尼黑，人们可以乘坐地铁2号线到达终点站达豪集中营。又如，在柏林，人们乘坐公共交通工具去萨克森豪森集中营会相对复杂一些，但通常来说，人们只需要花费一个多小时即可抵达目的地。

在过去的半个世纪里，德国一直在赎罪，这种赎罪体现在日常生活的方方面面，而其原因也都源自纳粹时代。即使过了这么多年，德国人仍然保持着高度的道德警觉性，并以此指导着他们做大部分事情。历史学家弗里茨·斯特恩（Fritz Stern）谈道，德国人"希望相信"希特勒，"他们对纳粹主义的选择是自愿的"。[1] 斯特恩在漫长的职业生涯中一直试图回答"为什么深藏在人类潜意识里的邪恶能在德国成为普遍承认的现实"，以及"这一过程到底是如何实现的"两个问题。[2] 英国历史学家A. J. P. 泰勒（A. J. P. Taylor）在战争结束之前的最后几个月评价道："德国人的历史是极端的。它包罗万象，但中庸和稳定从来不在其中。千百年来，德国人所经历的一切都不能用'正常'二字形容。"[3]

为了铭记这段历史，德国人在20世纪的公共讨论中为其创造了许多专用词组，例如Vergangenheitsbewältigung（接受历史）、Vergangenheitsaufarbeitung（消化历史）①、Erinnerungskultur（铭记文化）和最具争议的Kollektivschuld（集体罪责）。

德国人通过这些概念系统地回顾了自己的历史，其时间线甚至可以回溯至20世纪以前。与法国、英国以及世界上许多国家不同的是，德国没有盛大的国庆庆典，虽然德国拥有明确的德国统一日（10月3日）。在德国，为国家服役而牺牲的人不会获得荣誉表彰。德国几乎没有举国欢庆的盛大场面，仅有的庆祝活动是地方的民俗或文化游行，这或许可以解释为什么德国人对其他地区的皇室和名人痴迷不已。

还有哪个国家会为自己的历史耻辱修建一座纪念碑，并且将它直接放置在两个最著名的国家地标旁边？欧洲被害犹太人纪念碑（又称浩劫纪念碑）位于柏林市中心，邻近勃兰登堡门和德国国会大厦。它于2005年落成，占地19 000平方米，安放了2 711块矩形混凝土板——每块板都形似棺材。德国各地的学校会组织师生前来参观纪念碑，学生被告诫要时刻保持安静。这无疑是极具教育意义的。有些历史学家和建筑师批评纪念碑的设计过于抽象，甚至冷酷。我确实认为它会令人不寒而栗，但这具有一种好的意义。如今，欧洲被害犹太人纪念碑是当代德国和德意志第三帝国境内最著名的大屠杀纪念点，但它也只是众多纪念点的一个。

1992年，艺术家冈特·德姆尼希（Gunter Demnig）想到了一个点

---

① 重点在于确定责任。——译者注

子。三年后，有超过 70 000 个以 20 种不同语言书写的"绊脚石"遍布欧洲 24 个国家的 120 个城镇中。"绊脚石"是一些对称的方形小石块，长、宽、高均为 10 厘米，表面的黄铜牌上刻着在集中营中遇害或其他因纳粹迫害而死亡的人的名字。这些石块被安置在受害人最后一个已知住所的门口，这些人主要是犹太人。有些受害者是罗姆人，还有些受害者是同性恋或残疾人。每个石块上的铭文都以"这里曾经生活着"开头，紧接着是受害者的姓名、出生日期和命运：拘禁、自杀、流放，更多情况是驱逐出境和杀害。大多数"绊脚石"位于德国境内。

这些纪念大屠杀受害者的举动来之不易，也来得比较晚。事实上，德国人在战争结束约 20 年后，才开始真正面对大屠杀和其他恐怖事件。20 世纪 40 年代中期，德国民众的主导情绪是充满震惊的屈辱感。当盟军肆意投掷燃烧弹摧毁德国城市时，平民士气被消磨殆尽了，战争可能在此时就已经提前结束了。盟军的轰炸行为也让德国人默默地产生了受害者的感觉。在某些人看来，从道德上说，纳粹的罪行和盟军对德国的暴行是没有差别的。

起初，德国的重建过程是实际意义上的。瓦砾女人（Trümmerfrauen）的形象深深地刻在德国人的心中。纳粹投降后，盟军立即招募了所有年龄在 15 岁至 50 岁之间的健康女性，她们必须使用大锤和镐子，一砖一瓦地清理被轰炸的建筑物。街道上的瓦砾被女人全部清理干净。大部分瓦砾女人在战争中受到了极大的精神创伤，但她们被认为有能力从事体力劳动。她们每天工作九小时，而其酬劳仅有几个硬币和一张配给卡。很多德国男人已经残废或被关在战俘营中。当时的德国，大约 800 万人（占德国人口的 10% 以上）被杀害或失踪，大约 150 个城镇完全处于废墟状态，近一半的公路、铁路、煤气管道、电力和供水设施被摧毁。乔治·奥威尔（George Orwell）描述了他于

1945年3月在科隆的所见所闻："优等民族就在你身旁，他们骑着自行车在瓦砾堆之间穿行，有的人拿着水壶或水桶直奔供水车。"[4] 这种刻薄的愤怒在那个时代非常典型。

正如尼尔·麦格雷戈（Neil MacGregor）所写，"手推车场景的感染力是强大且真实的"。[5] 一个已经陷入贫困的国家需要为1 200万东部流民提供住房和食物，并且当时的德国几乎没有任何可用耕地。这也许是人类历史上规模最大的一次人口强制迁移。很多人无处可去，没有栖身之地，只好用手推车推着几件破衣服随处游走。1946—1947年的冬天尤其难挨。人们手中的货币一文不值，实物才是硬通货，最受欢迎的商品是香烟和巧克力。德国规定的食物配给量仅为每人每天1 000～1 500卡路里。美国为德国提供了占其食品总产量六分之一的食品补给，这使数万人得以免于饥饿。

直至今日，大部分德国家庭都有成员因战后创伤而精神崩溃。这一直是德国历史上未被充分纪念和研究的一面。麦格雷戈想知道："这是不是因为德国人认为自己就应当为纳粹的恶行承担一切痛苦？当一个国家犯下如此多的错误时，我们如何看待其公民因此承受的痛苦？如果我们主张集体罪责，我们是否仍然可以谋求个体怜悯？"[6]

在2008年出版的图书《寒冷的家园》（The Cold Homeland）中，历史学家安德烈亚斯·科塞特（Andreas Kossert）深入地研究了这些被驱逐的赤贫流民的遭遇。他们的德国同胞并没有张开双臂欢迎他们，这一直是一个需要敏感处理的尴尬话题。"战争结束70年后，德国的每个家庭仍然会受到战争的影响，"科塞特写道，"但这个话题仅仅到最近才逐渐在针对德国集体回忆的讨论中被人提起，而且还是因为这个问题与右翼修正主义立场有关。……在许多家庭中，人们对自己的父母或祖父母所承受的损失和痛苦只字不提。"[7]

"零点时刻"是占领德国的盟军引入的全新概念。他们希望通过去纳粹化、非军事化和重建工程，使德国重新开始。这一概念开始在日常用语中被广泛使用。罗伯托·罗西里尼（Roberto Rossellini）的电影《德国，第零年》（*Germany, Year Zero*）于1947年开始拍摄，次年便以德语和英语上映，这可能帮助了"零点时刻"这一概念传播开来。"零"意味着抹除一切，这么做十分方便。在那个时期，大多数德国人选择将自己视为受害者，或者毫不知情的被动参与者。直到20年后，德国人才能诚实地讨论参与和内疚的本质区别，而这在当时是完全不可能的。正如战地记者玛莎·盖尔霍恩（Martha Gellhorn）在穿越德国时讽刺地写道："没有人是纳粹分子，从来没有人是。隔壁村可能有纳粹分子吧……我们附近其实没有多少犹太人……我们从来没有反对过犹太人，我们总是和犹太人相处得很好。"她补充道："真应该为这些话谱一首曲。"[8]

除了德国人的心态问题，盟军还有许多现实情况需要考虑和处理。随着苏联日益强大，盟军迫切地需要德国重新站起来，以对抗苏联。盟军需要一个稳定的德国。1946年9月，美国国务卿詹姆斯·伯恩斯（James Byrnes）访问了美占区内许多被摧毁的德国城市，并在斯图加特发表了题为《政策重述》的演讲。盟军由此启动了两个进程：一是经济援助，二是更多地关注苏联而不是强调法西斯主义的罪行。"美国政府将继续采用必要手段支持使德国去纳粹化和非军事化，但这并不意味着我们将派出大批士兵或官员驻扎德国。从长远来看，信心与纪律才是最为可靠的国家民主的守护者。"伯恩斯说，"美国无法减轻那场由德国领导人发动的战争给德国带来的苦难。但是，只要德国民众尊重自由并坚持和平道路，美国就不会制造麻烦，也不会剥夺德国民众摆脱苦难的机会。"[9]

美国时任总统哈里·杜鲁门（Harry Truman）认为，如果没有强有力的扶持，欧洲就无法重新振作。正如他的国务卿乔治·马歇尔

（George Marshall）（伯恩斯的前任）所说："美国应该尽其所能帮助世界恢复正常的经济秩序。没有健康的经济，就没有稳定的政治，更不可能有和平。"[10] 欧洲复苏计划，又名马歇尔计划，向18个欧洲国家提供了共计120亿美元（相当于如今的1 000亿美元甚至更多）的经济援助。英国和法国获得的援助最多，其次是德国。

许多中级甚至高级纳粹官员重新回到了新政府的岗位上。所谓的"去纳粹化证明"是很容易获得的。就算你有纳粹同谋的嫌疑，你也可以轻松地利用一些历史因素把这些嫌疑洗刷掉。被怀疑有纳粹成分的人可以通过一份证明自己声誉良好的声明被定为无罪。人们形容那些罪责被洗得干干净净的前纳粹分子，就如同一个人穿着一件棕色衬衫走进去，然后穿着一件白色衬衫走出来。几年后，新的联邦议院通过了"131号条文"，使去纳粹化这一程序合法化。这使得公职人员，包括政治家、法官、军官、教师和医生，一旦通过了去纳粹化测试，就可以自动复职。他们的退休金也会恢复。一些商界领袖也可以重返职场，接管他们曾经担任的职务。

德国人关于战争罪行的记忆并没有随着时间的流逝而逐渐消退。我惊讶于有许多德国人，尤其是年轻人和中年人，经常不经意间就提到这类话题。他们这样做并不是为了沉溺于过去的罪责（这固然很重要），而是为了检查德国人是否真正地从战争中吸取了教训。如今，威权主义、民族主义和不文明行为遍布全世界，德国人却在比以往任何时期都更多地讨论德意志第三帝国的罪行。在慕尼黑，我遇到了伦巴赫豪斯艺术馆（Lehnbachhaus）的馆长马蒂亚斯·穆林（Matthias Mühling）。当我们从艺术馆望向新古典主义风格的国王广场（原纳粹权力中心所在地）时，他告诉我德国中央艺术史研究所就在不远处。在战争结束后不久，美国人在这里成立了一个小组，其主要任务是调查数千件因为战争被掠夺的艺术品，这便是德国中央艺术史研究所的由来。这一幕也出现在 2014 年上映的好莱坞大片《盟军夺宝队》(*The Monuments Men*) 中，该电影由乔治·克鲁尼（George Clooney）主演。讲着讲着，穆林激动了起来。许多前纳粹分子都能轻而易举地重返文化和其他领域的重要岗位，这让他十分生气。他说道："可能每个人的祖父甚至父亲都是纳粹分子，他们直到如今仍然逍遥法外。"他指出，与所有艺术馆不同的是，伦巴赫豪斯艺术馆从没有为希特勒摇旗呐喊。如今，许多当年积极地遵循希特勒指示与"堕落的犹太"划清界限的馆长被美国招募，致力于寻找那些失踪的作品。"我想这很明显，"穆林说，"他们知道那些艺术品去了哪里。"什么是更有意义的呢？是许多社会高层人士轻松洗脱罪责的事实，还是许多当代人仍然对德国曾经的所作所为感到愤怒的事实？

20 世纪 40 年代中后期，除了臭名昭著的战犯外，人们对追究小角色的兴趣并不大。只有 24 个高级纳粹头目在纽伦堡国际军事法庭接受了审判，其中 10 人于庭审当天（1946 年 10 月 16 日）在庭外的操场上被绞死。这是德国人公开展示自己愧疚之情的表现，但同时这也意味着战争的篇章已经结束。许多组织和机构被迫公开认错。第一个道歉的便是新教教会，它在 1945 年 10 月发表的《斯图加特悔罪书》中承认了与纳粹的合作。"由于我们，许多民族和国家承受了无尽的痛苦，这本是巨大的错误。"它宣称，"我们现在以整个教会的名义来表达我们的想法。我们的确以耶稣基督的名义与被纳粹暴力政权激起的恐怖心理斗争了许久，但现在，我们指责自己当初没有更勇敢地坚持我们的信仰，没有更虔诚地祈祷，没有更快乐地相信他人，没有更热切地爱他人。"[11] 这种半道歉半推诿的措辞被当时的许多人认为是无法接受的。

铁幕已然落下。苏联人正在逐步加强对占领区的控制。美国和英国决定合并双方在德国的占领区，至少在经济上如此。尽管起步艰难，但"英美双占区"的合并被证明是成功的（法国在两年后才加入，短暂地创建了一个"英美法三占区"）。这个被合并的占领区成为未来联邦德国的核心。1948年2月至6月，三个盟国与荷兰、比利时、卢森堡一起在伦敦举行会议，共同商讨如何让被征服的德国恢复自治。考虑到重建国家和应对苏联是两大难题，这些国家都迫切希望能从管理德国这项任务中脱身。

德国第一届政府的所有工作重心都放在了重振经济上。有两位政治家为德国经济奇迹奠定了坚实的基础原则，并使之最终大获全胜。一位是联邦德国战后的第一位总统特奥多尔·豪斯（Theodor Heuss），他宣称："我们实际上只有一个机会，那就是好好工作。"另一位是1948年英美双占区的经济主管路德维希·艾哈德（Ludwig Erhard），他在一夜之间废除了当时的货币——帝国马克。当时，10个帝国马克可以兑换1个新的联邦德国马克，大约90%的公共债务被立刻抹去（当然，所有以帝国马克计量的私人储蓄也同样缩水90%）。更大胆的是，他在接下来的一周内废除了由纳粹引入的配给和价格控制制度，以及盟军向德国强加的生产限制规定。艾哈德是一位思想家和乐观主义者，而这种人格特质在那个年代是罕有的。在战争即将结束时，美国情报部门读到了艾哈德关于公共经济的文章，便联系上了他。在德国投降后，艾哈德立即被任命为巴伐利亚州的财政部部长，随后又升职为整个联邦德国的经济负责人。原则上，艾哈德应听命于盟军，但是他为了达到自己的目的冒了极大的风险。在进行改革时，他并没有与盟军的领导者达成一致。因此，他被传唤到美国将军卢修斯·克莱（Lucius Clay）的办公室。克莱狠狠地训斥了艾哈德，他跟艾哈德说："我的顾问告诉我，新政策是一个可怕的错误。"艾哈德回应道："将军阁下，别理他们。我的顾问也是这样跟我说的。"[12] 这个故事广为流传。最后，盟军没有阻止他。盟军本就已经在为恢复德国主权做准备，故而很高兴看到德国官员和政客能接手并承担起责任。与此同时，新宪法的制定工作也在顺利进行。

然而，柏林的情况却越来越不稳定。1948年6月24日，苏联军队切断了所有通往西部地区的公路和铁路。几天之内，施普雷河和哈维尔河上的航运也停止了。苏占区工厂向西柏林供电的电力线路被切断，周边乡村提供的新鲜食品补给突然中止，四个战时同盟国制定的柏林的四强地位并没有涉及任何关于经过苏占区进出柏林的陆路交通规定。不过，它确实规定了三条从联邦德国到柏林的空中走廊。三个西方大国据此迅速开始行动：组织了规模空前的空中运输，为西柏林地区的250万居民运送各种生存必需品。大约230架美国和150架英国飞机临危受命。每天都有高达一万吨的物资经空运被送到西柏林，其中包括煤炭和其他冬季取暖燃料。飞行任务大约执行了275 000次，让西柏林人成功地坚持了将近一年的时间。

苏联对西柏林的封锁催化了盟军的思想变化。盟军当前有两个重要的任务：一是确保德国（或至少是盟军占领的三个区域）永远不会落入苏联之手，二是将德国战略性地完美嵌入西方价值体系。1948年7月，盟军向西部占领区的九位州总理和两位市长提交了一系列文件，其中包括大量建议。这些文件后来被称为"法兰克福文件"。

位于莱茵河畔的贝多芬故乡波恩，力压法兰克福，最终获选成为联邦德国政府所在地。新领导层试图通过选择这个相对较小的城市，来强调这些安排的临时性以及权力下放的重要性。柏林仍然是名义上的首都。随着时间的推移，议员们逐渐习惯了波恩宁静、有序和高品质的生活。这座城市在联邦德国的形象中留下了独特的一笔。

"临时"的德国基本法于1949年5月8日通过，并在两周后正式生效。这是象征着新德国诞生的重要时刻，也是世界上最伟大的国家宪法之一。英国和美国的律师在德国基本法的制定过程中发挥了举足轻重的作用。德国基本法借鉴了包括魏玛共和国在内的各种宪法，但是其中每个语句都久经考量。德国基本法的前19个法条规定了人权。德国基本法第20条明确指出，"德意志联邦共和国为民主、社会之联邦国家，所有国家权力来自人民"。之后的法条则阐述了联邦政府与地区政府之间、议会两院之间以及立法机关与行政机关之间的关系。任何争议都将由卡尔斯鲁厄宪法法院进行仲裁。在德国，法官是相当受人尊敬的职业。他们不会受到政府施加的压力，也不会被谴责为"人民的敌人"——他们在英国的同僚就没有此等好运。如今，譬如匈牙利和波兰一般的强硬政权，虽然违背了司法公正，但是不会受到任何惩罚。

战后的德国宪法详细地规定了政治参与的各项参数。新创立的政党，也应承担相应的法定责任。德国基本法第21条规定，政党必须"参与人民政见之形成，得自由组成，其内部组织须符合民主原则"。德国基本法为德国规定了一个防止反宪活动发生，并支持议会和政府事务合作的框架。德国有三个主要的政治党派：中偏右翼的德国基督教民主联盟（CDU，以下简称"基民盟"）、左翼的德国社会民主党（SPD，以下简称"社民党"）和代表自由主义传统的德国自由民主党（FDP，以下简称"自民党"）。这些党派称为全民党（Volksparteien），必须覆盖到尽可能多的民众阶层。政党获得联邦和州议会代表席位的得票率门槛为5%，因此极端党派将被挡在议会之外。在德国，投票制度（一种直接议员选举与按比例分配席位的组合投票制度①）确保了党派联合执政是一种常态，有利于党派之间长足的合作、竞争与发展。

在战后的几年里，基督教民主主义席卷了整个欧洲。在过去的70多年里，除去其中十年，基民盟一直是德国最大的政党，有多位德国

---

① 又称"两票制"。——译者注

总理出身于基民盟。欧洲的中产阶级非常青睐这些拥护法治和议会制度的中右翼新势力党派。基民盟及其姐妹党派巴伐利亚基督教社会联盟（CSU，以下简称"基社盟"）都将社区和传统家庭作为自己的核心议题。信仰也起到了重要的作用。基民盟的创始人认为，天主教徒和新教徒之间的分歧是导致希特勒崛起的部分原因，所以这两个教派应该分别得到同等的代表。除了这些创始信念之外，基督教民主主义还持有一种关于资本主义的特殊观点，即市场理应始终由社会需求调节。基民盟的创始人之一汉斯·施兰格-舍宁根（Hans Schlange-Schöningen）在1946年说道："我们作为（当代的）基督徒，所代表的是向物质主义宣战。"[13]

唯一一个在战前就已有踪迹的政党是社民党，这也是在欧洲大陆同类政党中历史最悠久的党派。社民党成立于1863年，比德意志帝国和纳粹德国都长寿。弗里德里希·艾伯特（Friedrich Ebert）是一位社民党人士，也是德国第一位民选的国家元首。20世纪50年代末，社民党采取市场经济策略。

当德国人被问到谁是自战争以来最重要的领导人时，阿登纳总是位居前列。他在德意志第三帝国时期的资历已经足以说明他作为一名公职人员有多么出色。阿登纳是一名来自莱茵河畔的保守天主教教徒，他并不喜欢巴伐利亚人和普鲁士人的夸夸其谈。在希特勒时期，他是科隆市市长。他拒绝会见希特勒，也拒绝允许纳粹分子在他的城市内悬挂横幅。在纳粹接管科隆后，他迅速逃走，并在接下来十年中的大部分时间里躲躲藏藏，过着与世隔绝的生活。战争结束后，他被美国人重新任命为科隆市市长，后又被英国人解雇了。掌管科隆的年轻英国军官并不欣赏这位70多岁的德国老人，更何况他还非常顽固。阿登纳毫不气馁，专注于将自己所领导的基民盟变为更强大的政治力量。对于盟军来说，阿登纳是战后德国第一任总理的可靠人选。这位希特勒的坚定反对者也下定决心，不去深究自己祖国的过往。

哲学家赫尔曼·吕博（Hermann Lübbe）一直在思考，如果他所定义的"交际性沉默"并不存在，那么饱受摧残的德国是否仍然能够重新站起来。[14] 民间的主导情绪并不是要捍卫第三帝国遗志，而是要试图埋葬这一切。法籍以色列历史学家索尔·弗里德兰德（Saul Friedländer）将这种心理描述为"连接记忆与遗忘的跷跷板"。[15] 德国人对逃离者的不依不饶就是一个很好的例子。1939年，玛琳·黛德丽（Marlene Dietrich）拒绝听信纳粹的花言巧语并放弃了她的德国公民身份前往美国，随后成为盟军心目中的女神。她也是最早帮助销售美国战争公债的公众人物之一，为盟军举办了500多场表演。1960年，她重返德国，并在坐满了人的音乐厅中表演，但是许多观众嘘她、骚扰她、向她投掷臭气弹并吐口水。"回家吧，玛琳"的横幅满街都是。部分媒体的反应也非常恶毒。一份报纸谴责她"穿着敌人的制服背叛祖国"。自此以后，她再也没有回过德国，但她也放不下心中的执念。有一次，她说："在我死后，我想葬在巴黎。我会把我的心留给英国，但我不会把我的任何部分留给德国。"[16] 另外，她也承认："当我不再拥有一个名副其实的祖国时，是美国把我揽入了怀抱，但在我的内心深处，我仍然是一个德国人，德国是我的灵魂。"2001年，她100周年诞辰之际，柏林向她正式地道歉。

盟军颁发了诸多禁令。没过多久，这些禁令也被纳入德国法律。人们被禁止佩戴纳粹的标志或传播与纳粹相关的文章。一个人如果否认大屠杀，将被追究刑事责任。实际上，诸如此类的举措违背了言论自由。这也体现了宪法法院的意义所在。战争结束后，盟军即刻将《我的奋斗》（*Mein Kampf*）的出版控制权移交给了巴伐利亚州。根据盟军的规定，出版这本书是违法的，用作研究的影印本也一直受到极其严格的管控。这项禁令依法持续了70年，并于2016年1月到期。

随着时钟滴答前行，政客、学者和各行各业的人都在彷徨，不知道当禁令失效那一刻真正到来时，自己应该做些什么。普遍的观点是不干涉，认为德国经受得住这波冲击。慕尼黑当代历史研究所（IfZ）起先发行了3 000册《我的奋斗》。因为实在是有太多人对这本书感兴趣了，它最终被印刷了6次，其首年销售量便达到了85 000册。"事实证明，担心该出版物会起到宣传希特勒意识形态的作用，甚至使其最终被社会接受并为新纳粹分子提供一个新的宣传平台，都是没有根据的，"慕尼黑当代历史研究所主任安德烈亚斯·维尔辛（Andreas Wirsching）说，"相反，在专制政治和右翼口号广泛兴起的时代，关于希特勒世界观及其宣传方式的辩论为人们提供了一个审视极权主义意识形态的机会，人们可以仔细思考这一切的原因和后果。"[17]

即使到了20世纪60年代，德国关于自己战争罪行的学术研究仍然仅仅是试探性的。以"纳粹种族灭绝"为题的第一个综合研究《欧洲犹太人的毁灭》（*The Destruction of the European Jews*），是由奥地利犹太历史学家劳尔·希尔伯格（Raul Hilberg）负责撰写的。他于1939年逃离维也纳，最终去往美国布鲁克林。1944年，当他随美军一同驻扎在德国南部时，他立刻对那些关于集中营的报道警觉了起来，并要求上级在战后将他分配到文职部门。希尔伯格于1961年完成了这本书，但他花了两年的时间才找到一家同意出版这本书的出版社——一家位于芝加哥的小出版社。而在德国，他更难找到愿意出版这本书的出版社。直到1982年，这本书才由柏林的一家小出版社欧乐和沃尔特（Olle & Wolter）出版。自那时起，希尔伯格便成为德国学术界的热门人物，并于2006年被授予了联邦十字勋章，这是德国可以授予非德国公民的最高荣誉，由德国总统颁发，用以表彰在德国政治、经济和社会文化方面做出重大贡献的人士。

阿道夫·艾希曼（Adolf Eichmann）是纳粹德国高官，也是"最终解决方案"① 的设计者和执行者之一，有着举世闻名的逃亡史。在从美军手中逃脱 15 年后，艾希曼最终在阿根廷被以色列情报部门抓获。对他的审判也将是对纳粹战争罪行的一项证明。好几位大屠杀幸存者都在全力以赴地寻找他，其中包括犹太纳粹猎人西蒙·维森塔尔（Simon Wiesenthal）。在审判期间，艾希曼没有否认大屠杀本身，也没有否认他在组织大屠杀中所起到的作用。他的辩护词是大家熟悉的"领袖原则"（Führerprinzip）——和其他人一样，他只是在无条件地服从领袖的权威和执行领袖的命令。1961 年 12 月，艾希曼被判处有罪，并于 1962 年 6 月 1 日处以绞刑。

这场审判是最早一批由全球电视网络转播的事件之一。详细的庭审程序报告和分析被转发给 38 个国家的电视台。因为 1961 年的以色列还没有电视广播设施，所以以色列政府与美国的一家独立公司签订了合约，以获得庭审相关的图像信息。世界各地的观众都在通过电视节目或报刊文章关注着这场审判。历史学家汉娜·阿伦特（Hannah Arendt）发表的看法引起了不小的争议。作为那个时代的名人，阿伦特受《纽约客》（The New Yorker）杂志委托，全程报道这场在耶路撒冷进行的审判。她在一篇于 1963 年发表的文章中写道："问题恰恰在于，像艾希曼这样的人太多了，这些人既不是变态，也不是虐待狂，他们就是无比正常的普通人。"[18] 阿伦特指出："艾希曼无条件地听从命令、采取行动，这种行为只是为了推进他的事业，由于他与受害者的认知差距，他并没有意识到他的行为会造成怎样的后果。""平庸的恶"成为公共讨论中的热点话题。阿伦特因将这种道德选择进行心理层面的分析，受到了许多同僚的指责。

艾希曼案在几十年后再次掀起了波澜。一系列于 2006 年解密的美国中央情报局文件，让美国人和德国人震惊不已且十分尴尬。这些文

---

① 第二次世界大战期间，纳粹德国针对欧洲犹太人实施的种族灭绝计划。——编者注

件表明，在艾希曼被以色列人抓住之前，美国和联邦德国情报部门至少在两年前就已经知道艾希曼的下落了。它们一直保守着这个秘密，因为它们不想在与莫斯科的紧张局势加剧之际，破坏彼此之间伙伴关系的稳定。那时正值柏林墙竖起和古巴猪湾事件发生之际。据这些文件的记载，联邦德国时任总理阿登纳担心艾希曼的口供会使某些政府高层人物受牵连。其中一位高官也确实值得他担心，那就是已在任十年的幕僚长、全权负责总理府秩序的汉斯·格洛布克（Hans Globke）。格洛布克为希特勒编写了臭名昭著的《纽伦堡种族法令》（Nuremberg Race Laws）。其中一条法令规定：为保护德意志血统和德意志人民的荣誉，禁止犹太人和德国人结婚或发生婚外性关系，且禁止犹太家庭雇用45岁以下的德国女性。格洛布克还负责起草了《德意志帝国公民法》（Reich Citizenship Law），该法案规定只有具有德意志血统的人才有资格获得德国公民身份。尽管格洛布克的罪行累累，他还是畅通无阻地进入了战后新政府的核心圈层。

联邦德国政府非常担心艾希曼的审判会牵连到自身，所以委托德国联邦情报局预先寻找可能被用于定罪的证据和情报。当时的以色列有意向德国购买坦克和潜艇。德国时任国防部部长弗朗茨·约瑟夫·施特劳斯（Franz Josef Strauss）曾亲自警告以色列总理大卫·本-古里安（David Ben-Gurion），如果以色列不能维护德国的利益，武器交易就免谈。施特劳斯的原话是："我已经告诉了我的联系人，联邦共和国当然会支持以色列的国家安全，但前提是艾希曼的审判不会连带出某些曾经犯过罪的人。我们不用承担任何集体责任，无论是在道德、政治方面还是新闻方面。"[19] 最终，对艾希曼的审判并未牵连到格洛布克。几个月后，阿登纳批准了一批新的军事援助物资。

那个年代的联邦德国是保守和死板的，但它也在缓慢地复苏。许多城市已完成重建，德国家庭开始重新享受物质消费所带来的乐趣。

联邦德国马克也成为一种稳定且可靠的货币。汽车产业蓬勃发展。人们开始去国外度假，意大利和西班牙是最受德国人欢迎的目的地。只是在国外的德国人要么聚在一起，要么假装自己是斯堪的纳维亚人，以避免路人不友善的目光。

随着亲历战争的一代人逐渐步入老年，他们的孩子开始向父母和社会提问。20世纪60年代，音乐、性解放和政治激进主义席卷了整个西方世界。不同大陆拥有一些共通的特质，例如对越南战争的反感。大学校园往往是反对资本主义、消费主义和帝国主义的热门战场。在巴黎，示威的学生甚至把夏尔·戴高乐（Charles de Gaulle）从爱丽舍宫赶了出去。许多类似主题的示威活动在德国遍地开花，还有不少抗议是针对个人的。德国青年对精英阶层的所作所为十分不满，他们认为这些身居高位的人不仅没有提及过去，更不用说为过去赎罪了。库尔特·乔治·基辛格（Kurt Georg Kiesinger）参与总理竞选的行为激怒了很多人。基辛格曾经是约瑟夫·戈培尔（Joseph Goebbels）的无线电部门负责人。他们两个人在战后都没有受到任何追责。目之所及，身居要职的人都曾与纳粹政府有着或深或浅的联系。

沸沸扬扬的抗议活动持续了近两年时间。1968年4月，学生运动的实际领导人鲁迪·杜奇克（Rudi Dutschke）被一名年轻的画家用枪击中头部，身负重伤。情况就此急转直下。抗议人士指责斯普林格传媒集团（Springer）暗中鼓励暗杀行动，它旗下的主流刊物《图片报》（Bild）曾发起一场反对杜奇克的运动，并一度要求读者"消灭那些制造麻烦的人"。为了抗议杜奇克遇袭事件，数千名学生从柏林自由大学出发，浩浩荡荡地冲向斯普林格传媒集团总部（就在刚刚立起的柏林墙边），并试图洗劫这座建筑。剑桥大学邀请在枪击事件中身受重伤的杜奇克去英国完成学业并疗养身体。只是，杜奇克于1971年被爱德华·希斯（Edward Heath）的保守党政府驱逐出境，因为希斯担心杜奇克会为英国惹上麻烦。杜奇克随后搬到丹麦，最终又回到德国，但他的身体一直没有恢复。他于1979年去世，享年39岁。

学生运动产生的影响很快有了反馈。1968年，紧急状态法使社会安全得到了加强。参与过"六八运动"的那代人直到现在仍然拥有着强大的影响力，尤其是在德国。就在这一瞬间，一个质疑更多、顺从更少的社会诞生了。德国社会状态的改变带来了两方面影响：一是积极的非暴力，二是更黑暗的恐怖主义。受到这两个方面影响的人对德国社会有着共同的看法，但他们采用了截然不同的方式行动。

1970—1977年，德国一直深陷恐怖暴力袭击的泥沼。红军派组织了一系列爆炸、绑架、暗杀和抢劫案件。1972年，11名以色列运动员在慕尼黑奥运会上被巴勒斯坦恐怖组织"黑色九月"劫持和杀害，这对当时正在疗伤的德国造成了毁灭性的打击。慕尼黑奥运会本应让世人相信联邦德国已经恢复成了一个文明国家，作为纳粹宣传运动的1936年柏林奥运会所留下的阴影本应被抹去。只可惜，事与愿违，"慕尼黑奥运会"成了悲剧的代名词，暴露了联邦德国政府以次充好的安保措施，并引发了无数有关阴谋论的猜测。2012年，《明镜周刊》的一篇文章宣称政府一直在掩盖事实。该杂志报道称，德国联邦政府隐藏了近4 000份文件，其中详细记载了政府官员是如何将人质危机搞砸的。该杂志还写道，在慕尼黑惨案发生前的三周，德国当局已经知晓巴勒斯坦恐怖组织正计划在奥运会上制造一些"事件"，但没有及时采取必要的安全措施。这些事实从未被官方披露过，它们跟随着那些文件一起被埋葬了。

在红军派的三波袭击中，总共有34人丧生，其中包括几位举足轻重的公众人物。1977年所谓的"德意志之秋"系列恐怖袭击事件使德国陷入了当时最严重的恐惧危机之中。1977年10月13日，红军派劫持了一架由西班牙的马略卡岛飞往法兰克福的汉莎航空公司航班，该航班被迫于索马里的摩加迪沙着陆，并于四日后由因慕尼黑惨案设立的联邦德国特种部队解救。在人质被解救的当日，汉斯·马丁·施莱尔（Hanns Martin Schleyer）被谋杀，他是一名典型的当权人物，代表着激进人士所鄙夷的一切。与当时的许多商界领袖一样，施莱尔也背负着历史的"包袱"。20世纪30年代中期，施莱尔在海德堡大学学习，他指责他的同学缺乏国家社会主义精神。他是一个狂热的纳粹分子，曾经是政府的经济顾问。战争结束后，他被关押在战俘营三年，并悄然淡化了他曾经在党卫军中的地位。1948年，他收到了他的"去纳粹化证明"，并于一年后全面接管了巴登-巴登的商业协会。施莱尔后来又成为德国工业联合会的主席。对于红军派及其支持者来说，这位"经济奇迹先生"和"战争辩护者"无疑是最合适的袭击目标。1977年9月，红军派在科隆伏击了他的汽车，杀死了他的四名安保人员。联邦德国政府拒绝与红军派就解救条款谈判。绑架者最终杀害了他，并将他的尸体丢弃在法国东部的一辆汽车中。作为舆论斗争的一部分，红军派绑架者将施莱尔置于"人民监狱"中受审，但他们实际上并不知道应该向他询问关于战争的什么问题。他们和其他的学生一样，对战争的细节一无所知。

截至1977年底，所有红军派的核心人物都已被抓捕或死亡。被抓到的人被关押在斯图加特的斯塔姆海姆监狱，该监狱配有一个新建的防护翼，由GSG 9特种部队（德国边防警察第9反恐怖大队）负责看守。自那时起，关于红军派及一系列恐怖暴力袭击的讨论和研究一直十分热门。《明镜周刊》的编辑史戴芬·奥斯特（Stefan Aust）以此为题撰写了一本书，即《巴德尔和迈因霍夫集团》（The Baader-Meinhof Complex）。这本书于1985年出版，并于2008年被改编成电影。这也许称得上一部权威的作品。这本书引用了一位红军派成员的话："我们是战争结束后的第一代人，我们一直在向父母提出与战争有关的各种问题。由于纳粹的存在，所有不好的事情都会被拿去与第三帝国进行对比。例如，当你听说警察施暴时，人们就说这与当年的党卫军一样。当你将自己的祖国视为一个法西斯国家的延续时，你当然想要做一切反对祖国的事情。你觉得你的所作所为是在向你的父母抗议他们的毫无作为。"[20]

如果你问一个如今60多岁的人（经历过那个时代的德国人）是什么改变了他对战争的看法，他可能会回答三个时刻。

第一个时刻是"华沙之跪"，即勃兰特在华沙犹太隔离区起义英雄纪念碑前下跪一事。勃兰特是联邦德国战后第一位社民党总理，他于1970年12月前往波兰进行正式访问，以开启两国关系的新纪元。那一年，德国正式宣布奥德河－尼斯河线为两国的边界，双方"彼此没有领土要求，今后也不会再提出领土要求"。1945年，德国被迫放弃了波美拉尼亚和西里西亚的大片领土，这些领土约占魏玛共和国的四分之一。1950年，在苏联的压力下，民主德国也确认了边界。而阿登纳一直坚持认为这些土地只是暂时由波兰和苏联管辖。20世纪60年代的一些地图仍将这些地区标为德国领土。

勃兰特戏剧性的赎罪行为彻底地分裂了公众舆论。保守派痛恨这一跪。勃兰特坚持他的反应是合情合理的，在那一刻，他突然感到献花圈是远远不够的。他说："在数百万受害者的注视下，当没有任何语言能够传达出我的想法时，我做了任何人都会做的事情。"[21] 不得不提的是，勃兰特是一名战争流亡者和希特勒的反对者。他做了许多德国人在此之前从未想过的事情：跪下，向受害者乞求宽恕。

第二个时刻与梅丽尔·斯特里普（Meryl Streep）有关。她主演的《大屠杀》（*Holocaust*）是一部由四个单元构成的迷你剧，于1978年4月在NBC（美国全国广播公司）首次播出。剧中的主角是两个居住在柏林的虚构家庭，一家是犹太人，另一家是基督徒。这部电视剧生动地向世界各地的数百万人重现了大屠杀。《大屠杀》于一年后被翻译成德语，并由德国 WDR 电视台播出。虽然德国极右翼势力一直试图阻挠该电视剧的播出，并且两根电视信号发射杆都被炸毁了，但仍有将近一半拥有电视的德国家庭（超过 2 000 万人）观看了这部电视剧。虽然这部电视剧美化了部分事实，也显得过度伤感，但它的传播效应和引起的社会轰动影响巨大。不同凡响的是，这部电视剧将罪责问题扩展到了每个家庭身上，而不再仅仅局限于纳粹领导层。在重现"最终解决方案"时，它用冷酷的细节戏剧化地刻画了万湖会议。它呈现了发生于集中营的驱逐和屠杀。这导致了德国家庭内部的分裂："爸爸，你在战争中做了什么？"成千上万的观众致电德国 WDR 电视台，表达他们的震惊和羞耻。

20 世纪 70 年代，德国学校的历史课程已经能坦率地向学生讲述纳粹时代的种种事实，但其教学方式仍然以干瘪枯燥的数据为主。这部电视剧为此带来了变革性的影响。大量学校向电视台订购《大屠杀》的录像带，还在教室为学生购置了投影仪。以"大屠杀"为主题的漫画和学术图书也如雨后春笋一般接连出版。联邦议院谨慎地延长了追溯处罚的期限，并立即取消了诉讼时效，为更多与战争有关的起诉铺平了道路。

人们对于反思大屠杀的态度由"适度就好"转变成了"永远不够"。2019 年初，《大屠杀》重新于黄金时段播出，以纪念其首播 40 周年。它的收视率还不错，但谈不上很高。事实上，德国人在这段时间里已经向前迈出了很大一步。

第三个时刻最为严肃。1985 年，在纪念纳粹德国战败 40 周年的议会演讲中，里查德·冯·魏茨泽克（Richard von Weizsäcker）总统（任职仅一年）以政客身份发表了一段关于罪责分析的演讲。在德国，总统更多是一个礼仪性的角色，但现在总统也是国家道德的象征和监护人。当论及战争结束的那一天时,他说:"5月8日是解放日。"这句话令所有人震惊:德国不是被打败了,而是被解放了。他继续说:"这一天,所有人都摆脱了德国国家社会主义工人党(纳粹党)惨无人道的暴政。"然后,他谈到了内疚的本质。他告诉国会议员们,年轻一代不能为自己没有犯下的罪行认罪。"任何有思考能力的人都不能仅仅因为他们是德国人就期望他们身着忏悔长袍。但是,他们的祖辈的确给他们留下了恶劣的遗产。我们所有人,无论是否有罪,无论老幼,都必须直面过去。过去影响着我们,我们对过去负有责任。年轻一代和年长一代必须帮助对方理解为什么我们一定要对过去保持鲜活的记忆。"他如同戏剧主角一般,在此处略微停顿了一下,"这不是为了向过去屈服或妥协。这是不可能的。历史无法被修改或抹除。然而,拒绝承认过去的人看不到现在,拒绝铭记不人道行为的人很容易犯下新的过错。"[22]

以色列驻德国大使将魏茨泽克的演讲描述为"光荣的时刻"。[23] 100万份演讲稿中的四分之一被分发至德国各地的学校。重要的不仅是演讲稿中的内容,还包括谁说了这些话。魏茨泽克总统一家都与第三帝国渊源极深。他的父亲恩斯特(Ernst)是一名外交官,后来成为纳粹政府外交部部长。在1946年的纽伦堡审判上,恩斯特被指控曾参与将法国犹太人驱逐到奥斯威辛集中营一事。恩斯特被判有罪,并被判处七年徒刑。在服刑两年后,恩斯特死于中风。在牛津和格勒诺布尔学习了一段时间后,魏茨泽克加入国防军,并于1938年返回德国。他的兄弟海因里希(Heinrich)也加入了国防军。他的另一个兄弟卡尔·弗里德里希(Karl Friedrich)是一位著名的核物理学家,致力于为纳粹制造原子弹。战后,魏茨泽克继续自己的学业,前往哥廷根大学攻读法律。他是他父亲辩护团队的一员,于1954年加入基民盟,在当选总统之前,他已在联邦议院工作了12年。

魏茨泽克是故意选择这个敏感话题的。战败已是40年前的事情了，这个国家正在思考时间流逝究竟能否帮助人们直面历史。科尔是德国第一位没有直接参加过战争的国家领导人。然而，即使是对科尔而言，关于战争的记忆也是赤裸裸的。战争开始时，科尔只有9岁。13岁时，他的家乡路德维希港是最常被盟军轰炸的目标之一。他曾在一片废墟中帮忙挖掘邻居被烧焦的尸体。他的哥哥也在诺曼底的空袭中丧生。

媒体嘲笑科尔是一个乡巴佬。他拥有奇怪的口音，最喜欢的菜是法尔茨烩猪肚——猪肚里有肉和蔬菜。他曾经用这道菜款待过鲍里斯·叶利钦（Boris Yeltsin）和撒切尔夫人等世界级领导人，并恶作剧般地观察他们的反应。毫无疑问的是，科尔是战后德国最重要的人物之一。他曾经说："虽然30多年来我一直被人低估，但我过得很好。"[24] 这句话也许并不能准确地描述科尔所取得的成就。实际上，科尔作为国家形象在国际社会为德国争取到了尊重。在1984年对以色列的国事访问中，科尔参观了以色列犹太大屠杀纪念馆。在参观结束后，他告诉以色列议会的成员，他是德国的幸运一代，因为他不用分担罪责。这句话备受争议。他以其天主教血统为自己背书，宣称："我是一名天主教徒，就算我生在纳粹时代也不会犯下任何罪行。"[25]

这与接下来发生的事情相比根本算不了什么。科尔决定，作为战败40周年纪念的一部分，他将邀请里根和他一同参观德军公墓。他选择了靠近卢森堡的比特堡战争公墓，那里安葬了数百名普通德国士兵和50名武装党卫军成员。当时，德国与美国的关系特别牢固。里根同意前往，他想对科尔和施密特表示感谢，因为施密特曾于1979年在一片抗议声中同意美国在德国部署潘兴2型核导弹。德国人对此感到无比惊慌，50名参议员向科尔写信抗议。大屠杀幸存者埃利·维塞尔（Elie Wiesel）公开敦促科尔改变主意，雷蒙斯乐队（Ramones）和弗兰克·扎帕（Frank Zappa）写歌谴责他……一个美国犹太团体称科尔此举为"无情的冒犯"。最终，里根将公墓行程缩短至8分钟，其中还包括了去贝尔根·贝尔森集中营的额外行程。但是，里根为死者献了花圈。里根的行为让德国的一些人认为，那些与战争有关的事实已经被"正常化"了。

科尔也许看起来有些愚笨——他性格如此，但实际上他的行动背后有着更加复杂和深思熟虑的动机。有一张著名的照片：德国总理科尔与法国总统密特朗在凡尔登握手，以纪念第一次世界大战爆发70周年。这场精心安排的德法和解，刚好发生在科尔的以色列之旅后和里根的比特堡访问前。科尔与他那个时代的许多德国人一样，试图回望过去，而不是将事实埋在地下。他试图为记忆寻找定义，而不是被记忆定义。这一切都是令人痛苦的。那正是我刚刚作为记者来到波恩的时候。第二次世界大战结束40年之时，人人都在讨论战争，那些报刊似乎没有别的事情可以报道。这是历史学家争论不休的时代。这些文章也许只是刊登在《法兰克福汇报》（Frankfurter Allgemeine）和《时代周报》（Die Zeit）不太起眼的版块中，但这标志着当代德国开始追问自我、寻找自我。

从某种意义上说，这是一场左翼与右翼之间的直接斗争。三位保守派历史学家掀起了这场争论，声称德国不应为"最终解决方案"承担特殊的罪责。他们受到了左翼人士的谴责，左翼人士认为这个观点十分危险，并且完全是狡辩。反击行动于1986年6月开始，柏林自由大学（20世纪60年代末和70年代激进抗议者的总部）的现代史系名誉教授恩斯特·诺尔特（Ernst Nolte）发表了一篇评论文章，呼吁人们为自己国家的历史画上一条下横线。他要求人们记住纳粹时代，"就像刽子手的剑一般悬在当今生活之上"。[26] 在这篇题为《不会消失的过去：可以写下来但不能发表的演讲》（The Past That Will Not Go Away: A Speech That Could Be Written but Not Delivered）的文章中，他表示自己希望能在一场全球学者会议上发表演说，但最终他的邀请函被撤销了。会议组织者英国历史学家理查德·埃文斯（Richard Evans）是诺尔特最直接的批评者之一。他反驳说，并没有人禁止诺尔特出席会议，诺尔特只是为了制造丑闻而懒得露面。诺尔特认为自己是知识分子的挑衅者，任何能激怒欧洲学术界的事情都是好的。在随后一年出版的书中，诺尔特开始调侃否认大屠杀，暗示犹太人是因为同情共产主义才惨遭不幸的。他经常收到各式各样的威胁，这使他更不受主流的欢迎。2000 年，尽管公众强烈抗议，诺尔特仍被授予了康拉德·阿登纳奖，该奖用于表彰中右翼的突出人物。基民盟的新领导人默克尔拒绝参加颁奖仪式，并明确表示她与诺尔特有"私人恩怨"。

与诺尔特站在同一战线的还有另外两位历史学家：米歇尔·斯图尔默（Michael Stürmer）和安德烈亚斯·希尔格鲁伯（Andreas Hillgruber）。斯图尔默是科尔的一名非正式顾问，于 1986 年 4 月在《法兰克福汇报》发表了一篇题为《没有历史的土地》（Land Without History）的文章。他对比了美国和其他西方国家的爱国主义精神与德国极低的民族自豪感。斯图尔默呼吁政府、媒体和历史学家发起一场运动，让人们对德国历史建立一种"积极的看法"，并且不要只关注第三帝国的 12 年，而是将注意力放在更宽泛的历史维度上。他写道，这种"定位缺失"阻止了联邦德国坚定地主张自身立场，而如今这"再次成为全球性反民主内战的焦点"。[27] 在随后的国际研讨会上，他进一步提出，德国人"背负着因过去的罪责产生的无尽内疚，是无法好好活下去的"。[28] 一个贬义词就此诞生，即 Schuldkult（对忏悔的狂热崇拜）。

第三位保守派学者希尔格鲁伯可能是最古怪的。此前，这位来自科隆的历史学家因其对纳粹时代的研究而享誉全球。然而，在他于 1986 年出版的著作《两种废墟：德意志帝国的瓦解和欧洲犹太人的终结》(Two Kinds of Ruin: The Shattering of the German Reich and the End of European Jewry)中,他认为,虽然大屠杀可怕,但大屠杀并不是一个单一的事件,而是对一系列历史上连续暴行的回应,也是这些恐怖历史的一部分。他还坚持认为,纳粹的种族灭绝行动和盟军地毯式的轰炸袭击在道德上是没有区别的。

有人认为大屠杀是历史上独一无二的,并且仅仅会发生在德国,也有人不这样认为。这不仅是一个哲学议题,还有着政治意义。自希特勒战败以来,学术圈关于"特殊道路"(Sonderweg,德国的特殊耻辱之路)的讨论从未断绝,且在国外尤为热烈。该理论最著名的支持者之一是美国记者威廉·L. 夏伊勒(William L. Shirer)。他的《第三帝国的兴亡》(Rise and Fall of the Third Reich)于1960年首次出版,这本书将马丁·路德(Martin Luther)和希特勒联系在了一起。他认为德国人倾向于盲目服从且天生具有奴态。许多批评家直言夏伊勒的作品是粗鲁的。20世纪80年代,人们对战争罪责的讨论更体系化了,热度不减。

尤尔根·哈贝马斯(Jürgen Habermas)是现代哲学巨匠之一,也是对诺尔特和斯图尔默等人进行批评的评论家中最著名的人。《时代周报》刊登了哈贝马斯的评论文章,他谴责德国国防军美化了自己在东部战线与红军对抗的行为。事实上,德国军队坚持的时间越长,大屠杀就持续得越久。在一篇题为《一种止损方法:论德国历史写作的赔罪倾向》(A Kind of Damage Control: On Apologetic Tendencies in German History Writing)的文章中,哈贝马斯抨击了右翼人士的新民族主义倾向。他认为"奥斯威辛"是德国历史的伟大分界线。德国的未来可以就此建立在新的基础上。《明镜周刊》的出版人员鲁道夫·奥格斯坦(Rudolf Augstein)抨击希尔格鲁伯是一名"宪法纳粹分子",并要求学校将希尔格鲁伯开除。历史学家汉斯·蒙森(Hans Mommsen)

也加入了这场争论，他认为冷战是一种使德国精英轻松逃脱惩罚的手段。这场始于德国的论战吸引了更多注意力。耶路撒冷的犹太大屠杀纪念馆为此专门出版了一本期刊，用整个版面报道这场历史学家论战。伦敦也专门为此举行了一场会议，参会者包括拉尔夫·达伦多夫（Ralf Dahrendorf）、以赛亚·柏林（Isaiah Berlin）、乔治·魏登菲尔德（George Weidenfeld）和斯特恩等著名历史学家和核心公众人物。

对于德国当时备受关注的公众人物（大部分是男性）来说，他们通常无法将自己的政治事业与个人生活分隔开来。作家君特·格拉斯（Günter Grass）的痛苦经历，便是铭记和遗忘的冲突。作为社民党的左翼成员，格拉斯利用自身突出的政治地位为自己的文学作品取得了更多关注。他坚定地反对德国重新统一，认为曾经存在的集中营是两德重新统一的道德障碍；只有德国永久分裂，欧洲大陆才会有和平。格拉斯于1999年获得了诺贝尔文学奖，颁奖词称他的小说《铁皮鼓》（The Tin Drum）让人觉得"仿佛德国文学在经历数十年语言和道德崩坏后重新拥有了一个全新的开始"。[29] 获奖七年后，格拉斯承认，他曾在党卫军任职。格拉斯曾是对科尔-里根的比特堡之行批评最为猛烈的人之一。舆论对格拉斯的指责铺天盖地。希特勒传记的作者约阿希姆·费斯特（Joachim Fest）曾经也想加入希特勒的精英部队，但被父母阻止了。他说："格拉斯花了60年才坦白，这一切来得太晚了。我无法理解一个几十年来自诩为道德权威的人怎么会做出这样的事情。"[30]

无论是时间的流逝，还是个人与有战争背景的家庭划清距离，都无法解决这种两难问题。人们都或多或少地与罪责相关。历史学家和艺术家究竟在什么情况下才有资格讨论德国作为战争受害者的问题且不会因个人背景受到指责？

1954年，《柏林的女人》（A Woman in Berlin）在美国出版。这本

书由一位女士匿名撰写，她自称是一名32岁的出版界人士。她记录了自己为期两个月的求生经历。十分幸运的是，她会说俄语。她决定"投奔"一名受过良好教育的军官，成为他的情妇，希望他能保护自己免于暴行。这本书被翻译成多种语言在许多国家发行，但最初的发行计划中并不包括德国。直到1959年，终于有一家德国出版社愿意接手发行工作。迎接《柏林的女人》德语版的只有敌意。作者被指为精于算计和冷漠。最重要的是，人们认为她玷污了德国女性的尊严。作者从此拒绝再次发行德语译本。

将近半个世纪后的2003年，一位文学经纪人透露，《柏林的女人》的作者是一位名叫玛塔·希勒斯（Marta Hillers）的记者，她于2001年去世。这本书立即在德国重新发行，这一次它大受好评。它在畅销书排行榜上横居数月，并于2005年再版，由英国历史学家安东尼·比弗（Antony Beevor）作序。他评价此书为"对第二次世界大战的最有力叙述"。[31]

2002年，另一本书《火》（The Fire）也引起了轰动。这本书记载了盟军对德国城市的地毯式轰炸，重点描述了英国人对德累斯顿的破坏。作者约格·弗里德里希（Jörg Friedrich）是人们早有耳闻的争议性人物。作为一名反对越南战争、布什-布莱尔联盟和伊拉克战争的活动家、左翼激进人士，弗里德里希试图从另一个角度阐述德国所承受的苦难，而不是仅由右翼民族主义者主导话语权。虽然他选择的《图片报》不是最适合刊登他的文章的地方，但最终的反响很好。《火》跃居畅销书排行榜第一名。弗里德里希之前也发表过与纳粹暴政有关的作品，这使得他免受舆论攻击。但他使用了诸如"湮灭"一类的词形容轰炸袭击，有的人指责他利用修辞手法偷换概念。

也许真正改变一切的是W. G. 塞巴尔德（W. G. Sebald）的《论破坏的自然史》（On the Natural History of Destruction），这本书在千禧年

以德文和英文先后出版。塞巴尔德是一位出生在德国巴伐利亚州、定居于英国的作家和历史学家,他写了一系列关于"反思历史"的文章。通过这些文章,他讨论了一个令人恼怒的话题,即"向过去妥协"。他直言不讳地讲述了盟军的轰炸:在战争结束前的最后一年,这场轰炸摧毁了数十座德国城市。几年前,伊丽莎白女王在伦敦市中心为轰炸将军亚瑟·哈里斯(Arthur Harris)的雕像揭幕,这名空军上将指挥了盟军对德国城市的密集轰炸。塞巴尔德以一组统计数据提醒着读者:多达70万名平民(包括约7.5万名儿童)被烧死或因窒息死亡;100万吨炸弹被倾泻在131个城镇之上,人口密度为33平方米/人的科隆被夷为废墟;德累斯顿的党卫军在柴堆上焚烧了6 865具被炸死的普通市民的尸体;因轰炸迸发的大火在汉堡上空跃升至2 000米高。他认为,在阿登纳时代,人们对战争的"健忘"并不是拒绝承认历史,而是一种延迟性创伤。在战争的最后几年间,数百万德国人感受到了绝无仅有的民族屈辱感,但那些亲历者从未真正用语言表达过这种感受,没有相互交流心情,也没有传达给下一代。[32]爱尔兰作家约翰·班维尔(John Banville)认为这本书是"一场安静却强烈的抗议,反抗着我们这个年代充斥着的虚伪和道德推诿"。[33]

现在,德国可以公开地谈论自己所承受的苦难,这不再被视作为自己开脱。因为自20世纪80年代起,从两德重新统一甚至更早时间开始,德国就一直在探讨、反思自己的罪过。平民勇气是指为自己的信仰挺身而出的勇气,根植于年轻一代德国人的心中。人们应该遵守法律,但如果法律把一个国家带向错误的方向呢?社会鼓励学生独立思考,鼓励学生说"不",鼓励学生反抗,尤其是在他们不得不如此做的情况下。

德国对战争的深入探讨是十分有益的。事实表明,每十年,在教育界、学术界、新闻界和政界中,关于过去的清算都变得越发详细、越发令人痛苦，但也越发细致入微。这表明德国正以一种其他战争发起国（日本、奥地利和意大利）从未采取过的方法直面和接受自己的过往。西班牙与德国类似，却又截然不同。数十年来，西班牙民众一直希望将佛朗哥将军的尸体从烈士谷移除，却一直未能实现。这场"期待已久"的迁出事件最终发生在2019年，但有一大批选民抗议此事。

关于那段历史的博物馆和纪念碑在德国比比皆是，有的很显眼，但多数并不容易被察觉。一个周六的早晨，志愿者多丽丝·莱尼格（Doris Lehniger）正在莱比锡的一条安静街道上等我。她特地来带我参观一个学校博物馆。通常，这里的访客很少。如果有人来访，往往也是提前安排好的。这里曾经是一所学校，但2003年的洪水冲坏了这座建筑，学校因此搬迁，一群好心的历史学家决定将这些教室变成学生生活的展室。莱尼格先带我去了顶楼，这里是德皇的陈列厅，学生曾经在这里了解德意志帝国、战争和服从。顶楼下一层是魏玛共和国的课堂重现。所有陈设都突出了那个时代独有的激进。学生不需要死记硬背，也不会被老师拿着尺子或拐杖训诫，而是分成小组坐在一起。老师邀请学生在黑板上写出自己的想法。接下来，我们去了民主德国的房间，里面摆有真人大小的男孩和女孩模型，他们都是自由德国青年团的团员。房间里还有民主德国领导人瓦尔特·乌布利希（Walter Ulbricht）及其继任者昂纳克的照片，以及关于和平与社会主义的口号。一个小柜子里陈列着学生寄给"兄弟国家"坦桑尼亚和莫桑比克笔友的信件，还有一些民防营的纪念品，当时的孩子每年必须在农村参加一次民防活动。在民主德国，生产日也是学生必须参加的社会活动，这是苏联时代的一个标志性产物，因此学生每个月都会被送到工厂去学习生产。

唯一不追求一比一还原的房间是纳粹展厅。与希特勒有关的纪念品在德国是被禁止的，但这个展厅更具说教意义和描述性。展览显示，1940年，有超过200名残疾人被带到附近的"疗养院"，被毒气系统性地"治疗"了一个多月。展览讲述了该市7 000个犹太家庭的故事，解释了儿童是如何按血统被区分开来的。犹太人先是在学校里与其他学生分开，随后只能去犹太人的学校上学，最后消失了。这些陈述都是以书面形式记载的。这里不像其他房间有颜色或个人风格。莱尼格告诉我："这里仍然是一个非常敏感的地方。"这个迷你的博物馆并不是旅游景点，不是为了引起轰动而设计的。我觉得，它的存在主要是想提醒人们时常想到公民义务，提醒人们要记住历史、传递历史，这是每个人的责任。

两德重新统一的事实和一种重新开始的感觉，让德国人拥有了时间和空间来克服内心的创伤，这些创伤不仅是由他们的国家造成的，也是他们的国家所背负的。疗愈仍在进行中，也许永远不会结束。但是，没有人试图忘记过去。

2

母亲的怀抱

默克尔与东部传承

无论如何努力，人们都无法轻易地妖魔化德国，这是一个由一位出生于不起眼小镇的坚强科学家领导了16年的国家。

默克尔的崛起以及她在当代德国发展中所扮演的角色，是21世纪初最难以想象的政治故事之一。她看起来非常不适合这份工作——女人、新教徒、物理学家和离婚人士。在柏林墙倒塌的那天晚上，35岁的默克尔并没有和她的朋友一起去西柏林的街道上参加庆祝活动。她听到了一些谣言，所以她给她的母亲赫林德（Herlind）打了一个电话："妈妈当心，今天有事发生。"[1] 那天是一个星期四，她做了她通常会在星期四做的事情，也就是和一个朋友去她家（东柏林的普伦茨劳贝格）附近的公共桑拿房。"我当时真的不太明白我听到的事情，"[2] 默克尔后来回忆道，"我想，这堵墙如果真的被打开了，就很难被再次关闭，所以我决定静静等待。"[3]

桑拿结束后，默克尔看到街上还有许多人，于是她决定在附近的博恩霍姆大街（Bornholmer Strasse）加入他们。她说："我永远不会忘记这件事，也许是在晚上10点30分或者11点，甚至更晚，我独自一人跟着大部队。突然，我们发现自己在柏林的西边。"[4] 在那里，她遇到了许多向她发出邀请的陌生人。她继续说:"我们一起喝啤酒,实在是太高兴了。"[5]之后,和许多民主德国人一样,她又回到了东柏林。因为第二天早上,她还要上班。在最初的那些令人兴奋的日子里,所有民主德国人都获得了联邦德国政府的"欢迎金"——100德国马克。默克尔没有把钱花在奢侈的食物、饮料或纪念品上,而是把钱留给一些更有实际意义的事情。她说:"上厕所或喝杯茶都要花钱——那时是11月,天气挺冷的。"[6]

默克尔早就有去联邦德国的计划,但必须是在她年满60岁的时候,因为只有那时她才能在联邦德国领到自己的养老金。她早已为那一天规划好了行程。她会去警察局,将她的民主德国护照换成联邦德国护照,然后前往美国,自由地开着汽车,沿着公路去一个又一个海岸旅行。她后来回忆道:"我想看看落基山脉,开车兜风,听布鲁斯·斯普林斯汀(Bruce Springsteen)的音乐。这是我的梦想。"[7]在去联邦德国的路上,她会带着她的母亲一起去西柏林的凯宾斯基酒店吃牡蛎。(但是,直到2019年她90岁的母亲去世,她都没有这样做过。)

默克尔被德国人亲切地称为"妈妈"(mutti)。这体现了德国人对稳定的深切渴望。在任期内,她很少谈论自己。即使《时代》(Time)杂志将她评为2015年度人物时,她也拒绝接受采访。她不喜欢谈论她的性别或背景。这种沉默已成为她的标志。默克尔的一位前助手告诉我,默克尔很少在近距离表现出强烈的情绪。他坚称,这不是因为默克尔生性冷漠,而是因为她的教养。他说:"默克尔在民主德国体系中的生活已经使她适应了周围的环境。她知道人们是有可能背叛朋友的。她很少失望,因为她对别人的期望值很低。"与默克尔共事过的人说,她对文化的兴趣使她能够脚踏实地地生活。曾于2005—2010年担任德国政府发言人的乌尔里希·威尔海姆(Ulrich Wilhelm)回忆说,她在往返于全球峰会的长途飞机上,不仅会与参会人员讨论政治战略，还会讨论文学和艺术相关话题。

1990年是转折时刻（两德重新统一被正式提上日程并广为人知），也是我第一次见到默克尔的时候。那时的她籍籍无名，仿佛凭空出现一般。成熟的联邦德国党派正在找寻背景干净且能够融入西方秩序的东部政治家。他们偶然发现了这位性格沉稳的科学家。同年12月，在两德共同组成的第一届联邦议院选举中，默克尔已是民主德国梅克伦堡-前波美拉尼亚州的基民盟领导人。科尔立即将默克尔收入麾下。科尔将她任命为内阁部长——负责妇女和青年部，这是一个适合起步的初级职位。科尔称她为"那个小女孩"（Das Mädchen）。默克尔并不感激这一切，但她保留了自己的看法。她经历了许多事情和谈话，并将它们逐一消化。威尔海姆回忆道："她必须保持谨慎，别无选择。人们一直觉得她的资历太浅。但她很聪明，她知道游戏规则是什么。"

仅仅在柏林墙倒塌的一年后，默克尔就成为一个对她来说完全陌生的政治体系的部长。直到现在，她仍然是少数在西方登上政治顶峰的民主德国政治家之一。科尔信任她。科尔经常向她征求意见，因为她是民主德国人。当然，她对联邦德国人也同样好奇。

她后来回忆说，她曾认为联邦德国人更有活力。在认识到现实后，她调整了自己的态度，更谨慎地做决定。她的一位传记作者（也是《时代周报》记者）玛丽亚姆·刘（Mariam Lau）说，默克尔立即意识到，选民厌恶风险且容易焦虑。默克尔的这一想法从未改变过。

1994年，科尔将默克尔派到了环境部门，将其升任为德国环境部部长。此次任命正值德国担任欧盟轮值主席国期间。默克尔负责主持各类欧洲环境会议。英国时任环境大臣的约翰·古默（John Gummer）回忆道："她当时完全是一个新手，我是与她共事的三个人之一。但她很聪明。我记得我曾给我的妻子打电话，告诉她这位新部长很出色。"古默邀请默克尔去他英国萨福克的家中做客。默克尔的丈夫也一同赴宴。他们在古默的家中留宿,并花了不少时间坐在壁炉旁与古默聊天。星期五晚上,古默带默克尔去了当地的保守党协会。她在那里目睹了许多人高昂的反欧情绪和对战争无休止的咒骂。她感到十分震惊。她事后告诉古默:"我现在知道了,对你来说,邀请我来并不是一件容易的事。"那堂关于英国人的课,或者说关于某一类英国人的课,一直深深地印在她的脑海里。

无论默克尔走到哪里,她的发言都是外交语言,她很谨慎。科尔带她一同进行了多次正式访问,这实际上远远高于她的职位权限。因此,她得以亲自见到她心目中的英雄——里根,她兴奋不已。她喜欢里根对苏联的强硬态度。她的资历在逐渐积累,但仍然不够显著。20世纪90年代中期,随着经济停滞和两德重新统一所带来的兴奋感逐渐退去,德国陷入周期性的自我怀疑。以比尔·克林顿(Bill Clinton)和布莱尔为首的年轻一代政治家正在西方世界呼风唤雨。在德国,基民盟在地区选举中遭遇了一连串失败,因为人们认为科尔的年纪太大了。在1998年的大选中,科尔被富有魅力的社民党新领导人施罗德击败。

在基民盟内部,许多人在排着队等待接替科尔担任党派领袖。这些人一头白发,在各个选区内一路过关斩将才走到高位。默克尔经过深思熟虑,背叛了她的导师科尔及其盟友。这对于默克尔来说,是极具风险的。当时,科尔和他选定的继任者沃尔夫冈·朔伊布勒(Wolfgang Schäuble)陷入了一场政党资助丑闻。基民盟的一批基层人士要求进行彻底改革。1999年12月,默克尔在《法兰克福汇报》上发表了一篇评论文章,宣称"是时候更新换代了"。政界一片骇然。这个看起来谨小慎微的女人也有无情的一面,这可是"弑父"之罪啊。经过此事,她迅速升任为党内最高领导人,令西装革履的男人们目瞪口呆。最初,他们认为默克尔撑不了多久。他们安慰自己,默克尔没有

"马厩的味道"（在党内密室抽雪茄沾染的气味），意思是她没有足够的经验，更不是一个男人。默克尔没有得到党内的支持，他们最终击败了默克尔：巴伐利亚州州长和基社盟主席埃德蒙·斯托伊贝（Edmund Stoiber）被任命为2002年大选的候选人。然而，此举适得其反。在民意调查大大领先的情况下，斯托伊贝输掉了选举。施罗德将自己的竞选活动重点放在反对伊拉克战争上，再次被选为德国总理。

斯托伊贝的失败为默克尔的政治事业铺平了道路。科尔被自家党派抛在了一旁。默克尔和新的基民盟团队都认为斯托伊贝处境尴尬，并且取消了本来计划为他举办的70岁生日晚会。科尔的脾气变得越来越暴躁，他一直没有原谅默克尔。2014年，《明镜周刊》发布了一些录音，其中记录着科尔向其自传的代笔作者讲述他对默克尔背叛行为的愤怒："默克尔甚至无法正确地使用刀叉。她过去常常在国宴上闷闷不乐，而我经常不得不提醒她注意影响。"[8] 默克尔默默地忍受着科尔的嘲讽，她知道自己已经战胜了科尔。然而，对于一位在所有方面都称得上伟大的政治家来说，这是一个极度悲伤的结局。

默克尔时代开始于2005年11月。施罗德团队因一系列有争议的经济改革措施陷入了困境。在最后关头，施罗德发起了提前选举动议。默克尔的竞选活动似乎乏善可陈，她在竞选演说中也犯了许多错误。她在伊拉克战争问题上大力支持美国，完全无视公众舆论，这使她处于被动境地。但最终，基民盟以微弱的优势取得了胜利。但默克尔必须将16个内阁席位中的8个交给社民党，她因此成为德国总理。这是她连续四届政府中的第一届，其中三届都是与社民党共同组建的大联合政府（GroKo）。在许多国家，这种权力共享要么根本不可能实现，要么不可持续。但第一届大联合政府运转良好，被许多人视为德国最成功的政府之一。默克尔在国内外动作频频。仅仅在一两年的时间内，她就跻身于欧洲高级政治家之列。无论德国国内还是国际社会，都认为默克尔是稳定的代名词,她获得这种认可的原因是她从不装腔作势。

默克尔从不炫耀。她保留了她家乡坦普林的小别墅。在柏林,她只会去自己常去的理发店,她经常被市民碰见在超市购物。她热爱艺术。有时,她会直接给她最喜欢的一两个博物馆的馆长打电话,问他们是否介意晚一点关门,这样她就可以自由地参观某个她感兴趣的展览。

在国际舞台上,默克尔乐于与准备充分且遵循常理的领导人对话。虽然她喜欢在美国度假,但她与美国的两位前总统都有过冲突。她与特朗普的关系非常糟糕。她鄙视特朗普骨子里的低俗。作为反击,特朗普会在公共场合故意诋毁她。更令人惊讶的是,她与巴拉克·奥巴马(Barack Obama)的关系也不好,至少在一开始并不理想。她对奥巴马的言论持怀疑态度。2008年,当奥巴马竞选民主党候选人时,他的竞选团队曾向德国当局询问他是否可以在柏林发表演讲。德国当局向默克尔征求意见,问奥巴马是否可以在勃兰登堡门下做演说。由于害怕类似于约翰·肯尼迪(John Kennedy)的"柏林人"和里根的"戈尔巴乔夫先生,拆掉这堵墙吧"的场景再度发生,她明确表示反对这项提议。她对一位传记作者说:"你不能凭借魅力解决(政府)问题。"[9]

她在任的时间越长,她就越谨慎。她坚持以循序渐进并反复核对的原则处理问题,并且坚信这种方式是有益的:"对于我来说,在做决定之前,我必须考虑到所有的可能性。"[10] 她经常给自己的朋友和顾问发短信,即使大家都坐在议会厅里,她也是如此。所以,人们给起了她一个绰号叫"手机总理"(Handy-Kanzler)。朗氏德语大词典评选出的2015年度词汇是merkeln①,意思是在重要事项上保持沉默,不提供任何明确的信息。

---

① 默克尔姓氏为Merkel,词尾的n是德语中常用的动词化词尾。——译者注

在21世纪的前20年，当代德国最主要的两个特征一直是可靠和谨慎，并以国家元首默克尔为二者的化身。无论好坏，德国政治文化的核心永远是缓冲、减震。在默克尔最初上任时，德国一直在呼唤稳定。施罗德的自由化改革虽然启动了经济发展，却分裂了国家。伊拉克战争粉碎了德国对外交政策的信任。在柏林墙倒塌15年后，德国当初的快感早已消退。

想要理解德国对稳定的渴望，关键是要理解它的对立面。当回想起1989年那段令人激动的时光时，我仍然无法平静。任何事情都可能出岔子。好在最终的事实证明，所有相关人士都没有做出错误的选择。

1989年初夏，我在东柏林当全职记者，当时的我仍然拥有民主德国颁发的媒体许可证明，其正面印有民主德国标志性的罗盘符号。我住在柏林最丑陋的莱比锡大街，那里只有一片单调的混凝土高层公寓。任何看过电影《窃听风暴》（The Lives of Others）的人都可以想象出这样的场景：穿着浅灰色西装和米色鞋子的男人们挤在电梯间里，低着头，去顶层（普通人无法接近的一层）窃听重要谈话。我是那栋楼里为数不多的外国人。附近的街道漆黑一片，非常寂静。这里靠近两德边境，距离查理检查站仅一步之遥。斯普林格出版社的总部大楼就在柏林墙的另一侧。

作为占领国的记者，我可以随意地从民主德国去往联邦德国。不到几个月的时间，我就不得不更换护照，因为旧护照已被出入境印章盖满了。我尽量不向我的民主德国朋友们提起这件事，因为他们要是听说我去联邦德国一定会觉得很痛苦。没有人知道紧闭的牢笼会在不久后打开，即使铁幕已经开始破裂（匈牙利当局已同意向奥地利开放边境），但是没有人（包括最聪明的情报官员）能预料那一年11月会发生什么。虽然法律上一直写着两德重新统一，分裂国家的宪法条款也一直被认为是临时的，但很少有人认为这会真正发生。即使在1987

年底戈尔巴乔夫改革的高峰期，也只有不到十分之一的联邦德国人相信两德会在20世纪末合二为一。

第一次抗议活动始于1989年5月，因为民主德国的执政党社会统一党（SED）在选举中获得了98.85%的支持率。在已经成为东柏林中心的亚历山大广场和莱比锡，教会和环保组织中的激进人士开始示威抗议。他们听说邻国波兰举行了包括团结工会和其他党派在内的圆桌会谈，那么为什么民主德国不可以呢？

1989年6月7日，匈牙利政府在国际媒体的见证下开放了与奥地利的边境。那是铁幕第一次物理意义上的破裂。匈牙利是民主德国等"兄弟"国家公民的热门度假目的地，尤其是巴拉顿湖区。对于民主德国人来说，他们需要开着他们的特拉贝特（Trabant，民主德国汽车品牌）或乘坐火车，长途跋涉，穿越捷克斯洛伐克，才能最终抵达匈牙利。1989年8月19日，匈牙利小镇肖普朗的居民请求当局允许他们在边境与奥地利人举行"友谊"野餐。虽然匈牙利政府早已批准了这一请求，但民主德国的度假者花了好些时间才理解这一举动到底意味着什么。第一天，只有900人从匈牙利穿过边境并在奥地利留宿。渐渐地，人流越来越大，离开的人越来越多。柏林的许多活动家在意识到有多少同胞离开后，感到非常沮丧。虽然现在回想起来这种感觉很古怪，但这些理想主义者想要达到的目的是改变民主德国，而不是完全废除它。

莱比锡的尼古拉教堂和东柏林的客西马尼教堂是和平革命的主要场所。非常讽刺的是，戈尔巴乔夫将于1989年10月7日访问民主德国并庆祝民主德国成立40周年的计划，刺激了反对派。我记得当时我也在柏林的主干道菩提树下大街上，与人们站在一起迎接他。社会统一党被苏共总书记的受欢迎程度吓坏了。由自由德国青年团成员传递火炬的活动本应是受管制且沉闷的。然而，街上的人都在大喊戈尔巴乔夫的名字，这让周围的便衣斯塔西①警官惊愕不已。戈尔巴乔夫在回忆录中对昂纳克说："生活会惩罚那些迟到的人。"而昂纳克自始至终都有着不同的想法："那些被宣布死亡的人通常会活很长时间。"他还说："如果我们退一步，一切都会崩溃。"[11] 昂纳克的第一个想法错了，但他的第二个想法是对的。

人群再次聚集在亚历山大广场，一路走向客西马尼教堂。几天前，人们开始在客西马尼教堂守夜。在教堂里，我遇到了一个人，他叫乌维·费希纳（Uwe Fechner）。自那时起，我们就一直是朋友。当时，他是一名20多岁的工程师，在一家电视台工作。他就住在教堂的隔壁。那时的普伦茨劳贝格与今天完全不同，它邻近柏林墙，漆黑且安静，许多房子都是空的。费希纳和他的几个朋友一样，蜗居在一间小公寓里。他并不认为自己有特别的政治倾向，尽管他经常在图书馆附近闲逛，那是一个受持不同政见的人欢迎的聚会场所。当守夜活动开始时，他问能否帮得上忙。在得到肯定答复后，他去医生那里开了病假条。他告诉医生他得了流感，于是他非常顺利地得到了一个月的假期。他直奔教堂，牧师建议他尝试从做新闻发言人开始。费希纳并不知道这意味着什么，但他试了一下。客西马尼教堂拥有一个其他很多地方没有的东西，那就是一部真正能使用的电话。客西马尼教堂成为反对派的主要联络点。西方记者开始了解守夜活动并开始报道正在民主德国发生的事情。对于西方记者来说，这比亲自去莱比锡更容易，因为外国人需要特殊许可才能访问民主德国首都以外的地方。

那个周末是一切的转折点。在教堂内，人们手挽着手，唱着赞美诗，一起祈祷。截至周日，已经有数百人驻扎在教堂里。民主德国政府发出通告，说他们将清理该地区。聚集在教堂里面的人（我也是其中之一）可以看到窗外有密密麻麻的探照灯扫过，还可以听到警犬的

---

① 民主德国国家安全部，成立于1950年2月8日。——编者注

叫声。昂纳克的继任者埃贡·克伦茨（Egon Krenz）曾发表公开讲话，他的演讲词被民主德国官方媒体大肆宣传，以警告抗议者。一位名叫伯恩德·阿尔巴尼（Bernd Albani）的牧师，如无名英雄一般带领我们悄悄地离开了教堂。我们并不知道出去以后会发生什么。我数了数，教堂外停着大约50辆军用卡车。有人用扩音器喊话，要求我们把手举过头顶。那天晚上，很多人被毒打了一顿。数百人被一路捆绑到军用卡车上，他们在被抓住头发或被警棍殴打时一直高喊着"我们不要暴力"，最终被带走了。最重要的是，没有人被杀害。

第二天晚上，莱比锡的情况更加戏剧性。几卡车的武装警察，即民主德国人民民兵，在教堂外等待着抗议者，他们已经做好了开枪的准备。然而，根据警察后来提供的证词，警察并没有遵循命令向民众开火。尼古拉教堂如今是一个非常受欢迎的旅游景点，导游会在那里为游客讲述当时发生的一切。他们宣称"撒克逊人不会向撒克逊人开火"。我不能确定萨克森州的地区归属感与此有多大关系，但当地人坚持认为这就是原因。如果当时有任何一个城市的政府决定用真枪实弹处理抗议活动，那么谁都无法知道今天的德国将会变成什么样子。民主德国是监视体系渗透最深的社会体系之一，也是地球上最军事化的国家之一，鉴于当时令当权者绝望的情况，没有任何冲突升级为暴力事件是非常难得的。1989年10月中旬，克伦茨接替生病的昂纳克任党中央总书记、国务委员会主席和国防委员会主席。他任命德累斯顿的温和派汉斯·莫德罗（Hans Modrow）担任总理，但克伦茨是最不可能支持改革的领导人。几年后，克伦茨被判入狱。直到今天，他仍为柏林墙的倒塌感到后悔。

然而，仅在一个月后，倒霉的中央委员会发言人君特·沙博夫斯基（Günter Schabowksi）便宣布，将立即解除对民主德国人的旅行限制。民主德国当局难道真的认为人们会冷静地在检查站排队、在护照上盖章，然后回到民主德国的家中吃饭并像往常一样继续为民主德国服务吗？

事后看来，人们可以确定，那时的民主德国已无以为继。正如20世纪四五十年代有200万人逃离民主德国并最终导致柏林墙于1961年建成一样，一旦隔离取消，民主德国就没有希望了。有人可能会争辩说，柏林墙本身是有效的，它阻止了民主德国人的逃离。"反法西斯防卫墙"（民主德国政府给柏林墙的正式命名）由两堵墙组成，中间有一条绵延97英里①的死亡地带，那里有诱杀装置、看门狗、战壕、瞭望塔和机动巡逻队。两德之间的边界长达866英里，由50 000名武装警卫巡逻监视。在民主德国存在的半个世纪里，有75 000人在试图逃离时被捕，其中140人被杀，只有5 000人成功逃离。

11月9日如同德国的"命运之日"，因为该国历史上的许多重大事件都是在这一天发生的，例如1848年革命的失败、卡尔·李卜克内西（Karl Liebknecht）于1918年宣布共产主义国家的成立，以及1923年希特勒发起却以失败告终的慕尼黑啤酒馆暴动。1922年11月9日，阿尔伯特·爱因斯坦获得了诺贝尔物理学奖。1938年11月9日，纳粹对犹太教堂和犹太家庭及其产业发动了袭击（这是著名的"水晶之夜"事件，它象征着纳粹对犹太人有组织的屠杀的开始），而大多数德国人毫不关心。由于这些原因，最终10月3日（而不是柏林墙倒塌的11月9日）被宣布为德国统一日，这一天也是德国法定假日。尽管如此，自1989年以来，人们还是会将柏林墙倒塌之日作为主要纪念日。每一场纪念活动都引发了人们对民主、自由和统一的本质的反思。如果你仔细研究2019年的柏林墙倒塌30周年纪念活动，你就会发现人们对德国社会状况感到越来越焦虑。

每当在柏林时，我都会在脑海中描绘曾经的柏林墙。无论我是坐

---

① 1英里≈1.61千米。——编者注

地铁、步行还是开车,我都知道我什么时候要"穿过柏林墙"。大多数地方都是容易辨认的。我的朋友费希纳现在是一名为残疾人服务的社会工作者。他十来岁的儿女告诉我,他们想要了解过去的生活是什么样的。他们说,他们通过父亲间接地了解民主德国。

在 2019 年的柏林墙倒塌 30 周年纪念日时,我和费希纳相约在客西马尼教堂外见面。30 年来,他一直住在同一间公寓里。过去那里没有供暖和热水。经过修缮后,该街区是如今柏林最令人向往的街区之一。那里的租金是固定的,大约是市场价格的十分之一,以确保那些在护理行业工作、薪水微薄的人不会被房东赶出门。我不禁要问:世界上哪里会有这种好事?

客西马尼教堂的砖墙由投影仪投放着各种历史时刻的纪念视频。在教堂里,我们观看了一场名为"柏林墙倒塌 30 周年"的激烈辩论;辩论结束后,一支老牌民主德国民谣乐队金龟子乐队(Engerling)继续演出。我们回到室外,路过各色名牌服装店和鸡尾酒吧,走向位于博恩霍姆大街的博泽桥(Bösebrücke)。这里是当时最早开放边境的地方,也是费希纳和他的朋友们当晚赶到的地方。2014 年上映的一部广受欢迎的电影《博恩霍姆大街》(Bornholmer Strasse)精彩地刻画了当时的混乱局面。检查站的警卫最初看见一只狗跑过,异常安静的夜晚就此被打破。当看到人群聚集在检查点附近时,警卫完全不知道发生了什么。警卫的确看过沙博夫斯基的新闻发布会,但无法预知即将发生的事情。没有掌权者愿意承担责任,也没有人下达过任何明确的命令。晚上 11 点 30 分,柏林墙主管官员不顾其政治指挥官(此人正在办公室里借酒消愁)的意见,下令移开路障。

第一批穿过边境的民主德国人路过了驻扎在西部的法国边防卫队,却迎来了更多的黑暗和阴霾。这不是西部应该有的样子。这片区域并没有人,就像东部靠近边境的地区一样,这条路随处都是破烂、垃圾。

民主德国人花了一段时间才找到一个加油站,这时联邦德国发生了一些难以想象的事情。当晚,在西柏林的主要购物街库达姆大街(Kurfürstendamm)上,民主德国人和联邦德国人一起享受着香槟和啤酒,相互握手、拥抱,彻夜狂欢。费希纳和他的许多同胞一样,整晚都在庆祝,但他(和默克尔一样)在清晨穿过边境重返工作岗位。当我们于30年后站在博恩霍姆大街的同一地点时,他向我讲述了当时的一切。他指向曾经的检查站,在那里,行人和司机会被查验证件。曾经的检查站所在的地方如今是一家利德尔(Lidl)超市。

实际上,在柏林墙倒塌前,周遭的气氛就已经变了。抗议活动的参与者从活动家和学生扩展到了普通工人,目的也从反对苏联变成了支持两德重新统一。抗议的口号从最初追求自由的"我们就是人民"变成了"我们是一个民族"。1989年下半年,超过一半的民主德国人去往联邦德国,亲自感受那里的生活。许多人决定留在那里,特别是年轻、有抱负和有就业能力的人,他们认为联邦德国的工作前景更理想。

柏林墙倒塌后的第二天,领导着德国度过冷战最艰难时期的前任总理勃兰特宣布:"从现在起,本为一体的两德将共同成长。"[12]这位温和左翼老政治家向德国民众传达着一个信号:两德重新统一的念头不再是危险的。没有人知道新常态会是什么样子。科尔在柏林舍讷贝格市政厅外,当着欣喜若狂的人群面宣布:"'一步一步地小心翼翼地找到前行的道路'很重要,因为这关系到我们共同的未来。"[13]两周后,他为两德重新统一提出了一项十点融合计划。当时的他认为这可能需要十年时间。

更戏剧性的一系列事件(1990年3月的第一次民主联邦议院选举,同年7月货币联盟的成立以及民主德国正式解散的决定)昭示着统一的进程。从一开始就很明确,这不会是两个国家的合并,而是一个国家被纳入另一个国家。联邦德国将吸收民主德国的五个重组州，而民主德国的全部体系将被废除。

民主德国的政客们期盼着新民主。在民主德国政府作为正式议会的7个月里，在从1990年3月选举到1990年11月两德重新统一期间举行的38届会议中，民主德国人民大会仔细审核并通过了261项法律，包括一项废除民主德国的法律。新的内阁由一些历史清白的政治家（只有一小群人）和公共活动家组成。他们发誓要用不同的方式治理国家，不仅要与旧政权不同，而且要与西方主流政权不同。新任命的国防部部长莱纳·埃佩尔曼（Rainer Eppelman）是一位兢兢业业反对派牧师。

但真正推动两德重新统一的力量并不在民主德国。德梅齐埃确实是民主德国的领导人，但负责这一过程的是科尔。许多民主德国人非常高兴看到科尔接手这一进程。留着胡子、戴着眼镜的德梅齐埃曾经是一名律师（为异见人士辩护）和职业中提琴手，来自一个人脉资源丰富的胡格诺派家族，该家族因遭受迫害逃离了法国。他和科尔在体格和举止上都是截然相反的。他们的相处并不融洽。科尔对德梅齐埃的悲观情绪感到十分失望。当代德国史学界关键人物、历史学家斯特恩回忆起1990年6月的一次谈话："我对德梅齐埃说，我认为统一导致的经济问题虽然巨大，但仍然是可以解决的。而道德和心理问题比较棘手，需要更长的时间来解决。他表示同意，并说'我不想将1 700万有心理障碍的人带入新的德国'。"[14] 同年10月，在两德宣布统一后，德梅齐埃被选入科尔内阁，是仅有的五名民主德国人之一，负责特别事务部的职务。两个月后，他因被指控为向斯塔西告密而被开除。这些指控最终被证明是伪造的，但损害已经造成。

1990年7月1日，民主德国马克被废除，两德从此在经济方面合二为一。科尔和他的部长们选择了1∶1的兑换率，该兑换率并不符合两种货币的实际价值。这对民主德国的储蓄者来说是一件好事，也象征着一种信心。然而，这对民主德国的工业来说是灾难性的，因为它们估值过高、缺乏竞争力。这次的庆祝活动既有欣喜，又有一丝啼笑皆非。我在柏林阿德勒肖夫的一个仓库里参加了一场聚会，这里曾经是一个研究中心和斯塔西的总部，如今已是一个科技创业中心。我们一起在那里花掉了自己最后的民主德国马克，喝着民主德国鸡尾酒，吃着民主德国香肠，听着民主德国音乐。对于某些人来说，"民主德国情节"已经萌芽了。

在向两国（或者说一个即将合一的国家）发表的电视讲话中，科尔承诺让所有人都能过上更好的生活。他说："这是我们祖国统一道路上最关键的一步，这是德意志民族历史上最伟大的一天。"他鼓励民主德国人积极地展望未来，并敦促联邦德国人为共同利益做出牺牲。他坦率地宣布："通过我们的共同努力，我们会很快将梅克伦堡－前波美拉尼亚州、萨克森－安哈尔特州、勃兰登堡州、萨克森州和图林根州发展为生机盎然的地方，在那里生活和工作会无比美好。"[15] 只可惜如今看来，"生机盎然的地方"如同笑话一般。

科尔决心完成这项工程，一路上摒弃了所有持怀疑态度的人。1990 年的《德国统一条约》（The Unification Treaty）允许新成立的五个民主德国联邦州，加上一个州级市柏林（汉堡和不来梅也是州级市），依照德国基本法第 23 条简单地加入联邦共和国。这不是当初编撰德国基本法的人所设想的。他们曾以为，如果两德真正实现统一，德国基本法将被另一部法律废止，并被一部更恒久的法典取代。可实际上，德国基本法成为德国永久的法律砥柱。既然德国基本法的接受度如此之高且非常可靠，为什么人们不直接选用它呢？

1991 年，联邦议院以微弱优势批准了将联邦政府迁回柏林的提议。将联邦政府留在波恩是有好处的，例如个人舒适度高——柏林被认为是脏乱的。但除此之外，还有一些更为严肃的考量。波恩靠近荷兰和比利时边境，在地理位置上象征着"西方"。波恩也不像柏林一般与德意志以及普鲁士历史有着千丝万缕的联系。最终，柏林的支持者占了上风。德国已经足够成熟，有能力直面过去。

为了修建新的政府大楼，一个庞大的建筑计划获批落地。大部分建筑工作是在柏林墙周边地区进行的，其中一些无人区曾是兔子、狐狸和警卫犬的根据地。诺曼·福斯特（Norman Foster）负责为德国国会大厦设计的议会穹隆无疑是大师之作，它具象化了新德国的气质。民众可以在玻璃穹隆上走动，低下头就能看见他们投票选出的议员。与大多数现代议会一样，议会厅采用了半圆形设计。这一设计意味着议会的意义是达成共识而不是互相对抗。政府的声誉是在委员会会议和选区工作中获得的，而不是靠花言巧语。古老的国会大厦也承载着负面意义，希特勒曾在这里大放厥词，但它仍被一位英国建筑设计师赋予了令人惊叹的现代色彩。自1999年重新开放以来，德国国会大厦一直是备受议员和游客喜爱的地方。

建筑的设计有助于定义人们的行为。议会塑造着一个国家的声誉。两德重新统一被视为德国的崭新开端，新政府的政治架构力求稳定和透明。这种愿景也被寄托在了默克尔身上，这位来自东部的可靠女性在西部取得了成功。2004年11月，在当选总理前不久，默克尔接受了主流小报《图片报》的采访。她被问及德国会让她联想到什么。她回答说："我觉得可能是德式密封窗。除了德国以外，没有其他国家可以制造出密闭性如此良好且美丽的窗户。"[16] 这里谈论的不仅仅是一种建材，还是一个关于建设国家和社会的隐喻，稳定才是最珍贵的资产。

德国《世界报》（Die Welt）驻英国记者斯蒂芬妮·博尔岑（Stefanie Bolzen）向我讲述了这个故事。博尔岑嫁给了一位英国人，并且是两国政治的敏锐观察者。我们因这件逸事开怀大笑，但博尔岑说她非常赞同默克尔的观点。博尔岑曾想把伦敦家中通风的窗户更换为德式密封窗。根据转动窗户把手方向的不同，人们可以把这种窗户水平或垂直地打开。可是在英国，她找不到任何能达到她要求的窗户，所以她不得不从德国进口了一些密封窗。家庭生活如此，政治生活也是如此，他们对英国凑合式的绅士业余性政治文化感到困惑。他们把英国比作一个宏伟堂皇的家：花园杂草丛生，地板吱吱作响，横梁弯曲，窗子也无法完全关闭；整体很美丽，却很奇怪。《时代周报》甚至就此话题罕见地抨击了英国人："其实，女王本可以交更少的电暖费。白金汉宫每年因取暖的开销为360万欧元，这使其成为伦敦能源效率最低的建筑。在这一方面，女王陛下与大多数英国房主没有什么不同。他们没有钱修葺房屋，他们的住房状况不佳，锅炉产生的热量源源不断地从旧砖石和简陋的玻璃窗框之间流失。"[17]

英国议会大厦的漏水管道、古老厕所、火灾隐患和遍地老鼠的地板，让这栋建筑失去了的灵魂。英国政府试图修缮它，并已为此花费了数十亿英镑，但这远远不够。英国议会大厦荒谬的设施和可笑的装束使议员与选民的生活完全脱节。议员更在意的是传统而不是实用。可悲的是，议会工作更像是一场安排好的哑剧，而不像大多数议会议员所希望的那样更加认真且相互协作。

德国政府尽可能地支持所有重大政策的制定与落地。通常，任何有争议的事情都会被提交给一个特别委员会进行仲裁，只要特别委员会提出了所有人都可以接受的建议，工作就可以继续进行。随着主流政党所获得的选票越来越少，联合政府必须变得更加多样化，否则就无法成功组建执政政府。奇怪的是，联合政府总喜欢用其他国家的国旗为自己命名。牙买加国旗（黑色、黄色和绿色）表示德国自民党、绿党和基民盟组成的联合政府。肯尼亚国旗（黑色、红色和绿色）表示基民盟、社民党和绿党组成的联合政府。现在，在某些地区，津巴布韦国旗（黑色、红色、黄色和绿色）表示当权的联合政府。这些党派的组合在地方政府中作为原型实验，让各方都有机会在国家层面执政之前以不同的排列组合进行合作。政府的多元化组合不仅魅力非凡，也是稳定的源泉。

与基民盟共同组阁的社民党为默克尔提供了她组建中央政府所需要的选票，但不知道自己即将走向何方。老派政党社民党也许面临存废困境，或至少被边缘化。正如《明镜周刊》所说，上次社民党风头无两的时候是每个人都在使用诺基亚手机的时代。社民党的颓势不仅仅局限于德国，整个欧洲的同类党派都有着同样的问题，但这也是最明显和最重要的趋势之一。在勃兰特和施密特的鼎盛时期，社民党有着广泛而可靠的选民基础。但从那以后，它的选民分布就变了。根据德国经济研究所（DIW）的数据，2000—2016年，社民党工人阶层的选民比例从37%下降至19%。社民党不知道如何才能吸引那些害怕变化的阶层，不知道自己应该将注意力放在城镇选民还是市郊选民上。社民党的传统选区以老年人为主，而且正在逐渐消亡。这就是社民党作为一个国家党派现今的地位。但是，德国并没有放弃这一支撑起战后改革与重建的民主党派。2013年，默克尔总理参加了社民党150周年庆典，尽管社民党是她的党派竞争对手。这种事情在其他国家几乎是不可想象的。

第三大党派自民党曾经能稳定地获得5%～10%的选票支持，这使其参与了大多数战后内阁的组建。而现在的自民党一团糟，不知道自己的核心价值观是什么，并且根本无法达到获取内阁席位所需的支持率。

德国的政治体系不可思议地吸纳了许多叛乱分子。绿党的转变便是最显著的例子。绿党诞生于和平运动和1968年的一系列抗议活动中，但其早年曾因党内观点不同而分裂。绿党"理想派"（Fundi）分支不想与传统政治有任何关系，而绿党"现实派"（Realos）分支则认为变革必须以现有政治结构为基础，最终后者胜出。绿党于1983年首次进入联邦议院。绿党立即在政界和社会上引起了轩然大波，例如绿党曾在东柏林市中心参加与反对者联合举行的抗议活动。绿党的议员中不乏政治上有头有脸的人物。例如，佩特拉·凯利（Petra Kelly）是一名家喻户晓的反核活动家，奥托·席利（Otto Schily）是一名曾为红军派恐怖组织辩护的律师。席利后来退出绿党，加入社民党，成为施罗德麾下强硬的内政部部长，随后也负责企业游说工作。

最著名的绿党人士是约施卡·菲舍尔（Joschka Fischer）。1968年，他是一名学生活动家，加入过一些边缘恐怖组织。他曾经是一个团伙的头目，该团伙在20世纪70年代四处殴打警察。作为议员，他巧言善辩，曾经对副议长说："我希望我可以说这样的话，'总统先生，你就是个混蛋'。"[18] 1985年，他成为世界上第一位来自绿党的部长，即黑森州红绿联合政府的环境部部长。他就职宣誓时所穿的那双白色运动鞋如今被保存在波恩的德国历史博物馆。1998年，绿党首次与社民党一起组建联合政府。菲舍尔升任副总理兼外交部部长，这是一个意义非凡的时刻。截至2005年，当该联合政府连任失败时，他已经是战后德国在任时间第二长的外交部部长。根据民意调查结果，菲舍尔一直是最受欢迎的内阁成员。

自从迈入主流政党之列以来，绿党就一直是政治游戏的主要参与者。自2000年起，绿党就在与自民党争夺德国第三大党派之称。与此同时，绿党在州政府中发挥的作用越来越大。在最近的几年里，绿党的地位进一步提高，一部分原因是社民党的支持率显著下降，一部分原因是气候变化问题非常紧迫，还有一部分原因是蔓延在整个欧洲的民族主义和民粹主义具有威胁性。按照战后的原始建党制度来看，绿党已经成为广义党派，受宪法支持。值得关注的是，绿党的吸引力已经从新潮的城市扩展到了德国各地的传统小镇和村庄。在守旧的巴伐利亚州和巴登－符腾堡州，绿党候选人在外出竞选时会刻意穿着当地的传统皮裤和紧身裙。此举透露出"家乡"这一信息，强调了保护乡村自然美景的必要性，这与两个世纪前由约瑟夫·冯·艾肯多夫（Joseph von Eichendorff）撰写的《蓝花》（The Blue Flower）等感伤诗歌不谋而合。从某些方面来看，绿党也比从前变得更加沉稳了。在这个全世界都对民主充满怀疑的时代，德国绿党的成功给人们带来了相当大的希望。这也再次点明了那些老牌党派所面临的问题。

20世纪70年代，前两大政党常常能获得90%以上的选票。而如今，前两大政党的支持率已经下降到50%以下。三大党派都首次受到了反叛势力的严重威胁。根据两位经验丰富的观察家延斯·菲舍尔（Jens Fischer）（他曾经是施密特的助手）和海因茨·舒尔特（Heinz Schulte）的说法，如今的德国选民可以被分为三种类型：一是"城市精英"，他们最有可能支持的是绿党；二是"愤怒的选民"，他们会选择德国选择党或左翼党（Die Linke）；三是"浪漫派选民"，他们主要是一批生活在联邦德国城市或城郊的老年人，偏向于建制派政党。

主流政客一直经受着不同意见者的挑战。2019年5月，正值欧洲议会选举活动最激烈之时，YouTube（优兔，迄今为止德国最受欢迎的在线视频平台）上的一段视频掀起了热浪。26岁的雷佐（Rezo）是一名音乐家和视频博主，来自亚琛，出生于一个路德派家庭。在长达1小时的关于政治现状的演讲中，雷佐坐在自己的混音台前，将他整理的250条评论或数据统计的批评进行复述并解释，指责基民盟和社民党"毁掉了我们的生活和未来"。他详细地介绍了政府在气候变化、财富分配和外交方面的政策。他将欧盟描述为"真无聊"，但他仍然鼓励年轻人积极投票。在视频结束时，他警告国家领导人："你总是说年轻人应该关心政治，那么当他们认为你的政治是垃圾时，你必须认真对待。"[19]雷佐象征着年轻一代，他们寻找着新的方式来表达自己的想法。在不到两周的时间里，这场政治演讲的点击量达到了1 500万次，创下了德国非音乐类视频的观看纪录。

雷佐的视频没什么特别之处。为什么年轻的博主不可以对政府表达愤怒之情？可一些资深政治家和脱口秀主持人的反应几乎接近恐慌。他们想知道，究竟是哪里出了问题？自我贬低是媒体和政治的默认属性。这也许令人厌烦，但与战后英国政府数十年来的妄自尊大相比，这种精神是难能可贵的。

2019年11月，即柏林墙倒塌30周年之际，德国开始了一场激烈的自我批评。当年的重大决策被重新解构和分析。当初是否可以采取更多的措施来挽救部分本可以经重组而投入使用的民主德国经济？答案无疑是肯定的。从1990年7月到1991年4月，德国东部的工业生产总值直接减半，每周都有数万人失业。一年之内，三分之一的劳动人口要么失业，要么变为短时工。各种讨论都将这类失败归咎于一个机构，即德国托管局（Treuhandanstalt）。德国托管局由民主德国议会（在波恩的施压下）于1990年6月组建成立，主要负责接管拥有400万工人的8 000多家民主德国国有企业。它将决定如何处理这些国有资产，例如私有化和清算。德国托管局很快就确定，没有多少民主德国企业可以与联邦德国企业竞争。比尔吉特·布罗伊尔（Birgit Breuel）曾领导德国托管局四年（该机构一共存在了五年）。在柏林墙倒塌30周年之际，布罗伊尔接受了一系列回顾当年情况的采访。自此，布罗伊尔成为公众仇视的对象。人们指责德国托管局过分狂热、冷血无情并充满官僚主义。现在布罗伊尔已经80多岁了，她承认德国托管局未能全面地了解民众的需求，并且没有做足够的工作来帮助那些有可能融入联邦德国经济体系的企业。她说："我们对民众的要求太多了。"[20]

2019年8月的一个晚上，我在家观看马库斯·兰兹（Markus Lanz）主持的一档政治节目。在德国，类似的优秀政治节目有很多，它们是公众参与政治讨论的主要平台。那天的节目邀请了两位嘉宾，他们以截然不同的观点开场。伯恩哈德·沃格尔（Bernhard Vogel）是一名80多岁的哥廷根大学和海德堡大学教授，是唯一一个管理过两德的人：20世纪70年代中期至20世纪80年代中期，他任职于联邦德国的莱茵兰－普法尔茨州政府，然后去了民主德国的图林根州。与他相对的是贾娜·亨塞尔（Jana Hensel），她是一名40多岁的记者和作家。当柏林墙倒塌时，她还是一名少女。她于2004年出版的《墙后》（*After the Wall*）一书精彩地记录了一代民主德国人所承受的磨炼和苦难。最初，他们俩针锋相对。沃格尔抱怨民主德国人无止境的牢骚，而亨塞尔无情地指出联邦德国人的傲慢。但他们最终承认，双方都是对的。亨塞尔指出："对于联邦德国人来说，统一是故事的结束；而对我们来说，这只是一个开始。"

对于那些在民主德国度过大半生的老一辈来说，有一个词能贴切地形容各种各样的情绪，即"心墙"。

莱纳·克奈费尔－哈维尔坎普（Reiner Kneifel-Haverkamp）是最早体会到这类冲突的人。他是一名公务员，也是那批最早从西部来到东部工作的人之一。他出生在多特蒙德附近，在波恩外交部下的法务司有一份稳定的工作。1991年8月，他响应民主德国的号召，前往勃兰登堡州帮助新成立的政府建立司法部。他回忆说，当他抵达历史名城波茨坦（司法部所在地）时，那里的一切对于他来说都是未知的。该州第一任司法部部长汉斯·奥托·布罗意根（Hans Otto Bräutigam）的办公桌上有一部大的电话机。在最初的几周里，这是唯一能与联邦德国沟通的线路。他和其他公务员总得去布罗意根的办公室借用电话机。克奈费尔－哈维尔坎普的基本收入远远高于那些来自民主德国的同事，联邦德国人还会获得奖金——作为他们支持和帮助民主德国的奖励。这些奖金被称为"丛林津贴"。这个术语源于德国殖民时期，描述的是那些在德皇统治时期被委派至荒凉偏远的殖民地工作的官员所获得的补贴。

克奈费尔－哈维尔坎普描述了两种压力：一是民主德国人之间的较劲，他们想知道是谁通知了谁；二是民主德国人和联邦德国人之间的紧张。他说："我的许多同事一开始就对我爱答不理，这是我能理解的。然后，随着我们的关系逐渐升温，有的人会向我悄悄透露更多信息。一旦达到某个阈值，我的同事就会与我谈论一些私事。这在联邦德国的工作场所是永远不会发生的事情，除非你是在和一个非常亲密的朋友交谈。"

联邦德国的职员常常被民主德国人戏称为"二三四人"（DiMiDos），因为他们只有在周二到周四会去办公室上班，而在其他时间会回到汉堡或慕尼黑等地与他们的家人共度周末。克奈费尔－哈维尔坎普试图扭转这种趋势，尽量使自己与民主德国人同化，从而成为大家接纳的人。但是，他毫不掩饰地继续居住在西柏林。他说，他曾试图理解这种身份认同——部分是与地域有关的，部分源自历史（尽管他绝不同情那段历史）。最重要的是，这关乎人们的自尊心。他非常讨厌在社交活动上嘲笑他们"更穷的堂兄弟"的联邦德国人，以及不少对同胞只有刻板印象的联邦德国记者和政治家。

现在的民主德国人究竟是什么样的呢？《明镜周刊》在2019年10月的封面故事中写道："这就是民主德国人的样子！"其副标题补充道："东部地区是如何运作的，以及为什么它的选举结果不一样。"在那个秋天，每个人都在思考这个问题。柏林人民剧院安排了多场演出，以探讨两德身份认同的问题。《每日镜报》（*Tagesspiegel*）也针对这一主题推出了一期 48 页的特别增刊。

贝蒂娜·利茨（Bettina Leetz）自 1982 年以来一直担任波茨坦家庭法院的法官。在两德重新统一后，她和我相约在波茨坦市中心的一个广场见面。我们一边吃冰激凌一边聊天。她告诉我，两德统一后，大约一半的民主德国法官被免职；一个人的职位越高，他失去工作的可能性就越大，因为他曾经密切地参与了民主德国政治体系。在高等法院，只有一名民主德国法官留了下来。在失去工作的法官中，一些人重新接受培训，成为律师、公司的法律顾问，或去证券公司工作；还有一些人直接退休了。过去，法院并没有很多事情需要处理。如果国家想惩罚一个人，庭审也用不了多久。即使是离婚诉讼，也并不复杂，因为夫妻双方基本没有财务纠纷，而且孩子基本由国家照顾。如今，人们有钱了，诉讼官司的数量大幅增加，法律行业蓬勃发展。过去，整个民主德国有 600 名法官。现在，仅勃兰登堡州就有这么多法官。利茨是适应了新环境并因此心存感激的一批人之一。但是，她讲述了一些事情，令那时的我非常震惊。可自那以后，我反复地从其他人口中听到类似的说法：最初，每个人都在努力地解决分歧，但在过去的几年里，分歧再次凸显。利茨有一个 20 多岁的女儿，她的女儿觉得自己与那些德国西部的朋友相处得不太融洽。

我们该如何区分民主德国人和联邦德国人呢？衣着和汽车已不再有差异。民主德国人会注意到人们走路的方式（联邦德国人更自信）和说话的方式。"我对马尔代夫有点厌倦了，也许我需要把我的奥迪卖掉，换一辆新车"——关于出国旅行、投资、继承的谈话常常会暴露出谈话者的故乡。此外，争吵的欲望是不同的。在民主德国，人们习惯低着头，并不喜欢争辩。此外，社会风俗不同。作为一名法官，利兹嫁给了一名水管工。但在 1990 年的转折发生之后不久，他们就离婚了。我委婉地问她这究竟是一个纯粹的个人决定，还是与政治动荡有关。她说二者兼有，但在民主德国，这种结合方式并不突兀。当她开始与联邦德国人交往时，人们往往无法理解这种地位不匹配的婚姻。她说："你必须承认，联邦德国对民主德国的接管是有效的，但实际上，很多问题被掩盖了。"

赫尔穆特·哈斯（Helmut Haas）在莱比锡经营着一家制造假肢的公司，拥有100名员工。他的妻子也来自当地，他们一起在莱比锡居住了25年。哈斯还在美国和奥地利工作过。与克奈费尔－哈维尔坎普一样，哈斯也试图同化自己，但他敏锐地意识到了一些差异。他会在民主德国有宾至如归的感觉吗？他回答道："我们都在寻找我们的身份认同感。"然后，他若有所思地补充说："在过去几年，情况肯定变得更糟了。我希望这只是暂时的。"人们最初对统一的期望很高，甚至是过度的。而如今，情况在向怨恨的方向发展。

德克·伯格哈特（Dirk Burghardt）是德累斯顿国家艺术收藏馆（Dresden State Art Collections）的常务董事，他管理着全市15家博物馆。我们一起坐在他德累斯顿城堡内的办公室里，眺望着茨温格宫，讨论着艺术和政治。阿尔伯提努艺术博物馆（Albertinum）是一家位于德累斯顿的现代艺术博物馆，一直处于舆论风暴的中心，当地政界人士抱怨说它拒绝收藏民主德国的艺术作品。伯格哈特是联邦德国人，他说有些轻微的敌意已经出现了，但也只是最近才出现的。他说他在几个月前参加了一场摇滚音乐会。一个站在他旁边的男人推了推他并喊道："喂，你是从哪里来的？"这一切对他来说都是苦涩的。在任职之初，伯格哈特是负责检查公职人员与斯塔西联系的文化界领导之一。那时他不到30岁，是一个外来者。他说："我每天都要审核8~10个人。有些人泪流满面，而有些人用无比冰冷的眼神盯着我。"

"联邦德国人是第一个让我们失望的外国人。"安杰·赫尔梅瑙（Antje Hermenau）说道。她是一名反传统政治家。1990年，她是民主德国第一批绿党政治家之一，参加了莱比锡的圆桌谈判（她是 17 名与会者中唯一的女性）。1990—1994 年，她是萨克森州杰出议员；1994—2004 年，她是联邦议院的杰出成员。赫尔梅瑙极度独立且直言不讳，与美国人有过短暂婚姻（这在民主德国是罕见的），这一切都说明她是一名左翼持不同政见者。当我们一起走过莱比锡的老城区时，她指给我看她的旧公寓——就在尼古拉教堂旁边。赫尔梅瑙毫无疑问是那场和平革命的前排参与者。

现在，所有感觉都不一样了。在加入绿党 25 年后，赫尔梅瑙于 2014 年正式退出，因为她认为传统政党（她将绿党也归入了这一类别）辜负了民众，尤其是民主德国人和她心爱的萨克森人。她指出，萨克森州支撑着整个民主德国，提供了其工业生产总值的一半，尽管它的人口仅占民主德国总人口的 20%。她最近出版了一本书，名为《来自中欧的观点》（*The View from Middle Europe*）。她的论点是，萨克森州、图林根州和德国周边的欧洲中部地区，在文化上与波兰、匈牙利、捷克和奥地利是相同的，都拥护古老的传统。简而言之，它们不属于西方。她强调，即使作为一名绿党人士，她也要这么说。在 2005 年的一次演讲中，她争辩道："我们一定会走属于我们自己的道路。"

赫尔梅瑙的确在 2019 年萨克森州的地区选举中另辟蹊径，将一群候选人聚集在一起，成立了一个名为"自由选民党"（Free Voters）的党派。她带我去了莱比锡以南约 15 千米的小镇茨文考。乍一看，那里的情况有所好转，曾经被毁坏的露天褐煤矿区正在被改造成一个水库和休闲湖公园。除此之外，茨文考没有什么热闹的事情，不过那里的房屋干净整洁。我们是去会见当地议员竞选人海克·厄勒特（Heike Oehlert）的。最近丧偶的厄勒特是一位非常受社区欢迎的政治人物，也是一位经常帮助老年人的物理治疗师。我听着赫尔梅瑙和厄勒特之间的对话，时而感到同情，时而惊愕。自由选民党的目的是为那些可能会选择德国选择党的人发声。这些人常常被描述为"被落下的人"。赫尔梅瑙说:"他们喜欢把萨克森人和民主德国人描绘成野兽;他们说我们是乡下人,尽管我们比他们更注重文化传承。我们留在了这里,而其他人选择了离开。我们必须从头开始构建一切,但这件事没有得到重视。"她和我聊了好几个小时,帮助我消除了一些误会。厄勒特补充道:"我们觉得自己被侮辱了两次。因为我们感受到了威胁,所以我们抱怨,而此时我们被归结为种族主义者。"我问赫尔梅瑙的孩子感觉怎么样——她的儿子在城里教政治。"他和你一样是多元文化主义者,"赫尔梅瑙承认道,"但他不理解我们这一辈人的担忧。"

我试图理解为什么他们会有这样的感觉,但是当他们谈到移民问题时,我很纠结。他们跟我说,当他们走进柏林某些地方的商店却发现在那里工作的人不会说德语时,这是多么令人无法容忍。当谈到媒体时,他们说媒体是被两大主要政党和财大气粗的集团控制的。他们没有放弃自己的过去:"我们都接受过阅读训练,人们应该体会隐含之意而不是直接相信纸上写的内容。"整个民主德国都充斥着不满。诸如 Anschluss 之类的概念,以前指的是希特勒 1938 年对奥地利的接管,但现在指的是联邦德国对民主德国的接管。

或许,两德重新统一时犯下的最大错误是未能让更多的民主德国人担任高级职位和起到更广泛的榜样作用。当然,不罢免那些在工业、法律和其他行业的身任要职的民主德国人是不可想象的。但即便如今,无论是在整个德国,还是仅仅在民主德国的六个州,绝大多数高层职位被联邦德国人占据。30 年过去了,尽管民主德国人口占德国总人口的 17%,但只有 1.7% 的民主德国人在政治、法院、军事和商业领域担任要职。整个德国没有一所大学是由民主德国人管理的。至于商业,德国 500 强公司中只有 7% 来自东部,而位列德国 DAX 指数的 30 家公司则全部来自西部。

作家弗兰克·里希特（Frank Richter）创造了"愤懑症"[21]一词，用以描述民主德国人对冲击的延迟反应。两德重新统一的巨大转折对于民主德国来说不仅仅是一个国家的终结，更是一种精神状态的瓦解。这种愤懑与经济因素无关。

最近的一项民意调查显示，萨克森州四分之三的人将他们的财务状况描述为良好或非常好。然而，几乎同样多的人认为，他们在德国如同二等公民。

这六个民主德国联邦州如今的人均GDP（国内生产总值）远高于苏联其他地区的人均GDP，也高于许多南欧国家的人均GDP。然而，民主德国各地的发展并不一致。新潮且极受投资者欢迎的莱比锡非常时尚，甚至还拥有了一个新的名字，即"嗨比锡"（Hypezig）。许多年轻人认为莱比锡比柏林更具吸引力，因为在莱比锡，啤酒更便宜、音乐更好听、房租更实惠。令我觉得很遗憾的城市是德累斯顿，尽管它在经济方面表现不差。德累斯顿有着极其重要的历史意义。许多在战争中被炸毁的建筑物被民主德国政府拆除，并以其特有的装配式混凝土建筑技术重建。两德重新统一后，历史名城德累斯顿恢复了往日的辉煌，但这里的一切都有着浓烈的人造感。最引人注目的建筑可以说是德累斯顿文化宫，这是一座建于1962年的混凝土建筑，墙体上装饰着一幅巨大的社会主义现实主义壁画，名为"红旗之路"。文化宫在德语中的简称为Kulti，文化宫是"社会主义城镇中心"的核心部分。与柏林的共和宫不同，拆除文化宫的计划最终被搁置了。如今的文化宫变成了德累斯顿爱乐乐团的根据地。

在民主德国，越偏远的地方，人口基数就越小，问题也就越大。一些村庄和小城镇已经是空荡荡的了，商店、诊所和酒吧都消失了。更加依赖公共服务的老年人的比例持续上升。在很多火车站，曾经豪华的售票处被木板封死，人们只能去站台上的自动售票机购票。

虽然人们因为柏林墙的倒塌欣喜若狂,但是他们的期望并没有得到满足。20世纪90年代初,专家们认为两德重新统一必将是一项长期任务,他们预测两德经济需要数十年时间才能协调一致,但他们因这种悲观情绪受到指责。现在,正如德累斯顿经济研究所指出的那样,两德经济水平将于2030年趋于一致。目前,民主德国的生活水平略低于联邦德国的80%。随着某些转移、补贴和部分商品价格的下调,民主德国正在追赶上来,但仍需要几年时间才能达到与联邦德国一致的水平。当然,与联邦德国最贫困的地区相比,民主德国已经做得很好了。民主德国的失业率低于与法国接壤的鲁尔区或萨尔州(它们曾经是德国的工业中心)。联邦德国的企业可能没有让很多民主德国人担任领导职务,但至少在向东部投资。政府鼓励并奖励大中型企业在东部开设工厂。位于茨维考的特拉贝特工厂很快被大众收购并重新布置。欧宝也在艾森纳赫开设了新的流水线工厂。保时捷和宝马都在莱比锡设有分部。铁路和轨道车辆都已现代化。一个全新的高速公路网络已经建成。这一切都发生在德国西部的基础设施由于缺乏政府投入而不断退化的时期。

过去30年的开支是惊人的。民主德国的重建已经在基础设施项目上耗费了2万亿欧元。没有任何一个国家经历过如此长期的资金和资源转移,这甚至可以称得上现代版的马歇尔计划。鉴于联邦德国在战后因美国的慷慨援助受益,这项计划对民主德国来说当然是正确且合适的。开支中约有五分之一被用于环境清理、关闭不安全的核电站和减少民主德国对褐煤的依赖。民主德国的居民都记得他们的城镇曾经遍地是被毁坏的管道,并终日被笼罩在黑色烟雾中。当时,民众必须用湿布擦去窗台上的烟灰,如今的空气清新多了。作为经济差异的可靠标志,人们的平均寿命也更接近了。这一切的改变都需要用金钱来实现。还有哪个国家会引入团结税?还有哪个国家的纳税人可以在所得税的基础上额外缴纳 5.5% 用以重建民主德国，而且几乎没有任何抱怨？这笔税款已经存在了大约 30 年，到 2021 年，除了收入排在前 10% 的人，其他人不用再缴纳团结税。

这是一个令人瞩目的成绩。尽管联邦德国人不敢这么说，因为他们会被同胞谴责为自负和自满。对于民主德国来说，空气更干净了，大部分基础设施经过了改造，大城市进行了翻新，经济也有望与联邦德国齐平。尽管德国犯了错误，人们有怨恨（无论是真实的还是想象的），但德国完成了其他国家无法完成的事情。在重建民主德国的同时，德国在欧盟层面也是一名纯粹的贡献者。德国经受住了一次经济衰退和一次金融危机所带来的巨大考验。

那么，"愤懑症"背后的真正原因到底是什么呢？其实，民主德国人从来都没有被要求去接受他们的过去，无论是与纳粹时代还是苏联时代有关的一切。联邦德国人也从来没有被要求去考虑：如果他们站在民主德国人的立场上会做些什么。"肇事者或受害者"这种单调的二元论术语忽略了问题的复杂性、可怕的选择后果和普通生活中常见的灰色地带。

当两德重新统一时，许多斯塔西高层人员因其犯下的罪行受到了审判。许多曾在民主德国系统身居高位的人被解雇了。更重要的是，家庭和社区内部都在因过错程度的问题进行争论。每个人都认识一个有过错的人。斯塔西拥有 8.5 万名全职员工、50 万名线人，并建有 600 万人（几乎是民主德国 1 800 万人中的全部成年人）的档案。曾经在黑暗面工作的人的数量如此之大，以至人们需要一个庞大的官僚机构来判定同谋罪责的程度。在那个年代，外部的评判泛滥成灾。但联邦德国人或外国人很少会提到一个问题：如果你被迫生活在这样的制度下，那么你会怎么做？民主德国人承受了两次苦难，这个说法已被普遍认同。然而，这种表述是有问题的，因为它基于人们是无辜且被动参与的假设，并暗示着民主德国政权和德意志第三帝国的道德似乎对等。这个说法引发了一场关于如何将民主德国置于德国20世纪更大的历史背景下的精彩讨论。

那么，去纳粹化的情况又是怎样的呢？民主德国并不接受德意志第三帝国的罪责。法西斯主义是猖獗资本主义的自然推论，并且资本主义在联邦德国仍在继续，虽然形式不同。联邦德国人的标准解释是，尽管他们的国家一直因纳粹历史而挣扎，尤其是在战争结束后的前20年，但他们至少努力地追捕并审判了罪行严重的战犯，而民主德国却没有这么做。民主德国的纽伦堡审判在哪里呢？

定居在柏林的美国道德哲学家苏珊·内曼（Susan Neiman）对这一观点提出了疑问。内曼是波茨坦爱因斯坦论坛的负责人，该论坛是勃兰登堡州政府建立的一个智库。她最近出版的书《向德国人学习：种族和恶魔的回忆》（*Learning from the Germans: Race and the Memory of Evil*）中的一个核心话题是将德国为大屠杀进行赎罪的尝试与美国对奴隶制的反省进行比较。她在最具争议性的章节中讨论了民主德国和联邦德国处理战争回忆的方式差异。她认为：“民主德国为摆脱过去所做出的努力在很大程度上是被人遗忘的。联邦德国人能说的最好的话不过是民主德国拥有'反法西斯主义法令'。这种言论让民主德国人在心情好的时候觉得好笑，而在其他时候只会因为这种不理解而感到愤怒。”[22] 她引用德国作家英果·舒尔策（Ingo Schulze）的话说："反法西斯主义是国家政策，而且是正确的政策。"[23]

内曼是一位令人着迷的伦理学思想家，也是一位积极的对话者，但我还是觉得她过于轻易地放过了民主德国。不过，她也和另一些当代作家一样发展着一个重要的思想流派，并不仅仅是关于好与坏、自由与压迫的单调比较。另一个相对温和但十分有趣的观点来自乌维-卡斯滕·海耶（Uwe-Karsten Heye）。海耶曾是施罗德的政府发言人，于2014年出版了一本关于沃尔特·本杰明（Walter Benjamin）生平的书。沃尔特·本杰明是一位德国籍犹太哲学家，致力于反法西斯。沃尔特·本杰明的政治主张在他死后因为他的嫂子而闻名世界，更准确地说是臭名昭著。希尔德·本杰明（Hilde Benjamin）因其主持的表演审判数量和在她担任民主德国最高法院副院长期间下达的死刑判决数量，而被称为"红色断头台"和"血腥希尔德"。她于1953年成为民主德国司法部部长，但在1967年被民主德国领导人乌布利希赶下台。她的政治狂热和贪婪思想是如此过分，以至民主德国政权无法接受。

还有一个例子也许更能准确地体现民主德国的创伤与矛盾。克里斯塔·沃尔夫（Christa Wolf）的经历也许是战后德国历史最真实的映射。沃尔夫儿时是希特勒青年团的一员，当看到党卫军穿过她所在的城镇前往波兰时，她只有10岁。战争结束时，她和她的家人被波兰政府驱逐到了德国东部。她最终成为中央委员会的一名初级委员。她的小说，比如《分裂的天堂》（Divided Heaven）和《追忆克里斯塔·T》（The Quest for Christa T），详细地刻画了恋人之间以及个人与国家之间的关系。

沃尔夫从容忍政权（甚至偶尔受到赞扬）变成了对政权的不信任。她对国家的幻想破灭了，但即便如此，她仍然反对两德重新统一。人们都很喜欢她的书，许多激动的读者会到教堂听她讲书。1993年，有人指出沃尔夫曾是斯塔西的告密者。她背叛其他作者向斯塔西告密的事实引来了大量的谴责。当证据确凿时，她表示震惊，并声称她一定是压抑了自己的记忆。一场类似于几十年前历史学家关于纳粹历史的公共讨论就此围绕沃尔夫展开。此前，她已经因为推迟出版她的一本书《剩下的东西》（What Remains）而受到批评。这本书在苏联解体后的几个月内问世。这本书以第一人称写成，描述了一位生活在斯塔西压迫下的作者（大概是她自己）生活中的一天。主人公备受国家折磨。但沃尔夫真的受到过折磨吗？许多文学界人士支持着沃尔夫，尤其是备受指摘的格拉斯。他写道："这如同公开处刑一般。"[24] 如果是其他人身处这种情况，他们会怎么做呢？

在两德重新统一后，大批新时代的作家、艺术家和电影制作人在重新审视法西斯主义后遗症。有的人敢于以幽默手段折射历史。在2003年的电影《再见，列宁！》（Good Bye, Lenin！）中，一位母亲在柏林墙倒塌前夕陷入了昏迷。当这位民主德国统一社会党党员醒来时，一切都变了。因为担心她受到刺激，她的儿子试图向她隐瞒民主德国已经消失的事实。

在柏林墙倒塌时，只有13岁的亨塞尔在她的著作《墙后》中将她的同龄人描述为迷失的一代，这一代人夹在那些太年轻而没有任何记忆和太年长而无法重新开始新生活的人群之间。与之类似的另一本书是马克西姆·里奥（Maxim Leo）的《红色爱情》（Red Love）。他在书中回忆起他的父母和祖父母关于民主德国政治的话题冲突——也是那些在体制内工作的人和试图改革的人的冲突。随着民主德国政权在1988年和1989年逐渐开始瓦解，人们纷纷逃向匈牙利和其他地方。里奥写道："留下来的人觉得自己就是失败者。那些愚蠢的被抛弃者就是当时民主德国人的称谓。"[25] 他的母亲一直带着革新民主德国的希望而反抗着制度，"完全无法接受那些快乐的面孔，她意识到有些事情即将结束，尽管它们从来没有真正开始过"。[26] 大多数人联想到那个时代时会想起的电影是《窃听风暴》，这是一部屡获殊荣的剧情纪录片，刻画的是连续几个小时窃听人们谈话的无聊的斯塔西官员。导演弗洛里安·亨克尔·冯·唐纳斯马克（Florian Henckel von Donnersmarck）说："我的脑海中突然浮现出了一个画面，一个人坐在一个压抑的房间里，头上戴着耳机，听着他认为是国家敌人的对话，而他真正听到的是令他感动的美妙音乐。"[27]

在柏林东部的卡尔斯霍斯特街区附近，一条绿树成荫的安静街道上藏着一颗遗珠，即德俄博物馆（前身为中央武装部队博物馆），这是纳粹签署投降书的地方。人们在这栋建筑的一楼保留了曾经是工程兵团军官食堂的宽敞大厅。四个胜利的同盟国选择在苏占区这个不起眼的地方签署标志着纳粹无条件投降的文件。一张朴素的长长的深棕色木桌，覆盖着绿色的粗呢，后面竖着四面旗帜，这就是投降书签署仪式的背景。仪式全程以黑白录像的形式被记录下来，并在展厅内的小型电视机上反复播放。1967 年，为了庆祝苏联军队的英雄主义并突出法西斯主义的邪恶，这座建筑被改造成了一座博物馆。1994 年，当俄罗斯人撤离时，这座博物馆被交给了柏林市政府。策展人玛格特·布兰克（Margot Blank）带着我在馆内四处参观。我花了比计划长得多的时间，仔细地游览每个展馆且深受震撼——从士兵的日常生活到纳粹在白俄罗斯和俄罗斯西部突进时从空中发散的宣传单，再到纳粹谋杀苏联犹太人和对当时斯大林格勒及列宁格勒的封锁。这些可怕事件在此地被坦率地讲述出来。

我从卡尔斯霍斯特沿路直行到弗里德里希斯费尔德的中央公墓。公墓正门旁边是一个与其他坟墓分开的区域，这里是向英雄致敬的先贤祠。他们是共产主义事业的英雄。这座纪念碑最初是由密斯·凡德罗（Mies van der Rohe）设计的，他是 20 世纪上半叶的建筑大师，也是包豪斯艺术学院的最后一位校长。他设计的革命纪念碑仅持续了 9 年就在 1935 年被纳粹拆除。1951 年，民主德国政府重新修建了一座纪念碑，即社会主义者纪念碑。我用手机拍下了罗莎·卢森堡（Rosa Luxemburg）和李卜克内西的墓碑。他们旁边埋葬的是乌布利希。我的胃部开始翻腾。好在墓地的规划者很明智地将斯塔西的领导人埃里希·米尔克（Erich Mielke）埋在了更偏僻的地方。纪念碑的中央方尖碑上刻有铭文："逝者告诫着我们。"是的，他们确实如此。

这些人和他们代表的政权已经不复存在。当民主德国人抱怨他们的命运时，他们应该想想他们从前布满烟灰的城市，他们的一举一动都曾受到告密者的监视。为什么他们不感到庆幸呢？默克尔似乎也只能看到一个半满的杯子。默克尔在2019年的国庆庆典中说道："我们都必须学会理解为什么对于民主德国各州的许多人来说，德国统一不仅仅只有积极的一面。"[28] 然而，我们还有另一种看待问题的方式。与其问德国在处理统一时是否犯了错误，我们不如提出另一个问题：有没有其他的国家能够以如此轻微的代价处理这项任务？这项任务也许会使其他国家破产，可能造成更大的社会创伤。对于默克尔和她的国家来说，无论是过去还是将来的难题，都是一笔非凡的遗产。默克尔有拍着胸脯的时候，但她从不自夸。与此同时，她的在任时间很长。她在历史上的地位无疑将比大多数人更加突出。

3

多元文化

移民与认同

2015年8月,在德累斯顿郊外的小镇海德瑙,大约600名光头党暴徒袭击了一群正被送往由关闭工厂改建的临时避难所的难民。在那个周五晚上,接到报警电话前去维护秩序的警察也被暴徒用瓶子和石头袭击了。30名警察受伤,其中一人重伤。为了平息事端,警方向激动的人群发射了催泪瓦斯和喷射了胡椒喷雾,以保护难民进入避难所。暴力平息几天后,默克尔亲自前往海德瑙进行访问。她以其特有的严肃态度公开说道:"我们不能容忍那些质疑他人尊严的人,我们不能容忍那些不愿意向需要法律和人道主义帮助的群体伸出援手的人。"围观群众中的一人大声喊道:"她甚至都不稀罕用屁股看我们一眼。"

同年,在柏林,还有另外一个故事:一对中年夫妇想将一栋废弃的建筑改造为难民的居所。哈迪·施密茨(Hardy Schmitz)和芭芭拉·伯克哈特(Barbara Burckhardt)这对夫妇得知,市政府参议院已经接管了他们家附近的精神病诊所,并将其变成了可容纳400人的宿舍,供叙利亚和其他国家的难民居住。施密茨、伯克哈特和一群活跃的邻居没有抱怨政府的举措,而是成立了一个协会并筹集了资金,共同接管了一栋空置15年的别墅的一楼。他们想要把这里变成工作室、图书馆和聚会场所，供新邻居使用。他们的计划是经过深思熟虑的。他们的信用记录（施密茨是一位成功的企业家，伯克哈特是一位著名的戏剧评论家）是无可挑剔的。唯一的问题是社区内的邻居。居住在富裕街区夏洛滕堡内的居民到处散发传单，对该项目进行抗议："考虑考虑这个街道的声誉吧！为你女儿的安全想想吧！你晚上将不能独自走路回家，更不论房价将跌成什么样子……"

这些持反对意见的邻居威胁着要提起诉讼，这可不是能被轻易驳回的。几个月前，汉堡富裕街区的类似起诉人已经在同类型的官司中获胜。为此，伯克哈特成立了一个小组，试图晓之以理，动之以情。当我们一起坐在这栋别墅的客厅里喝茶时，她告诉我："我们也张贴了与之针锋相对的传单，上面写着'如果我们做不到，那还有谁能做到'。"她采用了奖励与惩罚并存的"胡萝卜加大棒"策略。她呼吁柏林文化界的知名人士帮忙，请演员、经纪人和作家到别墅来发表演讲、介绍电影或举办音乐晚会。她邀请那些持反对意见的邻居前来参加这些晚间活动，与难民一起。当然，没有人会放弃与文化名人近距离接触的机会，抵触心理就这样逐渐地减少了。整个团队的发展非常迅速。成员们为难民提供了外语角、工作服务和法律支持。大部分的志愿者是老年女性，她们经常与那些20岁出头的阿拉伯男人一起工作。当然，她们碰到过一些文化差异导致的问题。她们不应该在晚间提供含酒精的饮料，结果她们还是提供了。类似的尴尬场景也不是第一次出现，例如有些艺术家曾经选择包含性爱场景的电影。在那之后，伯克哈特总会更仔细地审核和挑选播放的电影或展出的艺术作品。这个场所的气氛逐渐活跃起来，人们之间的信任也随之增加，伯克哈特与志愿者共同策划了叙利亚难民和德国艺术家的会面。在白天，施密茨和其他志愿者会组织各式各样的求职培训。他们试图让难民获得学徒工作或实习机会。他们会前往就业中心,与那里的官员交谈,后者通常无法与难民建立直接联系。他们一直在积极地筹款,其游说对象不仅仅局限于富翁或大公司,还包括普通人,他们放置了许多募捐箱供路人自行捐款。

社区对难民的接受度并不高,但一部分人在尽己所能地帮助因战争流离失所的外来者。少数难民寄宿在德国家庭中。例如,一个叫穆罕默德(Mohammed)的年轻人就和施密茨夫妇住在一起。穆罕默德在进行学业的同时在乐施会做兼职。每当他被歧视或感受到敌意时(这种事情不会每天发生,但发生频率之高也足以成为他日常生活的一部分),他都试图淡化这些事。穆罕默德告诉伯克哈特和施密茨:"一切都在掌控之中。"2016年12月,一名寻求庇护失败的突尼斯难民驾驶卡车冲入了柏林最受欢迎的圣诞市场,造成12人死亡、50多人受伤。穆罕默德和他的朋友吓坏了,他们担心自己会遭到报复。施密茨回忆道:"他们问自己能做什么,并且自发地通过脸书(Facebook)互相联系,最终决定在夏丽特医院排队献血,以示团结。"

我是通过伯克哈特和施密茨的女儿汀娜(Tine)结识这对夫妇的。汀娜在一家初创科技公司工作。他们一家都是非常了不起的人。我问他们觉得如今的情况正在变得更好还是更坏。伯克哈特说:"两者兼有吧!我们都经历了剧烈的情绪波动。"

作为一种思维练习,我将海德瑙人和夏洛滕堡人对难民的敌意进行了对比分析。对于海德瑙人来说,他们是愤怒的、受压迫的和暴力的。在萨克森州那个靠近捷克边境的小镇上,本地工业只包括一家轮胎工厂。这是极右翼势力遇上经济混乱、怨恨和外国人的典型案例。对于夏洛滕堡人来说,在绿树成荫的西柏林,难民的到来打破了富裕社区一贯以来的平静。因此,这里的人诉诸法律。

劳伦斯餐厅无疑是令人兴奋的社会性创业产物,位于我最喜欢的柏林街区（Scheunenviertel），那里有数不清的画廊、咖啡馆和合作社。劳伦斯餐厅位于犹太会堂主建筑对面的一个角落，犹太会堂主建筑是柏林市最有韵味（和戒备森严）的建筑之一。这家餐厅由弗兰克·阿尔瓦·布舍勒（Frank Alva Buecheler）创办，他是一位戏剧导演。在40年职业生涯中，他与世界各地的许多顶级戏剧演员合作过。2015年，他迎来了中年危机。他应某救援组织的邀请访问了一个黎巴嫩北部的难民营。他说："这次旅行改变了我的一生。当时的我离叙利亚边境很近。我听到了爆炸声和机枪声。那一年，我58岁，那也是我第一次亲眼见到战争。"当然，他的父母和祖父母可不像他一样娇贵。

柏林市政府将犹太会堂附近的一家废弃医院改造成了一个难民收容所。刚旅行回来的布舍勒就发现医院正在翻新。难民分散地居住在城市中，他们需要一个可以互相碰面的场所。他最终找到了一个好地方，那里曾经是一间旧药房兼理发店。我也是在那里认识布舍勒的。当时有40家不同的单位竞标，星巴克也是其中之一。柏林市政府最终将这个门面交给了布舍勒，因为市政府十分欣赏他的设想：将上层用作画廊和文艺讲坛，在楼下开一家餐厅，二者相辅相成。我的脑海中立即浮现出了一个问题：世界上还有哪个国家的首都政府会将一处如此昂贵的不动产交给这样一家非营利机构？在布舍勒的餐厅楼上，经常有关于中东和阿拉伯文化主题的读书会和讲座。画廊已举办了十余场展览。布舍勒说，他有三分之一的访客来自中东，三分之一的访客来自世界其他地区，还有三分之一的访客是德国人。他的大部分员工都是难民。他将他的组织命名为"自由派"。人们非常喜欢这里。某位经济部前部长是自由派董事会成员。施泰因迈尔总统的夫人经常来这家餐厅吃饭。有时，当她的丈夫要工作到很晚时，她会向服务员要一个打包袋，以便将未吃完的食物带回家。布舍勒说，他们计划申请互惠贷款，并借此在贝鲁特新开设一家以德国美食为主的餐厅。

2015年，联合国难民署（UNHCR）宣布世界无家可归的人口数量已达6 000万人，这是自1945年战争结束以来的最高纪录。而次年发生的叙利亚战争使大约1 300万人流离失所。[1]其中有一半人越过边境逃走。大多数人最终去了黎巴嫩，那是一个多年被暴力、不稳定和贫困压垮的国家。超过100万人逃往约旦，还有大约100万人最终出现在欧洲。德国已成为许多难民的家。

默克尔在访问了德国境内一家难民营后宣称："我们能够做到。"[2]在接下来的几周里，她一遍又一遍地重复着这句话。然而，她并不能做到。2015年9月，德国向这群落入贫困的人打开了自己的国门。难民数量非常多，早已超过一个国家所能承受的极限。她这样做是为了帮助希腊和意大利，因为希腊和意大利作为难民的第一个停靠港必须承担责任。她这样做也是出于同情，并希望向世界展示一个全新的德国。她以欧洲领导人的身份做到了，而不仅仅是作为德国领导人。在接下来的几天里，数百名当地居民聚集在慕尼黑中央火车站，欢迎那些即将到来的难民。人们将难民邀请到自己家里参加"欢迎晚宴"。许多体育馆和社区中心被改为紧急救助中心。诊所收治了大量病人，学校也收容了难民孩子。

这无疑是历史上最好的德国。那么，哪里出问题了呢？真的出问题了吗？对于默克尔来说，确实出问题了。她的地位不再稳固，人们要求她提前下台。许多人质疑她的动机，或者质疑她的能力。我与这些人的想法不同。我认为这是德国战后重建过程中最非凡的时刻之一。

默克尔和她的政府无疑被打了个措手不及。2014—2015年是欧洲领导人处理危机的年份，大量贫民（那些没有在沿途公海丧生的难民）进入南欧。希腊债务危机和紧急援助是令人劳心费神且心烦意乱的。根据一项于1997年在都柏林签署的条约，欧盟规定所有寻求庇护的人必须在他们进入的第一个欧盟国家登记并留在其境内。换句话说，难民登陆的国家必须承担一切责任，即使人们无意留在那里。这也许是一个简单直接的解决方案，但也是不公平和不切实际的。欧盟边境管理局（Frontex）成立于2004年，旨在管理欧盟成员国的外部边境。实际上，它起到的作用更多是咨询，而且效率极低。欧洲南方正对中东和北非的希腊和意大利完全没有能力应对源源不绝的难民潮。

战后德国的移民记录也不太令人满意。对公民身份的定义仍然基于传统的血统论。20世纪50年代至90年代，德国越来越依赖数十万名客籍工人（Gastarbeiter），他们主要来自土耳其和意大利。这些客籍工人经营商店和咖啡馆，或者在工厂干粗活，或者在煤炭和钢铁等重工业工作。他们几乎没有公民权利，几乎无法融入当地生活，甚至没有人代表他们发声。德国政府也无意改变这一切。如果这些工人不喜欢现在的生活，那么他们随时可以回家。我们可以把这种情况与当年针对伏尔加德意志人制定的"开门政策"做对比。18世纪，当"德意志公主"叶卡捷琳娜大帝登上俄罗斯帝国皇位时，数以万计的德国人东迁，其中大部分定居于俄罗斯南部的伏尔加河流域。这群德国人保留了自己的语言和习俗。在苏联时期，他们获得了自己的"自治共和国"，首都为恩格斯城（Engels）。1941年，希特勒入侵苏联，伏尔加德意志人遭到迫害，许多人被押进劳改营，三分之一的人未能幸免于难。在戈尔巴乔夫改革时期，这群德意志人被告知，如果他们愿意，他们就可以离开苏联。因此，德国现在拥有超过200万侨民。他们由于血统渊源被德国接纳，德国没有任何犹豫。血统主义是世界上许多国家审核国籍申请的决定性因素。令人惊讶的是，鉴于德国的历史，这一原则在德国坚持贯彻了很久。

德国入籍政策最终在2000年发生了改变。施罗德政府通过立法程序赋予了那些父母是外国人但在德国出生和长大的儿童获得德国国籍的权利。自2014年起，所有在德国出生的儿童都可以获得德国国籍。

尽管人们因移民的大量拥入而对默克尔愤怒不已,但实际上早在2015年移民潮到来之前,德国人口结构就已经变了。如今,四分之一的德国人,即接近2 000万人,拥有移民背景(至少父母中有一方非德国人)。德国的土耳其裔人口超过400万人,占德国总人口的5%。根据经合组织的数据,德国是全球第二受欢迎的移民国家(仅次于美国)。[3] 德国排在澳大利亚之前,后者在多年前就开始刻意地减少移民的迁入,甚至排在了长期以来一直以其热情好客的文化而自豪的加拿大之前。

德国移民政策方向的改变有着复杂的背景因素。部分原因是一批政治家,特别是中间和左翼的政治家,希望他们的国家能更加多元化和开放。还有部分原因是改变的必要性,由于人口老龄化,德国工龄人口比例大幅下降,而养老金领取者比例日益增加。德国的人力资源快被用完了。医疗服务业、社会关怀行业和建筑行业的人力短缺问题尤为严重。人口学专家表示,由于持续的低出生率和人口老龄化,德国如今需要每年引进约50万人才能满足社会需要。一项名为《专业人才移民法》(Fachkräftezuwanderungsgesetz)的新劳工移民法于2019年由德国联邦议院和联邦参议院审议通过。该移民法允许IT(信息技术)行业技术人员等各类专业人才前往德国寻找工作。只要在经济上自给自足,他们就可以拿到为期6个月的"找工作签证",并合法地生活在德国。此外,该移民法还允许找到工作且德语语言能力过关的难民获得永久居留权。自2015年以来,三分之一的难民在德国找到了工作。这标志着成功还是失败呢?我觉得这项成绩挺不错。

有一张照片记录下了2015年9月的最初48小时。所有人都会想起一个名叫艾伦·库尔迪(Alan Kurdi)的三岁叙利亚男孩,在土耳其境内的海滨小镇博德鲁姆附近的海滩上,他脸朝下躺在海浪中。他和他的家人曾试图前往希腊科斯岛,可巨浪掀翻了船只。很多人向蛇头支付了巨额款项,结果却被淹死在了摇摇晃晃的小船上。因战争,流离失所的难民不断地向欧洲进发，许多欧洲人似乎对这种苦难已经习以为常了。

次日，也就是9月3日，在离德鲁姆3 000多千米外的慕尼黑中央火车站，一切都截然相反。数百名当地人排起长队，举着横幅，上面写着"欢迎来到德国"（横幅是用英文书写的，而不是德文）。他们为第一批最终获准经由奥地利离开匈牙利前往德国的难民准备了鲜花、礼物和食物。电视直播了整个过程，全世界都看到了德国人对难民流露出的同情。社交媒体上的图片迅速传播到了世界各地。难民终于找到了愿意收留他们的人。他们的磨难似乎已经结束了。

随着拥入兰佩杜萨岛、科斯岛和欧洲南部其他岛屿和港口的难民人数逐渐失控，这些悲惨的难民穿越了巴尔干半岛。他们试图从塞尔维亚偷偷进入匈牙利，却碰上了仓促架起的铁丝网和看门犬。那些尝试偷渡的人被催泪瓦斯、胡椒喷雾和高压水枪袭击。维克托·欧尔班（Viktor Orban）领导的民族主义右翼政府对此毫无歉意，声称难民看起来就像是一支入侵的蛮族军队。这位前反共异见人士是欧洲第一位利用（或煽动）国民日益增长的不安情绪的领导人。

默克尔已经看到了这些正在发生的事情，并立即决定采取行动。她下令打开德国的大门，仅在第一个周末就有多达2万的难民抵达德国，其中绝大部分来自叙利亚。募捐点收到了非常多的捐赠物品，例如食品、衣服、洗漱用品和儿童玩具等。警方不得不呼吁人们停止捐献，因为捐赠物品实在是太多了。"欢迎文化"这一全新概念就此诞生。根据民意调查公司艾伦斯巴赫研究所的数据，在打开国门的最初几个月里，有超过一半的16岁以上德国人以不同的方式帮助过难民。有些人捐了款，有些人提供了更多实际性帮助，例如教难民语言或帮难民办理文书手续。在接下来的几周里，成千上万的人进入这个国家。他们搭乘火车、巴士，或者步行。大多数人身无分文，许多人生着病，很多无人陪伴的未成年人因内战和漫长而艰苦的旅程饱受创伤。德国当局以德国特有的风格制定了各种各样的解决方案。德国政府搭建了许多帐篷，接管了大量闲置的空房子，为难民提供了住所。在口译员的帮助下，自愿前来帮忙的医生、护士各司其职。待难民都被安置好后，德国政府根据各联邦州的人口和税收收入，向每个州按比例分配了一定数量的难民。

除德国外，没有任何一个国家如此慷慨。中欧国家都想关门大吉。法国和英国极不情愿地表示它们会考虑接收更多难民，但前提是这需要很长一段时间。这些都不是直接的帮助。国家之间的反差太大了。英国《镜报》的一位专栏作家总结道："我可以想象到很多场景，但我唯独无法想象成百上千的英国人在床单上写下'欢迎来到英国'，然后站在白崖顶上挥舞着它们。"[4] 她指出："在移民潮之前，联合国就已经将德国列为世界第三大移民国家了。英国排在第九位。然而，我们却是对移民最感到恐慌的人。德国人吸取了自己的教训，学会了谦逊，并努力地想做些好事。我们做过的事情只有嘲笑他们，我们还向全世界彰显自己的道德优越感。而现在，我们也许没有资格去做任何一件事情了。"[5]

欧洲各国应该对自己没有为难民提供更多的援助感到羞愧。仅在2014年至2019年7月之间，就有超过140万人在德国申请庇护，这几乎占了欧盟申请总数的一半，也是法国收到申请数的6倍。英国几乎没有接收任何移民，甚至还在法国和比利时港口建造了更高的围栏。2018年12月，当几艘伊朗人的小艇抵达肯特海滩时，时任内政大臣的萨吉德·贾维德（Sajid Javid）告诉公众，他正在"从南非的一个野生动物园往回赶"（当时他在陪家人度假），并将此宣布为"重大事件"。他在地中海重新部署了两艘边防舰艇，以保护英国海岸沿线。英国媒体将贾维德的举动描述为果断和强硬，而不是令人尴尬的政治姿态。

在2015年难民危机之前，默克尔政府对移民的总体态度是摇摆不定的。基民盟此前曾试图阻止阿尔巴尼亚、黑山和科索沃的难民入境，声称这些国家现在是安全的。这一计划被她的内阁伙伴社民党阻止。在难民到达慕尼黑之前的两个月，默克尔接受了一档电视节目《在德国生活得很好》（*Living Well in Germany*）的采访，该节目有一群忠实的青少年观众。这项采访如同车祸现场一般。当然，默克尔以前也干过类似的事情，一开始还好，但后来就出问题了。其中一名嘉宾是14岁的雷姆·萨维尔（Reem Sahwil）。作为一名巴勒斯坦人，她和她的家人四年前从黎巴嫩贝卡谷地巴勒贝克地区的难民营逃离，并最终抵达德国。她声音颤抖，说着一口流利的德语，并且非常有礼貌。她说德国的每个人对她都非常友好。她想上大学，想实现她的人生目标，但害怕最终会被驱逐出境。她说："看到别人能享受生活而我不能的感觉并不好，我想像他们一样无忧无虑地学习。"默克尔没有同情她，而是展开了一段枯燥的说教。默克尔告诫萨维尔："如果德国允许你留下来，那么成千上万的巴勒斯坦难民、非洲难民将拥入德国。那是我们无法应对的。"[6]

萨维尔开始抽泣，情况变得越来越糟。震惊的默克尔试图安慰萨维尔："但是，你真的非常优秀。"主持人接过话茬说："我认为这与优秀无关，她正在承受着压力。"默克尔回击道："我知道这是一种压力。所以，我想轻轻抚摸她。"她走到女孩身边，轻轻地揉了揉她的手臂。她使用的"抚摸"一词在德语中通常用于描述抚摸小猫或其他小宠物的动作。这段视频在网上疯传，并产生了一个非常受欢迎的推特话题，即"默氏抚摸"。第二天，记者前往德国东北部的罗斯托克，去萨维尔的学校采访。记者发现她不仅仅是难民，而且是凭医疗签证来德国的。她早产两个月，出生时没有获得足够的氧气，最终造成了严重的行走功能障碍。五岁时,她遭遇了一场车祸,情况变得更糟。作为一名焊工的女儿,她刚到德国时几乎没有受到过任何正规教育,也不懂德语,而现在的她是班级里的佼佼者。

默克尔被谴责为既不得体又没有爱心。她的注意力似乎已经转移到了别处。她刚刚从一个关于解决欧洲债务危机的欧盟峰会上回来。希腊所提出的紧急救助计划已经获准,但上至希腊总理下至希腊人民,所有人都觉得自己被默克尔和德国羞辱了。她的声望在世界各地暴跌。

这影响了默克尔接下来的工作吗?人们只能做这样的猜想。还有另一种批评也在折磨着她。德国评论家认为,默克尔的领导风格沉闷,并且她极度厌恶风险。也许这就是为什么一个月之后,当看到那些在匈牙利边境被铁丝网困住的绝望难民时,她将谨慎抛在了一边,只是随心而动。她没有与她的欧洲伙伴商量,也没有在德国国内寻求议会批准,只是让难民进入德国境内。她占据了道德的高点。她宣称:"如果我们需要为在紧急情况下表现出友好而道歉,这里就不再是我的祖国了。"[7]

她这样做是出于同情还是纯粹的政治动机——让欧盟团结在一起(尤其是在希腊崩溃之时)、让自己摆脱困境和为德国企业提供更多劳动力?她的最终目的是否如同一些评论家所暗示的那样,是使德国成为人道主义超级大国的一种全新表现?

当时有两本关于难民危机的畅销书。第一本书是《被驱动者》(*Die Getriebenen*),由《世界报》的记者罗宾·亚历山大(Robin Alexander)撰写,读起来就像一个政治悬疑故事。书中表明默克尔在看到民意调查之前,一直考虑以强硬措施应对难民潮。在全球同情心泛滥的高峰期,在人们思及其他利益之前,93%的德国人支持更为自由的移民政策。第二本书是康斯坦丁·里希特(Konstantin Richter)写的《总理,一部小说》(*The Chancellor, A Fiction*),这本书更像一出关于默克尔性格的心理剧。里希特认为，默克尔背后的动机比批评者和支持者所理解的都要复杂。里希特将这个传奇与第三帝国和"消化历史"这一战后文化联系了起来。"德国人现在已经接受了自己作为道德领袖的角色。在战争结束后，其他国家因为我们所取得的经济成就而羡慕我们。但是，并没有多少人觉得我们是热心的或可爱的。现在，世界上有数百万人梦想着来这里定居，我们对此感到受宠若惊。"[8] 里希特对默克尔并不客气，"默克尔搭了绿党的便车。在慕尼黑和其他城市组织欢迎活动的是绿党，而她收获了难民的爱戴。她喜欢被难民围着，喜欢和他们一起自拍。这是一种集体自恋。难民让我们的自我感觉良好。"[9]

我对里希特的激烈言论感到震惊，但我也从其他人那里听到了类似的言论。莱比锡一家小公司的老板将整个难民事件描述为德国的债务凭证。美因茨大学的现代史教授安德烈亚斯·罗德（Andreas Roedder）也有类似的观点："我们必须拯救世界，关闭核工厂，让难民进入我们的国家。"罗德在新书《是谁害怕德国？》（*Wer hat Angst vor Deutschland?*）中写道："这是德国对战争罪行进行的巨大道义补偿。"

从某种意义上说，默克尔为什么这样做其实并不重要——无论她是受到道德、政治利益还是历史的影响而做此决定。重要的是，她做到了，这一切改变了德国。

不过，没过多久，双方的心态都失去了平衡。难民对自己在德国的生活寄予了极高的期望。蛇头曾告诉他们，他们会成功地融入当地生活并很快找到工作。而在抵达德国几个月后，他们发现自己仍在临时帐篷内苦苦挣扎，他们的思乡之情浓郁，而且他们难以适应周围环境。德国人认为难民会一直心存感激。但在某些圈子里，人们开始将志愿服务鄙视为一种自由主义特权，志愿者也被贬低成了帮倒忙的人。

批评声浪越激烈，默克尔就越有激情。默克尔出现在德国收视率最高的周日晚间脱口秀节目《安妮·威尔秀》(Anne Will)中,并解释了她这样做的原因:"我在为此而战。"但是,她没有备选计划。她说:"我的责任和义务是,尽我所能地找到一条欧洲共同的道路。"她看到民众对政府的支持和欧洲的凝聚力正在她眼前分崩离析。她绝对不能让这种事情发生。

当时,人们对难民的敌意在很大程度上还隐藏着。然而,有一件事使隐藏的怨恨浮出水面。2015年的新年前夜,在科隆的新年庆祝活动上,大量女性被性侵。在最初几天,关于这场混乱的报道只有零星几篇。警方在新年当天发布的新闻稿显示,人们的情绪"高涨",庆祝活动"基本上是和平的"。[10] 然而,在同一天,脸书群组中就出现了许多关于发生在科隆中央火车站附近的性侵害的帖子。2015年1月4日,警察局长改变了策略。沃尔夫冈·阿尔伯斯(Wolfgang Albers)宣布,"全新维度"[11]的犯罪于新年前夜发生。这件事占据了世界各地的头版头条。《图片报》向人们警告"德国各地的性暴徒"。[12] 与此同时,那天晚上的犯罪数量不断上升。仅仅在第一天,警方就收到了30宗投诉。最终,共有492名女性向警方报告了性侵害事件,其中包括性骚扰、攻击和强奸。[13] 科隆事件立即产生了大量的讨论。人们开始讨论"我们的女人"以及保护她们的必要性。

为什么消息在最初只是零零碎碎地传出来?几年后,在一个于柏林举行的非公开新闻研讨会上,一位资深记者承认:"我们当初报道难民问题的方式太慢了、太谨慎了。当然,这仅限于一开始,但这加剧了不信任的问题。"[14] 确实如此。正如另一位参会者所说,这种自由主义的畏缩并不是那次事件或德国独有的。不仅仅是媒体,警方和政府也不愿轻举妄动。全球还有类似事件,比如发生在英国北部的罗瑟勒姆镇事件。事实证明,多年来(从20世纪80年代末到21世纪初),某个团体一直在诱骗并性侵幼女,且大部分受害者是白人女孩。即使

《泰晤士报》(The Times)报道了此事,当局也没有采取任何行动。最终,被披露的官方报告令人震惊。政府不透明、无能、性别歧视和不愿冒犯少数族裔等混合因素导致这个问题被忽视多年。

20世纪70年代和80年代,德国曾认为它已经找到了解决极右翼势力复兴的办法:给予右翼势力发声的机会,但要确保它保持分寸。那个时代最重要的政治家之一是弗朗茨·约瑟夫·施特劳斯(Franz Josef Strauss),作为阿登纳政府的国防部部长,他是北约的坚定支持者,也是主张与苏联缓和关系的人。作为财政部部长和后来的巴伐利亚州州长,他为德国工业的发展做出了巨大贡献。他的影响力是如此之大,以至科尔长期将他视为自己的竞争者。施特劳斯是一名右翼人士,他为此非常自豪。他自称是爱国主义者,称赞军队在第二次世界大战中具有重要作用(与纳粹等特定组织无关)。在他1988年的葬礼上,众多政治家前来追悼,实施种族隔离政策的南非总统彼得·威廉·波塔(Pieter Willem Botha)也在其中。绿党拒绝对施特劳斯进行吊唁,而社民党则默默地进行了吊唁。施特劳斯和他的基社盟在公众舆论方面发挥了重要作用。诚然,这不符合每个人的想法,但在人们可接受的范围内,并且也没有挑战宪法。如果超出一个范围,这就是危险的。施特劳斯预告称:"没有任何一个合法的政党会持有比基社盟更右的立场。"[15]

他的观点在一段时间内是对的,直到德国选择党出现。

德国选择党的德语是Alternative für Deutschland,最初起源于学术界。2012年9月,一群经济学家、前政治家和其他支持者成立了一个名为"选举备选方案"的组织,旨在反对希腊救助计划。他们认为,欧元区本质上是不稳定的,南部那些"弱小"且"懒惰"的国家被迫适应一个不适合它们的体系,与此同时,德国和其他"负责任"且"勤奋"的国家必须收拾残局。该组织的某些成员早期曾考虑恢复德国马克。加入该组织的第一位公众人物是汉堡大学经济学家伯恩德·卢克（Bernd Lucke）。他们的讨论并没有进入主流政治的视野。人们认为该组织的成员是一群古怪的人。

六个月后，"选举备选方案"更名为德国选择党，并正式成为一个成熟的党派组织。弗劳克·佩特里（Frauke Petry）是一名德累斯顿女商人兼化学家，也加入了卢克的队伍。他们的"欧洲怀疑论"开始受到关注和喜爱，至少在德国的某些地区如此。这类右翼政党在欧洲取得了第一个突破：2014年，奈杰尔·法拉奇（Nigel Farage）领导的英国独立党在英国获得了最高的支持率。这使当权党派十分震惊，其他右翼团体在其他国家也势头良好。几个月之内，德国选择党轻松跨越了5%的选票门槛，获得了萨克森州、图林根州和勃兰登堡州三个东部联邦州的议会席位。只是德国选择党在进入议会没多久就陷入了分裂，各个领导人组成了不同的团体。

难民危机使德国选择党获得了极大的关注，并使其最终成为现在的样子。德国选择党精心设计了一种叙事方式：没有人倾听"努力工作的白人"的担忧，左翼自由主义党派一直在掩盖事实，所有主流媒体都不可相信。德国选择党不是独自在战斗。特朗普已将这类观点合法化，支持英国脱欧的群体也向民众灌输这类说法。虽然欧洲其他国家已有部分民粹主义政党，比如法国的国民阵线（Front National）和海尔特·维尔德斯（Geert Wilders）带领的荷兰自由党，在21世纪初重新获得当地选民支持，但德国认为，由于战争所带来的一切，德国民众对极端主义性质的简单化叙述必定是免疫的。

然而，就在难民潮抵达德国的几个月内，德国选择党在地区选举中获得了极大突破。德国选择党在富裕的巴登-符腾堡州和莱茵兰-普法尔茨州（两个西部联邦州）都获得了15%的支持率。在德国东部的萨克森-安哈特州，德国选择党的支持率达到了惊人的25%，位居当地第二位。德国选择党突然成为主流政治的一部分。

这一切仅仅是开端。2017年9月的德国大选如同一场政治地震。默克尔领导的基民盟赢得了大选，但优势非常微弱。她连续四次当选的消息本应占据各大新闻的头条，但事实并非如此。德国选择党的惊人成功使一切都黯然失色。德国选择党在全国范围的选举中获得了12%的选票和94个联邦政府议员席位，这比绿党和自民党都多。默克尔被迫与同样不情愿的社民党共同组建了新的大联合政府，而德国选择党则成为最大的反对党。大多数德国人希望这一刻永远都不会发生，但它真真切切地发生了。这直接威胁到了德国政治体系和民众对国家的信心。

德国选择党的受欢迎程度丝毫不减。人们将他们想要的任何东西都加在这个抗议党之上。德国选择党如同一个"蓄水池"，用于承载所有的不满，这些情绪部分是经济问题导致的，但更多的源于身份认同。德国选择党在德国东部受欢迎是一回事，但如何解释它在德国西部的强劲表现呢？德国选择党吸引了所有政党（基民盟、社民党、左翼党）的选民，甚至绿党的前支持者。对于那些已经放弃投票权的人来说，德国选择党更是不二选择。那些被落在德国东部小城镇的老人是德国选择党的主力选民，但这也只是一小部分。最近，德国选择党在25～35岁年龄段的选民群体中取得了引人注目的成功。在定居德国东部的年轻一代中，有的在工业界有不错的工作，有的在大学当讲师，他们都支持德国选择党。他们好像在进行一场迟到的报复，因为在20世纪90年代的剧变中，他们的父母可能失去了工作或归属。这些伤痛使他们怀念民主德国，即使他们对民主德国几乎没有记忆。他们保守，并且厌恶风险，认为全球化增加了他们所承载的压力。

德国选择党无疑处于一个良性循环中。德国选择党在议会中赢得的席位越多，它所获得的国家资助就越多，从而获得的曝光时间就越长，最终获得的选票也就越多。2017年10月，亚历山大·高兰（Alexander Gauland）和爱丽丝·魏德尔（Alice Weidel）进入了人们的视野，他们刚刚接任成为德国选择党的联合领导人。以"另类方式"生活的魏德尔看起来并不太适合德国选择党。她作为哈耶克的信徒，曾为中国银行在世界各地工作，还能说一口流利的中文。她与特朗普的前任首席策略师史蒂夫·班农（Steve Bannon）一样，这两个人可能是地球上最右的前高盛银行家。更有趣的是，她定居在瑞士，有一个女性伴侣——一位出生于斯里兰卡的36岁瑞士电影制片人。她们一起抚养两个男孩。70多岁的高兰曾经是一位记者，也是一位公开承认的亲英派，认为撒切尔夫人所引入的多元文化主义和全球化颠覆了英国的传统价值观。在2018年夏天的一场针对党内的青年力量举办的演讲中，他淡化了希特勒的罪行。他宣称："亲爱的朋友们，我们拥有一段光荣的历史，它可比那该死的12年长多了。"他随后将纳粹统治描述为"德国1 000年伟大历史中的一粒鸟屎"。[16]

尽管德国选择党的观点极右，但多个试图禁止该党或限制其活动的诉讼均告失败。2019年2月，地方法院驳回了德国联邦宪法保卫局将德国选择党归类为"需要调查"的起诉。就法律范围而言，德国选择党总是力求确保自己真正地站在正确的一边。德国选择党与右翼街头组织联系紧密，但它声称它们之间没有正式联系。在这些右翼街头组织中，最重要的是Pegida（爱国的欧洲人反对西方伊斯兰化）。该组织由公关主管出身的卢茨·巴赫曼（Lutz Bachmann）组建，他邀请德累斯顿的居民与他一起"晚间漫步"。每个星期一，他们都会聚集在这座城市的地标建筑旁，例如被重新修建的圣母教堂外或附近的旧市场广场上。仅仅在几周之内，他们便吸引了大量关注。截至2015年底，Pegida就已经在莱比锡和德累斯顿吸引了25 000名参与者。"伊斯兰不属于德国"[17]或者"打倒那群寻求庇护的难民"[18]是他们最喜欢的口号。有时他们大喊："难民应该被淹死。"[19] 针对该组织的反对性示威也出现了。两个团体经常在街头产生小规模冲突，需要警察维护秩序。不少民众以更加低调的方式表达了他们的不满。每当 Pegida 游行者路过时，德累斯顿最著名的森珀歌剧院（Semperoper）都会关掉歌剧院的灯光以示抗议。德国东部城镇（有时也发生在西部）的街头冲突变得更加频繁。在一场名为"我家的后院没有难民营"运动中，极右翼团体鼓励人们报告新建难民营的位置。谷歌被迫从其"我的地图"服务中删除了一张地图，这张地图由一个右翼团体拼凑而成，上面用红色旗子标注了所有难民营的准确位置。此地图被视为邀请人们攻击难民营的公开动员。

基层警察，尤其是德国东部的警察，最初似乎并不愿意积极地处理这类恐吓案件。有媒体推测德国选择党的势力可能已经渗透到了警察队伍内部。在某些情况下，其他地区的指挥官会被派去当地，以扭转局势。最新的德国国内情报报告已经确定，德国共有 24 000 名极右翼人士，并且其中一半人愿意使用武力。一部电视纪录片进行了一项民意调查，发现一半的市政府官员收到过恐吓邮件或其他威胁。大约 8% 的德国城市有地方官员遭到袭击的案例。[20]

在难民进入德国后的一个月内，威胁和暴力事件开始了。亨利埃特·雷克（Henriette Reker）在参加科隆市市长的竞选活动时被人刺伤了脖颈。当时，雷克是科隆市副市长，虽然与社民党结盟，但她本人不属于任何党派。她的工作是负责解决该市难民的住房问题。她公开地表明了其支持难民的强硬立场。袭击雷克的人是一名与右翼组织有联系的失业房屋油漆工，他在袭击雷克时曾大喊"难民拥入"。如同一场团结一心的剧目，雷克在遇袭第二天的选举活动中胜出。在所有主流政党的支持下，她被选为市长，虽然那时的她还深陷昏迷。一个多月后，她康复了。袭击者被判入狱 15 年。雷克在庭审作证时提到，她因为此次袭击事件常常做噩梦。

极端分子的袭击目标不仅仅局限于中左翼人士。两年后，阿尔特纳市市长安德烈亚斯·霍尔斯坦（Andreas Hollstein）——一名基民盟的保守派政客，在一家烤肉店被人袭击，脖颈受伤。霍尔斯坦在北莱茵-威斯特法伦州因接受超过配额的难民而备受瞩目。好在两名烤肉店员工反应及时，霍尔斯坦得以幸存。康复后，他重返工作岗位，并拒绝了警方的保护。他说："如果一名政客不能再被他代表的选民接近，一切就都没有意义。"[21] 小城镇和农村地区政客的处境尤其危险。2019年6月，一件更恐怖的袭击刷新了人们的下限。一名黑森州的公务员沃尔特·吕贝克（Walter Lübcke），在卡塞尔附近村庄的家门口被人袭击，因头部中弹而亡。吕贝克一直在为难民发声，曾宣称，如果有人不愿意帮助难民融入社会，那么他们可以随时离开德国。这次杀戮事件举国震惊。人们自发地在卡塞尔举行集会，举着"团结起来，我们才会强大"的横幅。德国议会召开了一次特别会议来讨论右翼暴力事件，并指出当前它所造成的威胁与恐怖主义一样大。国内情报部门负责人托马斯·哈登旺（Thomas Haldenwang）将大部分责任归咎于网络言论："一个捍卫难民营建设的人在社交媒体上被大批人攻击，被无数仇恨帖子追骂，最后在他的花园里被处决。"[22]

虽然当局对右翼极端分子犯罪的警惕性有所提高，但这并没有阻止威胁和袭击事件的发生。科隆市市长雷克告诉人们，即使在吕贝克被谋杀之后，雷克收到的死亡威胁也比以往任何时候都多。德国选择党小心翼翼地与这一系列袭击事件划清界限，并指责主流政界和媒体利用此类事件诋毁它。德国选择党的一份新闻稿宣称："如果默克尔没有率先非法开放边境，那么吕贝克一定还活着。"[23] 杀戮事件让人们注意到了基民盟的右翼人士。一些高级政客，包括争夺总理职位的人，在过去几个月里一直在用民粹主义论调描述难民问题。而此刻，这些政客立即调转态度，其中之一便是安妮格雷特·克兰普-卡伦鲍尔（Annegret Kramp-Karrenbauer）。她曾为了与默克尔拉开距离，将自己塑造成一位态度强硬、反对政治正确的候选人。而她现在明确表示，在区域选举中与德国选择党谈论政治交易是坚决不可能的，甚至任何正在考虑与该党结盟的政客"都应该闭上眼睛，想一想吕贝克"。[24]

德国选择党一直非常擅长使用煽动性语言，同时借此为自己披上受害者的外衣。当北莱茵-威斯特法伦州的警察用阿拉伯语（科隆袭击事件发生一年后）在推特上发布新年祝福时，德国选择党高级政客比阿特丽克斯·冯·斯托奇（Beatrix von Storch）回应道："这个国家到底怎么了？我们这是在试图安抚野蛮的强奸犯群体吗？"[25] 德国选择党在YouTube（订阅者数量超过所有其他政党的总和）和脸书上的影响力巨大。慕尼黑工业大学进行的一项调查分析援引该党发言人克里斯蒂安·卢斯（Christian Lüth）的话："从一开始，我们就将注意力放在脸书上，它让我们更快、更直接和更经济地接近选民。"[26] 德国选择党有着独特的宣发计划。德国选择党声称自己开辟了一条"意见走廊"，人们可以在这里随意讨论与身份、文化和移民有关的问题，而不用担心被"清醒派"谴责。他们认为当今政府是"意见独裁者"，认为主流媒体没有为"真实的人"发声，因为各大广播公司和报纸都被与自由派精英有关的黑暗势力控制了。

在一个安静的周日晚上，我路过了MDR（德国中部广播公司）总部，它位于莱比锡，是一家属于萨克森州、萨克森-安哈尔特州和图林根州的区域性广播电台。当时我正与一位当地政客在一起，她虽然没有直接地认可德国选择党，但拥有一些与其重合的观点。当我们路过MDR大楼时，她大声喊道："撒谎的媒体。""谎言新闻"一词起源于1914年，纳粹曾用它指责犹太人和国际上的其他外国势力（纳粹的敌人）散布虚假信息。2016年，在Pegida运动中，人们重新启用了这个词。我问她 MDR 的问题在哪里。她断言，MDR 从未报道过"我们的女人"被强奸和殴打的真相。MDR 一直发布"假新闻"（德语中没有这个词组，所以她使用的是英语 fake news）。我问她："你知道有哪些具体的故事是被隐瞒和不报道的吗？在全民新闻时代，对一项犯罪行为进行完全保密是一件容易的事情吗？"她在我温和的反问下只是耸了耸肩，并没有详细回答。她说："这种事情一直在发生。"

特朗普效应使德国右翼人士的自信心增强了。他们认为，特朗普这样的观点如果可以在"自由之地"盛行，为什么在德国不可以呢？特朗普的所作所为使某些德国人的言论合理化了，而这些言论在几年前还被认为是完全不可接受的。与此同时，匈牙利的欧尔班和意大利的极右翼政党联盟党领导人马泰奥·萨尔维尼（Matteo Salvini）这样的人的成功也引起了主流政治家和媒体巨头的注意。在德国真正引起反响的众多事件中，冲击力最大的是特朗普对 2017 年弗吉尼亚州夏洛茨维尔暴力冲突事件的回应。当特朗普在新闻发布会上拒绝与那群高呼"犹太人不会取代我们"的白人至上主义者划清界限时，德国官方的公共媒体无法掩饰自己的震惊。德国电视二台（ZDF）旗下一档主要新闻节目《今日简报》（*Heute Journal*）的主持人克劳斯·克莱伯（Claus Kleber）不安地说道："我们现在有一个新的担心美国的理由。在第一位黑人总统当选八年后，我们认为美国已经克服了奴隶制和种族主义的原罪。如今，这是复发了吗？"[27]

一般情况下，商业大鳄对这类话题总是选择避而不谈，而西门子 CEO 乔·凯瑟尔（Joe Kaeser）是少数的发言者。当德国选择党领导人魏德尔将德国的穆斯林女性极不尊重地贬低为"头巾女孩"时，凯瑟尔回应道："我们宁愿拥有一群'头巾女孩'，而不是'德国女青年团'。"[28] 德国女青年团是纳粹时期与希特勒青年团平行的组织。"由于魏德尔的民族主义，她正在损害德国的国际声誉，而国际声誉是德国成功的根本。"他补充说，"也许我们应该再次将错误的势头扼杀在萌芽状态。"凯瑟尔的叔叔曾拒绝加入希特勒青年团，故而被送往达豪集中营，最后在奥地利的毛图森集中营（Mauthusen）遇害。凯瑟尔试图鼓励那些位列德国 DAX 指数的其他大公司领导人共同反对右翼民粹主义，但迄今为止，响应者寥寥无几。在凯瑟尔柏林的办公室里，我问他为什么经常把自己置于容易被舆论攻击的处境。他的回答坦率而务实："对于所有企业而言，价值观和利益往往存在着冲突。而在我们所面临的情况下，这是一种独特的、二者相互关联的处境。平时，我们必须考虑客户、员工和股东的利益。而此刻，我们还有第四个需要考量的因素，那就是我们的社会。"

作为世界上最大的工业公司和德国招牌企业之一，市值超过 1 000 亿欧元、业务遍及世界各地的西门子本该谨慎行事，但它没有。凯瑟尔和他的英国负责人于尔根·迈尔（Jürgen Maier，一半奥地利、一半英国血统）早早地批评了英国的脱欧计划。也许，对于他们来说，这可能是更容易做到的，因为他们的客户主要是企业而不是个人。与此不同的是，汽车制造商很容易失去与其意见不同的客户。诚然，当我随后查看西门子在环境保护方面的成绩时，它并不是无可指摘的。没有任何一家跨国公司可以做到毫无破绽。但是，在看到大多数英国公司的怯懦以及它们对英国脱欧的反应时，我发现西门子拥有一种不怕直说的企业文化，至少在某些问题上是如此。凯瑟尔喜欢发推特。2019 年 7 月，他回应了特朗普关于"小队"（The Squad）的"送他们回家"的推文。"小队"是一群活跃且直言不讳的左翼众议院民主党女议员，她们在华盛顿掀起了极大浪潮。凯瑟尔在推特上写道："令我感到沮丧的是，世界上最重要的政治机构正在变成种族主义和排外的代名词。"[29] 他的推文非常受欢迎。

德国所面临的移民困境实际上在整个西方世界都是很常见的：政

治家被谋杀或谋杀未遂——想想约克郡的乔·考克斯（Jo Cox）和亚利桑那州的加比·吉福兹（Gabby Giffords），民众内部存在着两个截然不同的观点，企业因胆怯而不敢发声，以及社交媒体在煽动极端主义方面推波助澜。然而，对于处在这种高度动荡的环境中的德国人来说，非法与令人不快但合法的事情之间的界限是特别敏感的。德国人承认言论自由作为基本权利是重要的，并尽最大努力鼓励人们开口说话，即便人们捂着嘴巴说话。

罗兰·蒂奇（Roland Tichy）是一位右翼脱口秀主持人，他一贯取笑自由派精英人士，以"为什么这群精英不能理解有人会为德国感到骄傲"为话题开玩笑。他的职业经历非常丰富，他曾担任德国金融杂志《经济周刊》（*Wirtschaftswoche*）的编辑以及政府和戴姆勒公司的顾问。他是哈耶克基金会和朝圣山学社等智囊团的最爱，还拥有一档在线节目——每周播出的《蒂奇说》（*Tichy Talk*），他总能邀请到很多志同道合的评论员。自 2004 年创刊以来，德国政治周刊《西塞罗》（*Cicero*）的发行量已接近 10 万份，其刊登的反传统且基本保守的评论文章拥有一批独特的受众。该刊物最喜欢的受访者之一是蒂洛·萨拉青（Thilo Sarrazin）。每个人都对萨拉青有自己的看法。他就是史蒂夫·班农和乔丹·彼得森（Jordan Peterson）的德国混合版。萨拉青是社民党的成员，作为一名保守派的首席辩论家，是不太可能受建制派青睐的。在成为柏林的财政参议员之前，萨拉青在多个部委担任了七年公务员。因身涉与高尔夫俱乐部款项有关的受贿指控，萨拉青辞去了参议员的工作。他曾短暂地在德国中央银行担任高管。他的第一本著作《德国废除了它自己》（*Germany Abolished Itself*）引起了极大轰动（更准确的形容是强烈的意见分歧）。他在书中对多元文化主义进行了的遣责，但这本书出版于 2010 年，远远早于德国选择党的兴起和全球右翼势力的出现。这本书还讨论了人的智力问题："所有犹太人都有一个特定的基因。"他因此被德国中央银行开除了。处境尴尬的社民党一再试图开除他，但显然因其复杂的党内规则而未能成功。他的第二本书《敌意性接管》（*Hostile Takeover*）也遵循着类似的遗传学论点。

萨拉青象征着一场早于难民危机的欧洲思潮，这种思潮的范围甚至可以被扩大至全世界。2012年，法国作家雷诺·加缪（Renaud Camus）出版了《大置换》（*The Great Replacement*）。这本书认为全球化和人口的自由流动已经威胁到了欧洲白人的利益。这本书是这一思潮下最著名的出版物。加缪指责政府"通过人口替代的方式实行种族灭绝"。这种本土主义阴谋论从此成为右翼圈子的主流观点。2019年9月，匈牙利总理欧尔班在布达佩斯举办了"人口峰会"，捷克总理、塞尔维亚总统和澳大利亚前总理托尼·阿博特（Tony Abbott）等人出席了会议。

与其他国家领导人不同的是，默克尔一直迫切地希望能在主流政治和边缘政治之间建立一道隔离带。2020年初的两件事情（一件发生在德国，一件发生在英国），说明了她的立场是多么重要和艰难。

在英国，约翰逊的首席顾问多米尼克·卡明斯（Dominic Cummings）经常发表各种各样的博文以谴责当权派——公务员、BBC（英国广播公司）和其他机构，并宣称他正在寻找"怪胎和无法融入周围环境的人"，他们最好是聪明的数据科学家。安德鲁·萨比斯基（Andrew Sabisky）刚好符合这些描述。萨比斯基在2014年发布的一个帖子中建议政治家在设计移民系统时应注意"智力方面的种族差异"。[30] 他还写过一篇文章，说人们应该鼓励那些需要申请社会福利的人少生孩子，尤其应比那些具有"于社会有利性格"的打工人生得更少。唐宁街坚定地维护着萨比斯基。虽然他最终被迫下台，但这被约翰逊周围的人以及许多媒体视为又一次政治纷争。想象一下，如果在德国，人们会允许接近权力中心的政治家持有这类观点吗？如果有的话，这必将在德国国内和世界范围内引发一场骚动，尤其是在喜欢妖魔化德国的英国。

大约在同一时间，一场发生在德国东部图林根州的闹剧在整个德国范围内引发了极大的争议，也引起了人们对德国政治状况的讨论。事情的细节很复杂且有些神秘，总而言之，德国选择党在几个月前就已经赢得了三场地区选举。图林根州此前是由左翼党与社民党、绿党联合领导的。德国选择党高涨的支持率使这三家政党无法共同执政。图林根州的德国选择党领导人比约恩·霍克（Björn Höcke）是一名极端分子，曾在接受电视采访时将自己的观点与纳粹进行比较，并因此出名。霍克和一名在议会供职的同事想出了一个诡计，他们决定推选一位自民党的中间派候选人为州长，他只获得了5%的支持率（刚刚超过选票门槛）且必将依赖于他们。通过一份委托书，德国选择党将最终掌握权力。默克尔的基民盟在图林根州的分部与德国选择党共同批准了这位傀儡候选人的任命，这让默克尔非常生气。基民盟的党魁克兰普－卡伦鲍尔连忙赶到图林根州，敦促当地的党魁改变主意。德国各地发起了抗议活动，因为选民担心图林根州发生的事情可能仅仅是一个开始。

当时在南非进行正式访问的默克尔通过电视讲话发表了一段简单而尖锐的声明。她说，图林根州的决定是"不可原谅的"或者"昧着良心的"。她呼吁德国人想想自己的良知。倒霉的克兰普－卡伦鲍尔被迫宣布辞职，这让默克尔的总理候选人之位重新空出。各个地方党魁也纷纷下台。默克尔简简单单的一句话就为这一切拉下了紧急刹车。她明确表示她会尽一切努力去维护温和的政治共识。她的确造成了一场暂时的混乱，但她知道自己别无选择。

默克尔开放边境的决定永远地改变了德国。在这一点上，没有人有异议。

尽管默克尔一直在为自己开放边境的政策辩护，但她最终还是改变了策略，并于2016年3月与土耳其达成了一项协议。虽然这项协议复杂且脆弱，但土耳其可以通过从希腊带回没有申请庇护或庇护申请被拒绝的难民。作为回报，欧盟将与土耳其接受数目相等的叙利亚难民。土耳其还将获得免签前往申根地区的资格和加速入盟的谈判程序，外加用于帮助难民的60亿欧元拨款。这种安排已被推翻重来多次。土耳其的领导人雷杰普·塔伊普·埃尔多安（Recep Tayyip Erdoğan）知道决定权在他的手上。欧洲如果还不把难民问题转移到欧盟之外，将无法应对这一切。与此同时，从前不受重视的欧盟边境管理局得到了增援，从最初的1 300名军官增至1万名常备军官，他们从各个欧盟成员国借调而来。这是欧盟第一次派遣身着欧盟制服的武装警卫在其边境巡逻。不过，有一个问题似乎从未得到解决：驱逐那些非法滞留的移民的速度仍然低下。

当提到多民族社会时，人们会立即想到美国。其他拥有悠久帝国历史的国家，例如法国和英国，早已形成了强烈的多民族认同感。在人们的心中，德国没有多种族社会的形象。但事实并非如此，且最早的变化可追溯至2015年难民危机之前。如今，大约2 000万德国人，拥有各式各样的移民背景。其中，只有15%的人是寻求庇护者，其余的都是普通移民。德国有大约三分之二的移民来自欧盟内部。与脱欧的英国不同，德国对东欧人并没有什么特别介意的地方，只要他们可以养活自己就行。德国与土耳其的关系是最复杂的。但是，谁有评价德国的权利呢？想想法国和阿尔及利亚，再想想英国的"疾风一代丑闻"。

我和奇汗·苏格（Cihan Suegur）一同坐在斯图加特北部富裕郊区祖文豪森的保时捷总部的食堂里。他在保时捷实现了快速晋升，是同化、成功与和谐的标准范例。他是一名代表企业形象的影响力人物，在核心IT团队工作。他只有29岁，曾供职于IBM（国际商业机器公司)、德意志铁路和奥林巴斯。他的祖父是一名来自土耳其的煤矿工人，是20世纪50年代最早的客籍工人。他的部分家庭成员来自格鲁吉亚。苏格年纪轻轻就在政界非常活跃。还是一名学生的他曾给政界人士和电视脱口秀节目写了一封公开信，抱怨政府拒绝给予土耳其裔德国人双重国籍。德国电视二台邀请他参加青年电视节目。他做了很多在少数族裔年轻群体中罕见的事情，并加入了中右翼政党。他应基民盟智囊团康拉德·阿登纳基金会的邀请前往以色列。截至目前，他的经历都令人振奋。在创立基民盟穆斯林委员会时，他注意到了某些情绪变化。基民盟约1 000名穆斯林成员中有大概30人加入了这个特殊的委员会。苏格邀请他的党派同事一同庆祝开斋节（这是标志着斋月结束的会礼），到场的人开始窃窃私语："他们正在接管这个党派。"我们都知道这里的"他们"指的是谁。

苏格并没有被吓倒，仍在继续前行，为自己的人生积攒荣誉。他是世界经济论坛的一名全球塑造者，负责在斯图加特建立一个中心。他是巴登-符腾堡州经济委员会人工智能工作组的成员，还为一个帮助当地移民的基金会工作。苏格是典型的第三代移民，他完全融入了当地生活，斯图加特对于他来说已经是家乡了。然而，和其他人一样，苏格在质疑：自己到底有多被人需要。"融入的程度越深，冲突就越多。"他很严肃地对我说，"当到达权力结构的中心时，你就是一个威胁。"他认为他永远都不会是一个"生物学意义上的德国人"（bio-deutsch）。如今，越来越多的德国选择党的支持者用它来指代真正的德国人。相反，就像足球明星梅苏特·厄齐尔（Mesut Özil）和其他几百万人一样，他将永远是一个"塑料德国人"（另一个右翼术语），我们都知道塑料用于描述人造的、假的东西。2018年，有一场关于德国球星厄齐尔的论战。厄齐尔是一名在德国出生的土耳其裔，因与埃尔多安总统在公开场合合照而受到了德国媒体的猛烈抨击。那也正是他在俱乐部和国家队表现不佳的时候。他在推特上宣布了他退出德国国家足球队的决定:"赢球的时候我是德国人,输球的时候我就是移民。"[31] 一年后,厄齐尔在博斯普鲁斯海峡沿岸的一家豪华酒店举行婚礼,为了故意挑衅那些批评他的人,他邀请了埃尔多安做他的伴郎。

德国的移民政策基于一种假设甚至要求,那便是融入。语言被视为同化的先决条件,德语课程是必须的。高中教师自愿用周六上午的时间教移民德语,并为其进行语言测试。德国人为自己精通英语和其他语言而自豪,但这种语言天赋(和学习外语的顽强决心)掩盖了他们对母语十分重视的事实,因为德语代表着德国人的身份认同感。一场温和的反击(如果这不算自相矛盾的话)正在上演,原因不外乎英语的侵袭。最近,一个跨党派的欧洲议会议员写信给默克尔,要求她在欧盟机构中使德语获得与英语、法语同等的地位。作为争夺总理宝座的候选人之一,德国时任卫生部部长延斯·斯潘(Jens Spahn)明确表示了对柏林餐饮业几乎无处不在的英语的不满:"这就像柏林的餐厅服务员只会说英语一样,对此我感到非常沮丧。只有在我们都说德语的情况下,德国才有'共存'可言。"[32]

尽管显得有些笨拙,但这类政治家正在努力协调着更自信的民族自豪感、对过去的赎罪和对未来的警惕三者之间的关系。它们都可以追溯至德国的早期历史。第一个例子是"文化国家"。这是一个由17世纪理性哲学家戈特弗里德·莱布尼茨(Gottfried Leibniz)提出的理论。他认为文化是定义一个民族的关键,而不是边境或其他国家的标志。莱布尼茨说,语言"以一种强大却无形的方式将人们团结起来"。[33] 弗里德里希·席勒(Friedrich Schiller)等作家和哲学家在此理论基础上做了进一步的讨论,并定义了"德意志性"这一概念——当时的德国仍然是城邦和公国的集合,因拥有统一的语言和文化而合为一体。2015年,前议长、民主德国社民党著名政治家沃尔夫冈·蒂尔斯（Wolfgang Thierse）将"文化国家"描述为一个被纳粹玷污的"美丽且伟大的词语"。[34]

更成问题的是"领先文化"。这一理论认为，任何想要在德国生活的人都应该接受并承认德国价值观和德国文化的重要性。这并没有否定身份多样性，但其中有一个身份应该是排在第一位的。在某种程度上，"领先文化"与"宣誓效忠美国"并没有什么不同。2017年，德国时任内政部部长托马斯·德梅齐埃（Thomas de Maizière）提出了一项关于"领先文化"的备受争议的计划。该计划共有十个关键点，包括毫无保留地接受德国的历史责任，接受德国与以色列之间的特殊关系，以及承认欧洲统一的重要性，等等。单独来看，这些论点都没有问题，但当它们被裹挟在保守派所谓的"基督教－西方价值观体系"中时，事情就变得复杂了。部分德国人和奥地利人基于这种价值体系，抛出"他们与我们不相像"的论点，阻止土耳其加入欧盟。

20世纪80年代中期是我第一次在德国担任外派记者的时期。当时，我可以报道的新闻非常少，但是我对此有一个非常好的备用计划：我会在本地媒体上搜索与新纳粹分子有关的报道。我的报社非常喜欢这类文章。如果那一天是一个平淡的新闻日，这样的事甚至可能出现在头版。如果同样的事情发生在英国、荷兰或意大利，相关的新闻报道可能仍然会有，但不会获得很高的关注。一个分裂的极右翼党派，比如共和党或国家民主党（NPD），有时会选举某人成为市议会议员。在巅峰时期，这些党派甚至可能会超过5%的选票门槛，并在地区议会中获得代表权。

极右翼势力从未真正消失。德国人非常清楚，极端主义的威胁是真实存在的。过去五年间的动荡震惊了许多德国人，他们被迫意识到，德国与其他地方一样，都容易受到极端主义影响，即使他们迫切希望德国能够免遭种族、宗教和民族仇恨死灰复燃的风险。二三十年的不懈反省究竟取得了什么成果？德国人不停地问自己：这一切都是白费力气吗？

所有焦虑中最大的问题是德国与犹太人之间的关系。2019年10月，一名枪手试图强行闯入哈雷（莱比锡附近）的一座犹太教堂。当时，正值赎罪日（Yom Kippur），这是犹太历法中最神圣的一天。他本计划向尽可能多的犹太人开火，可他被牢固的大门挡在了教堂外。出于沮丧，他杀死了一名路过的旁观者和一名土耳其烤肉店的男子，还有几人受伤。他录下了自己的暴行，并在一个游戏视频平台上直播了全过程。

许多德国人为他们的国家再次受到全世界犹太人的欢迎而感到骄傲。几十年来，德国拥有着西欧增长速度最快的犹太人口，柏林重新成为重要的人口中心。最近拥入德国的犹太人主要来自以色列和其他使犹太人感受到威胁的国家。过去几年，自美国和欧洲的民族主义、民粹主义兴起以来，德国各地的反犹太骚扰、辱骂甚至人身攻击事件均有所增加。德国内政部数据报告，此类犯罪在2018年增加了20%，且其中十分之九的案件与极右翼势力有关。也许能让人们得到安慰的是，德国的这类数据没有法国那么高。

2018年，德国政府新设立了一个针对反犹太主义的专员职位。这是一个很好的举措，但这种必要性仍然令人感到难过。次年5月，专员费利克斯·克莱因（Felix Klein）在他的第一次公开声明中说："我不能建议犹太人在德国的任何地方都戴着犹太小圆帽。"[35] 他解释说，他认为风险等级已经变了，因为"许多肆意传播的观点是反犹太主义的致命温床"。[36] 他呼吁执法部门更加警惕。克莱因认为他的行为是负责任的。但事与愿违的是，他被指责是在迎合极端主义和羞辱受害者，而这两者都不是他的本意。他的言论在德国内外引起轰动。人们走上街头，针对反犹太主义举行游行示威。《图片报》为这类游行发行了剪裁后即可使用的纸质帽子。许多刊物报道了这一事件，而《纽约时报》(The New York Times) 的论调更为超前。《纽约时报》宣布，德国又重新回到了最糟糕的状况，身处德国的犹太人并不是安全的。

2019年12月，默克尔在奥斯威辛集中营解放75周年前夕访问了奥斯威辛集中营。在德国犹太人中央委员会主席的陪同下，她走过写着"工作使人自由"的大门，并进行了一分钟的默哀。她说："记住罪行是一种永无止境的责任，它与我们的国家密不可分。意识到这一责任是我们民族认同感的一部分，是我们作为一个开明且自由的社会的自我认知。"[37]

两个月后，一场迄今为止程度最恶劣的袭击事件发生了。该袭击的目标是移民，尤其是穆斯林移民。一名43岁的男子在位于法兰克福郊外哈瑙镇的两家水烟酒吧开枪射击，造成9人死亡。该男子长期在网上发布"极端种族主义"内容。人们对这一暴行感到无比悲痛和愤怒。《法兰克福汇报》发表了一篇评论："国家机关……现在必须武装自己，因为居住在德国的移民和外国人被致命的敌人包围了。"[38] 这名暴恐分子可能是一匹孤狼，但政客和媒体均宣称这种氛围是不能被容忍的，共同敦促警察和安全部队重新调整计划，将处理右翼极端主义事件的优先级提高。即使是在掌权的末期，默克尔仍然能捕捉到这种情绪。在哈瑙暴行之后，她宣称："种族主义是毒药。"她知道，光有言语是不够的。她要求安全部队彻底改变自己的工作方法。德国时任内政部部长霍斯特·泽霍费尔（Horst Seehofer）在与地区领导人达成一致，以加强安全措施、防止模仿攻击再次发生后宣布："右翼极端主义、反犹太主义和种族主义的安全威胁非常高。"他还说，右翼极端主义是"德国正在面临的最大的安全威胁"。[39]

看着世界各地民粹主义者和民族主义者的激增势头，以及他们自家门口越发受欢迎的德国选择党，德国人不由得开始怀疑民主的持久性，尤其是他们自己国家的民主问题。一些电视节目讨论了20世纪30年代再次来临的可能性。一种论调重新变得越来越广泛，即德国的"特殊道路"。德国朋友问，他们的国家是不是天生对丑恶和危险的政治具有某种特殊倾向性（他们希望这种倾向性已经永远地被清除了）。这种警惕性当然是至关重要的，但没有证据显示德国在这一方面有着更明显的倾向性。过去几年，激增的盲从是全球性的。即使是所谓自由民主典范的北欧国家，也发生着类似的事情。德国的历史使德国与其他国家不同。正是这种历史背景让人们看到了希望，因为德国与其他追求民粹主义的自由民主国家不一样，德国终将经受住这个不宽容时代的考验。

4

不再是孩童

民粹主义时代的外交政策

柏林的政治家都是书呆子。他们认识彼此，并且认识那些在华盛顿环城公路或威斯敏斯特村的朋友。在外交政策上，他们讨论同样的问题：德国从什么时候开始才能表现得像一个大国？政治学家称德国为"不情愿的霸主"和"新的民权强国"。[1] 正如亨利·基辛格（Henry Kissinger）所说："德国对于欧洲来说太大，对于世界来说太小。"[2]

自战争结束以来，德国人一直都有其他人可以依靠。德国的国防和安全一直被分包给了其他组织——美国、北约和欧盟。这些组织扮演着忠诚的后备角色：传递情报，协助人道主义任务，并在关键投票中与盟友站在一起。德国是一个受保护的孩子。

两德重新统一改变了人们的期望。驻扎在联邦德国的盟军开始缓慢地撤离，最后一支英国特遣队直到 2019 年才离开。扩大后的德国获得了全新的地位，随之而来的是更多的需求。后冷战时期的第一次军事干预行动是沙漠风暴行动，一个由美国领导的"自愿联盟"于 1990 年将萨达姆·侯赛因（Saddam Hussein）赶出了科威特。大约有 35 个国家在此次行动中联合了起来——这是乔治·W. 布什十年后未能实现的团结。当时的德国总理科尔很坚定，他承诺向美国提供硬件和数十亿美元的资金支持。宪法并没有改变：德国不可以参加直接军事行动。

1992年，在苏联解体和东欧剧变的几个月后，一本概括了时代和德国困境的书——弗朗西斯·福山（Francis Fukuyama）的《历史之终结及最后之人》（*The End of History and the Last Man*），宣告了自由民主的优越性。福山借鉴黑格尔和马克思的观点，认为人类已经取得了新的进展。换句话说，西方世界赢了。克林顿和布莱尔则将这一观点进一步发展成了一种更加自信的外交政策，即自由干预主义。西方有责任终止在任何地方发生的压迫，必要时可以使用武力，并在当地植入人权和民主的价值观。

科索沃危机到来的时机对德国来说无疑是最糟糕的。在掌舵16年后，科尔被迫下台。社民党重新掌权，一切都焕然一新。新的德国总理施罗德仅在联邦议院有过几年工作经验，完全没有任何外交背景。1998年10月，在上任后的几周内，施罗德面临着极其艰巨的挑战。人们被塞尔维亚人在巴尔干半岛进行的种族大清洗震慑。德国在塞尔维亚入侵波斯尼亚期间拒绝采取行动，包括斯雷布雷尼察的大屠杀以及卢旺达的种族灭绝（尽管当时，法国和比利时军队就驻扎在当地），已经让公众舆论蒙羞。

克林顿和布莱尔向德国施加的压力很大。令他们惊讶的是，施罗德和他的部长们欣然同意加入战争。自第二次世界大战以来，德国首次派遣军队参加战争，而且是在没有联合国决议的情况下。北约组织了38 000次战斗任务，包括多次由14架德国龙卷风战斗机执飞的任务。施罗德在2006年出版的回忆录中写道："也许这是历史的一个把戏，必须是红绿联合政府当权才能让德国履行其职责。"[3] 1994年，德国宪法法院重新审核并通过了军事干涉原则。新生效的法令规定德国能够参加多边军事行动，但仅限于在获得议会支持的情况下。使该原则获得批准的关键人物是红绿联合政府当时的外交部部长。约施卡·菲舍尔不得不占据道德制高点，他在向联邦议院发表的一份十分感性的声明中宣称："不再有奥斯威辛集中营，不再有种族灭绝，不再有法西斯主义。对我来说，这些都是一样的。"[4] 这可是以"和平"为口号的绿党人士所发布的声明。1999 年 6 月，在斯洛博丹·米洛舍维奇（Slobodan Milošević）撤军后，一名德国将军被任命为北约驻科索沃维和部队的领导人。德国因参与这场武装活动受到了盟国的赞扬。他们总结说，这是德国外交和安全政策的全新开始。

两年后，施罗德再次面临同样尖锐的两难处境。在"9·11"恐怖袭击事件发生后，他对乔治·W. 布什表明了德国与美国有着"无限的团结"。[5] 但美国援引了北约成立条约的第 5 条——对一个国家的攻击就是对所有国家的攻击。施罗德知道德国此时应该表现出支持的态度，也知道这很难获得议会大多数人的支持。2001 年 10 月，他决定利用一次信任投票获得议会的许可，批准德国支援由美国领导的入侵阿富汗的决定。这是一个十分冒险的策略，但施罗德成功了。在长达 20 年的阿富汗战争中，德国军队全程参与。其中，50 多名德国士兵牺牲，这只占美国和英国牺牲士兵总数的一小部分。德国军队在阿富汗更平静的北部作战，但对于坚决反对战争的一代人来说，这一事实非常残酷。施罗德在 2009 年写道："我经常被问到，我是否认为我当年派遣德国士兵参加阿富汗战争的举动是合理和成功的。"他回忆起他于 2002 年参观喀布尔一所新开办的学校时的情景："我看见的是一群年轻的、未蒙面的女孩子。学生们正在做一些我们认为理所当然的事情。这证实了我的信念，即德国必须为这些女孩能够上学做出贡献。"他补充说："联邦议院的决定为第二次世界大战后德国仅拥有有限主权的时代画上了句号，使我们在国际社会中重新获得了平等的伙伴关系。我们就此背负了需要履行的义务，例如在阿富汗问题上因北约成员国身份而产生的义务。然而，德国人也获得了权利，例如在伊拉克战争的情况下说'不'的权利，因为我们不相信此时的军事干预是有益的。"[6]

施罗德不单单是反对伊拉克战争，甚至在他后半段的总理生涯内贯彻了这一决定。伴随着布什对法国和德国不支持开战的谴责和关于旧欧洲与新欧洲的争论，2002年9月的德国大选最终落幕。根据民意调查，基民盟和基社盟所获得的支持率原本是更高的，而施罗德成功扭转了局面并最终获得连任。美国白宫非常恼怒，谴责德国人和法国人"懦弱"。

随后到来的是2011年的利比亚战争。大卫·卡梅伦（David Cameron）和尼古拉·萨科齐（Nicolas Sarkozy）迫切地想要采取干预措施，以使班加西免遭侵占，并迫使卡扎菲上校（Colonel Gaddafi）下台。这次是默克尔面对其他西方国家的参战压力。德国在担任联合国安理会理事国仅三个月后，就对一项设立禁飞区的决议投了弃权票。此时，德国站在其所有西方盟友的对立面上。与伊拉克战争不同的是，法国也不再站在德国身旁。"这不是一个容易的选择。"德国时任外交部部长吉多·韦斯特韦勒（Guido Westerwelle）发表了经过深思熟虑的保守陈述。

在伊拉克和利比亚问题上，德国所采取的立场被证明是完全正确的。布什和布莱尔在伊拉克的冒进将一个四分五裂的国家变成了国际恐怖主义的温床。虽然卡扎菲下台，但利比亚已彻底成为一个失败的国家，其公民也沦为难民，不惜冒着生命危险前往欧洲以获得重新生活的机会。约施卡·菲舍尔当年关于科索沃的情绪化演讲似乎属于一个截然不同的时代。伊拉克、利比亚和阿富汗（一个更复杂的案例）重新在德国公众舆论中唤醒了人们对军事行动的厌恶。

每年初，世界各地的外交官和政治家都会齐聚慕尼黑，参加慕尼黑安全会议——国防领域的达沃斯论坛。这里发生过许多戏剧性的场景，比如德国总统在2014年安全会议上发表的讲话。作为一名来自民主德国北部农村地区的牧师，约阿希姆·高克（Joachim Gauck）一直是抗议运动的重要成员，并于民主德国消亡前的最后几个月被选入议会。两德重新统一后，他成为负责审阅斯塔西档案的机构领导人。2012年，他当选德国总统，这是一个很受欢迎的职位。在那几年，德国拥有两名来自东部的最高领导人，这也是历史上的第一次。

高克在慕尼黑对观众说："这是一个优秀的德国，是我们所知道的最好的德国。"德国是一个可靠的合作伙伴。他列出德国在国际发展、环境保护、多边主义和亲欧主义方面所做出的贡献。然后，他直接谈到了复杂的国家干预问题。他说，德国被指责为一个"逃避者"，即一个"面对棘手问题总是回避"的国家。他没有反驳。德国不应该让它的过去成为逃避的理由，理应为促进世界安全承担更多责任。他问道："我们愿意承担我们应该承担的风险吗？"随后他自己回答了这个问题："实际上，不作为的人也在承担着责任。如果我们认为德国是一个不受时代变迁影响的岛屿，我们就是在自欺欺人。"[7] 他得到了德国时任外交部部长施泰因迈尔（随后接替高克继任总统）和国防部部长乌尔苏拉·冯德莱恩（Ursula von der Leyen）（随后成为欧盟委员会主席）的支持。施泰因迈尔提出了一系列经过仔细核定的原则："使用军事力量是一种不得已的手段。军事力量应该在保持克制的情况下被正确地使用。然而，德国的克制绝不能成为冷漠的代名词。德国太大了，以至它不能在世界事务上袖手旁观。"[8] 这后来被称为"慕尼黑共识"。

这个与美国联系紧密的民族也与俄罗斯（美国冷战时期的对手）的关系亲近。地理、文化、历史和战争愧疚都是德国与俄罗斯之间的纽带。在1989年之前，这种两难处境并不难处理。苏联号令着东欧，领导了1953年东柏林、1956年匈牙利和1968年布拉格的起义，并于1961年修建了柏林墙。这一切都将最顽固的左翼德国人推入了联邦德国的怀抱。阿登纳宣称，将德国并入西方社会体系比两德重新统一更重要。重获武装的联邦德国于1955年正式加入北约。根据时任外交部高级官员瓦尔特·哈尔斯坦（Walter Hallstein）所制定的原则，联邦德国不会与任何承认民主德国的国家建立外交关系。然而，到越南战争时，德国对美国的忠诚度开始下降。社民党创造了两个术语：积极意义上的主动西化和消极意义上的被动西化——后者描述了德国为讨好好战的山姆大叔所做出的一系列牺牲自己原则的举动。就在同一时期，勃兰特总理正在制定他的东部政策（Ostpolitik），寻求与民主德国及更广泛的华沙条约组织达成和解。勃兰特的东部政策分为两部分。第一部分是软实力方面的政策。联邦德国主动促进与民主德国之间的人文交流、旅游和学术文化合作。第二部分是有利有弊的。在寻求与苏联及其卫星国建立友好关系的过程中，勃兰特及后来的几位德国总理让这些政权得到了加强。反对者对此感到非常失望。例如，当莱赫·瓦文萨（Lech Walesa）和他的团结工会于20世纪80年代中期在波兰发起第一次成功的反对派运动时，联邦德国的建制派似乎更希望维持该地区的现状而不是进行改革。

科尔和阿登纳一样，他们俩都被美国视为值得信赖的合作伙伴，但是英国和撒切尔夫人就不这么想，至少就两德统一而言，她完全无法信赖一个重新统一的德国。美国人与施罗德的关系则要棘手得多，不仅仅是因为施罗德反对入侵伊拉克，还因为他与弗拉基米尔·普京（Vladimir Putin）的亲密友谊。在整个冷战期间，德国和俄罗斯的贸易联系一直很紧密。苏联有天然气，但它需要技术和资金支持该行业发展。天然气管道项目对双方而言都是有益的。北溪天然气管道项目建造了一条从圣彼得堡西北部的维堡穿过波罗的海到达德国与波兰边境的天然气管道。该项目的大股东是俄罗斯公用事业巨头俄罗斯天然气工业股份公司。北溪天然气管道项目协议是在 2005 年德国大选前的十天内匆忙签署的,在那场大选中,施罗德最终以微弱优势输给了基民盟新领导人默克尔。几周后,当施罗德准备卸任时,德国政府与俄罗斯人达成了一项协议。如果俄罗斯天然气工业股份公司拖欠贷款,那么该公司需要保证北溪天然气管道项目的 10 亿欧元成本仍被偿还。没过几周,施罗德被任命为德国北溪股份公司股东委员会的负责人。

许多人认为这个项目存在利益冲突问题,但没有人对此采取任何措施。私人关系和政治生活似乎交织在了一起。尽管施罗德当时已经 60 岁了,但施罗德和他的妻子(第四位妻子)多丽丝·施罗德-科普夫(Doris Schröder-Köpf)被允许收养两个圣彼得堡(普京的家乡)的孩子。收养俄罗斯儿童的程序原本是很艰难的,但对于施罗德来说,一切手续都办得很顺利。施罗德毫不掩饰他对俄罗斯总统的钦佩之情。在 2004 年、2006 年和 2012 年的三个不同的场合上,施罗德都使用了"无可挑剔的民主人士"来描述普京。他在 2006 年说:"普京总统所达成的历史成就重新恢复了(俄罗斯)国家的民主基础。"[9]

2007 年 5 月,当俄罗斯与爱沙尼亚(北约成员国)发生争端时,施罗德为克里姆林宫辩护。当时的爱沙尼亚政府拆除了塔林市中心的一个苏联时代的战争纪念碑,导致爱沙尼亚遭到大规模的网络攻击。施罗德没有像其他西方人士一样谴责俄罗斯,而是说爱沙尼亚的所作所为与"各种形式的文明行为"相反。[10] 2014 年 3 月,施罗德说普京所产生的"害怕被包围"的感觉是合理的。他将克里米亚描述为"古老的俄罗斯领土"[11],因为俄罗斯对克里米亚的吞并得到了当地人的支持,所以它是合法的。2014 年,在西方考虑对俄罗斯实施制裁之际,施罗德正在圣彼得堡的尤苏波夫宫庆祝普京 70 岁生日。德国人所谓的盟友乌克兰对此非常生气。乌克兰外交部部长说："施罗德是普京在世界范围内最重要的说客。"[12] 2016 年，施罗德成为第二个北溪天然气管道项目的负责人，这是一个更具争议的扩建项目。这一次，俄罗斯天然气工业股份公司成为唯一的股东。一年后，施罗德被提名为俄罗斯最大的石油生产商俄罗斯石油公司的非执行董事。情报机构对此使用的一个术语是"精英俘获"。民众也因此创建了一个用以描述政治精英腐败的推特标签"施罗德化"。当时，绿党的外交事务发言人奥米德·努里普尔（Omid Nouripour）说道："想象一下，奥巴马也是一个说客。"[13]

一些柏林的政客将此归结于势利，指出"推销员"施罗德当初早早地离开学校进入社会，年纪轻轻就成为一名不熟练的建筑工人。你还能指望这种人做什么呢？其他人则嗤之以鼻地暗示他必须赚大量的钱，只有这样他才能够支付得起前妻的赡养费。他似乎很喜欢这种登徒子形象。因其四段失败的婚姻，施罗德被大家戏称为"奥迪"总理，原因是他送给四任妻子的婚戒刚好能拼出奥迪车标的图案。但当他第五次结婚时，他宣布他是一位"奥运"总理。

默克尔对俄罗斯的判断与她的前任大相径庭。默克尔是共产主义治理下的第一代德国青少年。和民主德国的所有小学生一样，她在学校里学会了俄语。她刻苦学习，获得了德国学生俄语大赛第三名。其奖品包括一次莫斯科之旅，她在那里购买了人生中第一张披头士唱片。她一直被俄罗斯深深地吸引着。她的总理府办公室的墙上挂着一副凯瑟琳大帝（Catherine the Great）的肖像，后者是成为俄罗斯皇后的波美拉尼亚公主。

普京是俄罗斯第一位曾在德国服役的领导人，他曾是驻扎在德累斯顿的中级克格勃特工。2018 年 12 月，人们在德国档案中发现了普京的斯塔西身份证件。这张证件签发于 1986 年，序列号为 B217590，普京的签名就在一张打着领带的年轻人的黑白照片旁边。卡片背面的季度性印章显示它直到1989年的最后一个季度还在被使用。当柏林墙倒塌时,普京已经晋升为少校。一些普京没有反驳过的传记显示,他曾挥舞着手枪阻止愤怒的人群洗劫克格勃在德累斯顿的办公室。他和其他同事一起烧毁了大量文件。

人们通常认为默克尔和普京有许多共同点,所以他们之间的相处理应是融洽的。在与自己关系亲近的施罗德卸任之后,普京对遇到一个与他处在对等位置上的女人感到无比震惊——仅仅是女性领导人这一点就足以证明她的勇气。2002年,默克尔在克里姆林宫与普京第一次会面,当时的她还是反对派领袖。会后,她对她的助手说,她通过了"克格勃测试"[14],因为她承接住了普京的凝视(我可以证明这一点,2004年底,我曾在普京莫斯科郊区的住所举行的一次小型深夜聚会上与他共度了四个半小时,他的眼神令人不寒而栗,回敬它需要相当大的勇气)。最离奇的事情发生在2007年,在普京的黑海别墅内,普京似乎知道默克尔对大型犬有心理阴影,这种恐惧源于默克尔曾在童年时期被狗咬伤。在这种情况下,普京让他的黑色拉布拉多犬跑进了他们举行会谈的房间。当普京和默克尔面对面坐着时,这只名叫康尼的狗就趴在普京身边。照片显示,当时的默克尔看起来很焦虑,因为这只大狗嗅了嗅她,然后在她的脚边坐了下来。她没有退缩。普京看着她,淘气的笑意一闪而过。普京说:"那条狗不会干扰到你,对吧?它是一只友好的狗,我相信它会很乖的。"[15]默克尔用完美的俄语回击道:"毕竟它不吃记者。"[16]

一位传记作者称,默克尔完全能控制自己的冲动情绪。她很少在当下表现出任何情绪,但事后会让人知道她的不快。普京随后道歉,声称他并不知道默克尔害怕狗。德国官员表示,普京肯定知情。这次事件虽然不会过度地影响默克尔,却在她心中种下了一颗不信任的种子。她没有帮过普京任何忙。2014年乌克兰危机时,默克尔明确表示她已准备好与普京正面交涉,美国人和其他欧洲人对此很满意。2014年11月,默克尔宣称:"谁能想到在柏林墙倒塌25年后,欧洲中部会发生这样的事情?有关势力范围的各种旧思想将国际法踩在了脚下,而我们绝不会允许这种想法盛行。"[17]

除默克尔的移民政策之外,她对俄罗斯的强硬立场是她任期内的一个很大且不寻常的风险。作为民意调查和集体座谈会的忠实追随者,默克尔知道民众对俄罗斯有着普遍的同情,且她本人也因不断被企业游说而对俄罗斯放宽限度。部分胆魄源自她的个人背景:由于她在民主德国的那段经历,她对普京这样的人有一种发自本能的抵触。但我认为这是一个原则问题。当她觉得是时候不再谨慎时,她便会放弃谨慎。

对于默克尔来说,她觉得无法触及的一个领域是北溪天然气管道项目。当第一个项目即将完成之时,德国议会批准了第二个北溪天然气管道项目。德国官方的说法是,扩大后的项目并不会构成任何威胁,反而会创造一种相互依存的关系,将俄罗斯进一步推入西方体系中。而普京的行为却暗示着另一个方向。德国商界大亨都敦促默克尔无视美国提出的安全方面的担忧,她也确实无视了。德国的大型企业不是唯一向默克尔施加压力的游说团体。德国东部各州的所有领导人,不分党派,都呼吁默克尔改善德国与俄罗斯的关系。萨克森州州长迈克尔·克雷奇默(Michael Kretschmer,默克尔的基民盟同人)在2019年9月的连任竞选中说:"作为一名德国政治家,我认为许多企业受到了制裁政策的影响,德国东部企业的损失尤其严重。"[18]他声称,根据德累斯顿商会的数据,与俄罗斯有着长期联系的萨克森州企业在2018年的出口额比2013年减少了约60%。勃兰登堡州州长迪特马尔·沃德克(Dietmar Woidke)在州选举之前说:"德国东部的许多人与俄罗斯有着私人关系。对于很多人来说，德国和俄罗斯是有情感牵绊的。"[19]

许多民意调查显示，绝大多数选民，尤其是德国东部选民，希望能与俄罗斯建立更密切的关系。这与当初迫切逃离民主德国的人的想法不一致，但这种亲和性在文化、地理和历史中都有着深厚的根源。德国有大约300万来自俄罗斯的德意志移民，他们被称为晚期移民，其中许多人保留着对克里姆林宫的亲近感。他们看起来希望德国是一个种族更加单一且更加传统的国家。可事实与之相反，他们看见的是一个国际化的德国，并因此感到害怕。这些晚期移民直接成为德国选择党的目标群体。由于他们具有投票权，德国选择党将他们视作重要的选票来源。

德国于2016年发表的年度国防白皮书首次谈到了俄罗斯使用的混合战争技术："通过越来越多地使用混合性工具，俄罗斯故意地模糊战争与和平的界限，正在如其所愿地制造不确定性。"[20]白皮书指出俄罗斯人正在以多种方式扰乱德国。俄罗斯军事情报机构总参谋部情报总局（GRU，又称格勒乌）通过其黑客组织APT28（在黑客界称为"奇幻熊"）策划并实施了一系列网络攻击行动。其中，最危险的网络攻击行动是2016年对德国联邦议院电子邮件系统的渗透，导致大量数据被盗，这些数据一旦泄露就会使特定的政客和机构声名扫地。《时代周报》在一项名为"默克尔和奇幻熊"的调查中揭示了俄罗斯黑客攻击的程度，也揭示了德国议会网络安全团队缺乏准备的可悲之处。《时代周报》援引德国外交部网络政策负责人的话并呼吁政府采取反制措施。调查所使用的术语是"回击"。默克尔的安全理事会决定不发动报复性打击，而是起草了一项法律，为未来发生类似事件时可以采取的数字化反击提供法律框架基础。

在2017年德国大选前夕，德国政界人士和安全官员知道可能会有很多破坏活动和泄密事件发生。在竞选活动的最后几天里，德国选择党获得了大量机器人选票。只可惜这些选票来得太晚，它们的效果是有限的。但最有效的造谣工作早就在进行了。近年来，许多具有反移民倾向的假新闻被发表和传播。最臭名昭著的是丽莎案。据称，一名东柏林马尔察纳区的13岁俄罗斯裔女孩被一群中东和非洲外貌的男子绑架并强奸了。当地人对此感到非常愤怒，他们发起了反移民的游行示威活动。其他地区的民众也自发地加入了这一行列。可是，这一切都是编造的。事实上，她只是逃学了，并且一直和一个朋友待在一起。她最终向父母和学校承认了事实，但为时已晚，这已成为一件轰动国际社会的事件。该报道最初由一个德语的俄罗斯网站发布，充满了煽动性语言。俄罗斯电视台也在现场报道了这个故事，特朗普最喜欢的布赖特巴特新闻网（Breitbart）也报道了这个故事。另一个故事是，德国最古老的教堂被一个高喊"真主至上"的男人烧毁了。这个故事也是假的。实际发生的事情是，一座多特蒙德的教堂发生了一场小火灾，该教堂不是最古老的教堂，而且火灾是由电路短路引起的。火灾使部分覆盖在脚手架上的网被烧毁，并在大约12分钟后被扑灭了。

欧盟和德国的网络安全专家称，默克尔是受到攻击最多的欧洲主流政治家，每天都有大量的假新闻在诋毁她，尤其是诋毁她对俄罗斯的强硬立场。有的诋毁是有效的，有的故事非常具有想象力。"显然，她知道恐怖分子会袭击柏林的圣诞市场，但她沉默不语。""显然，她是希特勒的女儿"——他们还用了一张（经过修图的）照片来"证明"这一点。"要么希特勒没有死在地堡里，并且生了一个孩子，要么他的精子被冷冻了。"这些造谣者显然还没有解决其中的逻辑问题。

与此同时，俄罗斯对德国议会通信系统的黑客攻击有增无减。2018年12月，一个用于发布系列节日故事的虚假推特账户上传了某些政客（都是克里姆林宫不喜欢的政党的高级议员）的个人文件和数据，大多数政党被波及，但德国选择党除外，绿党是被特别针对的。

与社民党不同，绿党一直对俄罗斯持有非常强烈的怀疑态度。

默克尔以其一贯的韧性和永不言败的精神继续前行。当美国人和其他人认为她对俄罗斯的态度有所缓和时，她的反应让所有人感到惊讶。2019年8月，在柏林公园里，一名曾于20世纪90年代在对俄战争中指挥分离主义势力的车臣流亡者在前往清真寺的途中被谋杀。暗杀者戴着假发，骑着自行车从后面接近这名流亡者，然后用装有消音器的格洛克手枪射杀了他。没过多久就有一名男子被捕，但几个月来，柏林警方没有从他口中得到任何信息。许多外国大使馆怀疑德国政府试图掩盖此事，以尽量降低外交损失。2019年12月，德国政府决定让联邦检察官介入该案件——这其实是一开始就应该做的事情。在24小时内，德国政府宣布将驱逐两名俄罗斯外交官。这听起来可能不像一个重大的报复措施，但这是一个欧洲大国对俄罗斯可以采取的最严厉的措施，因为2018年，20个西方国家驱逐了100多名俄罗斯外交官，以抗议俄罗斯前特工谢尔盖·斯克里帕尔（Sergei Skripal）及其女儿遭遇的神经毒剂袭击事件。该袭击事件发生在英国索尔兹伯里。默克尔在协调整个欧盟采取行动方面发挥了至关重要的作用，但英国人并没有对此特别感激。

默克尔从来没有被普京吓倒过，这无疑是一项了不起的壮举。相比之下，施罗德与俄罗斯之间的种种是令人惊愕的，许多选民对俄罗斯的倾向也令人担忧。但是，在谴责德国之前，英国人应该先看看自己的国家。在1990—2000年的历届政府统治下，伦敦沦为世界洗钱之都，被戏称为"伦敦格勒"（Londongrad）。俄罗斯的巨富寡头们受到大臣、皇室成员、上议院议员、社会名流、首席执行官、私立学校校长、诽谤罪律师以及理财经理的大力欢迎。在铺下红毯之时，英国当权派有意地忽略了这些人的财富来源。我记得我在2005年左右痛斥过一位布莱尔政府的内阁大臣。"适应一下吧！"他告诉我，"所有的钱都是好钱,尤其是当它可以帮助我们修建学校和医院时。"一些惊人的谋杀案迫使英国在安全方面加强了力度,但在财务方面,英国与德国没有区别。英国当权的保守党一再从俄罗斯寡头处收受礼物,其价值在过去十年中总计达到了350万英镑,其中包括卡梅伦、约翰逊打网球的荒谬账单。[21]当英国议会的情报部门和安全委员会注意到这些肮脏的交易时,约翰逊花了几个月的时间阻止信息公布。许多国家允许自己被收买,意大利就是一个典型的例子。

从一开始,特朗普就讨厌默克尔。在2016年底的美国总统交接期间,即将卸任的奥巴马前往德国拜访默克尔。他们整晚都在讨论世界问题。默克尔知道她会想念奥巴马的。在竞选期间,特朗普经常辱骂默克尔。特朗普在谈到《时代》杂志将默克尔选为年度人物时说:"他们挑选了一个正在毁灭德国的人。"令特朗普不快的是,《时代》杂志称默克尔为自由世界的总理。特朗普回击道:"默克尔对德国的所作所为令人悲伤,而且是一种可耻的悲伤。"[22]

然而,这位崇拜里根并梦想着自驾穿越美国大平原的女人,本质上是一名坚定的大西洋主义者。她希望美国能够继续将德国视为最值得信赖的合作伙伴。正如亨利·基辛格的名言所说:"如果我想与欧洲对话,我该给谁打电话?"[23]从老布什到奥巴马,这个问题的答案都不是英国人想听到的。美国人的答案总是德国。美国与英国之间所谓的"特殊关系"在战后的最初几十年中是至关重要的,而如今这已成为美国外交官哄英国人开心的修辞手段。从布莱尔到约翰逊,这些首相认为奉承是讨好他人的最佳方式。

默克尔用自己的方式应对美国,但她碰上了许多难以接受的挫折,有些挫折可以追溯到特朗普上任之前。在"吹哨人"爱德华·斯诺登(Edward Snowden)泄露的数以万计的高度机密电报中,人们发现了一些关于德国的破坏性证据。其中最糟糕的事实是,美国国家安全局

(NSA)多年来一直在窃听默克尔的私人手机。2013年，一项《明镜周刊》对斯诺登档案的研究表明，美国驻柏林大使馆一直是美国国家安全局的情报中心。多年来，它一直在拦截和存储德国高层政客之间的通信记录，包括痴迷于使用智能手机的默克尔本人。众所周知，"爱因斯坦计划"搜集的所有数据都被转发至美国国家安全局总部，并存储在"目标知识数据库"中。一份于2009年编写、2014年发布的文件显示，默克尔是被储存在数据库系统〔该数据库又名宁录（Nimrod）〕的122位世界领导人之一。所有被监视的领导人按名字的首字母顺序排列，她被排在第一页，位于马里总统的下方、叙利亚总统巴沙尔·阿萨德（Bashar al-Assad）的上方。这正是奥巴马当权之时发生的事情。当默克尔被告知她的私人通话一直被美国人监听时，她情绪激动，甚至一度失去了她著名的"情绪控制"。她在与奥巴马的通话中愤怒地说："这与斯塔西没什么两样。"[24] 该通电话的内容随后被故意透露给了《明镜周刊》。

随后发生的两起间谍案件（德国外国情报部门的一名初级员工和德国国防部的一名军人在向美国人移交材料的时候被抓了个正着）使德美两国的关系进一步恶化。在其中一个案件中，本该递交给负责调查窃听事件的议会委员会的机密证据被重新交还给了美国人。默克尔命令美国中央情报局局长离开德国，这是两个盟友国之间从未发生过的事情。情报合作一度暂停。默克尔邀请奥巴马签署一项不从事间谍活动的合约，这是美国人与他们最亲密的盟友都没有的协议。这场争端表明了美国和德国的不信任。德国和美国的安全合作关系与"五眼联盟"相去甚远。在"五眼联盟"中，澳大利亚、加拿大、新西兰、英国和美国更乐意相互分享情报。奥巴马拒绝了默克尔的要求。在争端最为激烈的时候，民意调查显示，60%的德国人将斯诺登视为英雄。德国电视一台（ARD）的一项调查说明，德国人对奥巴马的支持率在他就职时为88%，后来降至43%。只有35%的德国人认为美国是一个好的伙伴，这个数字仅略高于他们对俄罗斯的看法。[25]

这一切都是在特朗普当选美国总统之前。

2017年3月，默克尔飞往华盛顿，与美国时任总统进行首次会面。她刻苦地做着会议准备。她研究了1990年《花花公子》（*Playboy*）对特朗普的采访，该采访已成为政策制定者研习特朗普的标准范本。默克尔读了特朗普出版于1987年的自传《交易的艺术》（*The Art of the Deal*），甚至还观看了特朗普的真人秀《学徒》（*The Apprentice*）。

这场会面一开始就很糟糕。默克尔在椭圆形办公室的镜头前向特朗普伸出手，而特朗普没有回应。默克尔刻意的冷静和极具分析力的头脑都是特朗普所厌恶的。默克尔的助手说，默克尔学会了将复杂问题简化为通俗易懂的句子以便向特朗普解释。而特朗普认为这是默克尔目空一切的表现。特朗普当然有厌女的行为记录，有些人将此视作他不喜欢默克尔的原因。其他人则认为这是一种自恋式的怨恨，即特朗普厌恶全世界对除了他以外的人的赞美。

在特朗普上任18个月后，默克尔遗憾地总结道，她无法与特朗普建立任何有意义的关系。她所能希望的最好结果就是将这个问题控制在可接受的范围内。在2018年加拿大G7峰会举办之前，特朗普开始对欧盟和加拿大的钢铁和铝征收关税。特朗普曾宣布美国将退出与伊朗达成的国际协议，即《关于伊朗核计划的全面协议》（JCPOA），该协议承诺伊朗人可以换取制裁的逐步解除，只要他们销毁其浓缩铀库存。特朗普不仅拒绝参与其中，而且恢复了对伊朗的制裁措施，并声明美国将对与伊朗有贸易往来的国际企业实施进一步制裁。这对德国企业造成了沉重打击。

G7峰会的准备阶段很不顺利，但会议本身的氛围更糟糕。当默克尔发言时，其他所有在场的领导人都看见了一个呆坐不动、噘着嘴的特朗普。这张由德国政府官方摄影师拍摄的照片迅速在全世界传播开来。峰会结束时，他们设法拼凑出了一份平平无奇的公报，所有领导人都承诺实现"自由、公平和互利的贸易"。[26] 特朗普提前离席，前往新加坡与金正恩会面，金正恩对特朗普来说似乎比峰会上的人更加亲近。在回国的通宵航班上，默克尔被一名官员叫醒，并被告知美国总统撕毁了"G7 协议"。默克尔获知，特朗普不同意贾斯汀·特鲁多（Justin Trudeau）在 G7 峰会闭幕新闻发布会上所说的话，还对加拿大总理进行了严厉的批评。

关系在进一步恶化。2019 年，特朗普让美国退出了《巴黎协定》（The Paris Agreement）。尽管如此，法国总统埃马纽埃尔·马克龙（Emmanuel Macron）决定采取与默克尔完全不同的处理方式。马克龙没有冷眼旁观，而是把赌注押在了兄弟情谊上。马克龙邀请特朗普参加在法国革命纪念日当天举行的阅兵仪式。特朗普被法国军队迷住了，哀叹美国没有这样的军队供他检阅。仅仅在一年之内，马克龙的方法便失效了。但是，默克尔一定有着某些比其他领导人更能打击特朗普的特质。当时，特朗普通过他最喜欢的媒体（推特）抓住一切机会攻击默克尔。"德国人民正在反抗他们的领导人，因为移民正在打击本已脆弱的柏林中央政府。德国的犯罪率正在上升。"特朗普在推特上写道，"欧洲竟然允许数百万人如此强烈且暴力地改变他们的文化，这是一个贯穿整个欧洲的巨大错误！"[27]

特朗普派遣了一位老牌鹰派人士、福克斯新闻频道评论员理查德·格雷内尔（Richard Grenell）前往柏林担任美国大使。格雷内尔上任后定期地谴责德国政府。他发誓要在整个欧洲"赋予保守派权力"。[28] 他所指的并不是默克尔，而是默克尔身边越来越多的民族主义者。一些德国议会议员要求外交部部长将格雷内尔归为"不受欢迎之人"。虽然默克尔拒绝这样做，但这也充分说明了德美关系的崩溃程度。

特朗普的态度虽然不讨人喜欢，但这也不意味着他的所有批评都是枉然。特朗普对俄罗斯和北溪天然气管道项目的担忧是合理的。最具有争议性的话题是国防开支，而这早于特朗普担任美国总统时期。2014年，在加的夫举行的北约峰会上，北约成员国纷纷同意"朝着"在2024年实现国防开支占GDP 2%的目标迈进。虽然进展缓慢，但这也算是一种进步。当时，只有三个国家达到了这一目标。德国并不是唯一的落后者。但是，考虑到国家规模和经济实力，德国的差距是最显眼的。五年后，有八个国家或多或少地超过了2%这一门槛。还有一些国家的成果并不理想，比如加拿大、意大利和西班牙等。德国的国防开支仅占GDP的1.24%，政府承诺将于2025年将占比提升至1.5%。不过，这也可能是一个过于乐观的估计。

在1990年之前，德国一直符合北约在军费开支方面的要求。20世纪80年代中期，德国国防预算与社会预算大致相同。两德重新统一改变了许多德国人的优先级排列。随着苏联军队逐渐撤出民主德国，选民开始寻求和平的收益。人们认为，既然重振德国东部垂死的经济和基础设施建设需要很多钱，为什么不从多余的军费开支上想办法呢？当有人指责德国国防开支过低时，政客们总会以民意调查为挡箭牌。

皮尤研究中心（Pew Research Center）于2019年进行的最新全球态度调查显示了许多德国人对大西洋联盟的矛盾心理以及希望与俄罗斯和解的心情。[29]在过去五年间，对北约持正面看法的德国人从73%下降到57%。法国民众的下降幅度更大，这一数字从71%下降到了49%。当被问及他们的国家是否应该履行北约成立条约第5条北约的共同防御义务时，只有34%的德国人表示应该，这远远低于欧洲的中位数。当被问及是与美国还是与俄罗斯建立牢固的伙伴关系更重要时，39%的德国人选择了前者，25%的德国人选择了后者。只有保加利亚人对俄罗斯的印象比较好，当然也只是好一点点。

1990年，德国联邦国防军有50万人。2018年，德国联邦国防军招聘人数降至历史最低点，只有2万人加入。当时，差不多有2万个军官级别和士官级别的职位是空缺的。现在，德国武装部队大约有20万人。德国联邦国防军已经开始积极主动地招募人员，并尝试使用YouTube吸引更多年轻人。在就业率接近100%的情况下，许多德国的年轻人并不会考虑去军队发展。在德国，军人的存在感很弱。与法国、俄罗斯、英国和其他国家不同，德国没有公开展示和钦慕军事力量的活动。当士兵离开营房时，他们总是会换上便衣。2011年，征兵的终止不太像一个中右翼政府会做的决定。最初，所有德国年轻人都必须服兵役，但如果他们真心地拒绝参军，那么他们可以选择文职。最大的例外是统一前西柏林的民众，因为他们理论上仍被盟军控制，这赋予了这座岛城某些独特的个性。自结束征兵和关闭基地以来，德国大片地区与武装部队没有联系。基民盟的一些政客试图游说默克尔，希望重新实施全民义务文职兵役，但默克尔拒绝了。军队也因此失去了专业力量。许多工程师离开军队，去私营企业从事薪酬更高的工作。最明显的问题还是军事硬件的退化。德国一度只有不到一半的军用运输机、龙卷风战斗机和欧洲喷气式战斗机是可以随时迎接战斗的，另外六艘潜艇全部停止运转。[30]

俄罗斯在克里米亚和乌克兰东部的军事行动迫使人们开始重新思考国防力量。自2014年以来，德国的国防预算已经增加了40%，但整体基数仍然较低。默克尔说，这样的增长"从德国的角度来看是一个巨大的进步"。[31]换句话说，这也让我们松了一口气。尽管有很多批评声，但德国参与的军事合作关系网络比其他欧洲国家更多。德国与其九个邻国中的六个拥有联合军事单位。为了支援前线的北约伙伴国，在所谓的"增强前线表现"的决定下，德国向立陶宛派遣部队，德国人与向爱沙尼亚的英国人、拉脱维亚的加拿大人和波兰的美国人一同行动。德国空军也前往爱沙尼亚开展军事行动，帮助其抵御侵犯其领空的飞机。德国与波兰、丹麦有一支联合部队，德国与荷兰也有一支联合部队。德国向伊拉克库尔德"自由战士"提供了武器和人力支援。德国龙卷风战斗机在伊拉克和叙利亚上空执行空中侦察任务，协助由美国领导的当地部队。德国联邦国防军部署在西非的马里共和国，代表联合国维和部队执行任务。

德国国防方面最重要的进展是"永久结构性合作"（PESCO）协议的建立。"永久结构性合作"是一个框架性协议，欧盟27个成员国中的25个已在此基础上启动了30多个联合军事项目，包括无人机战争、太空监视、直升机训练、医疗指挥、快速网络响应和海上反雷对策等。还有一个"联合间谍学校"也在计划之中，将由塞浦路斯和希腊负责。"永久结构性合作"的目标之一是共同"发展防御能力并用于欧盟军事行动"。[32] 2019年初，德国时任国防部部长的冯德莱恩宣布："欧洲的军队已经粗具规模。"[33] 法国人和德国人在这一战略上存在分歧。2018年，马克龙率先制定了"欧洲干预倡议"，旨在面临可能威胁到欧洲安全的危机时，欧盟能够立即采取军事部署措施。法国将欧盟视为一支潜在的军事力量，而德国对此更为谨慎。默克尔一直拒绝将欧盟设为北约的替代方案。默克尔与美国人之间的麻烦已经够多了。

杜伊斯堡是重工业化的鲁尔区内陷入极大困境的城市之一。几年前，杜伊斯堡市市长提出了一项改造计划，彻底地改变了这座城市的命运。该计划的主角是中国。在这座城市华丽的市政厅内，我会见了杜伊斯堡的中国发言人约翰内斯·普鲁格（Johannes Pflug）。他向我介绍了他得到这个职位的故事。几年前，作为一名联邦议院议员，普鲁格率代表团访问中国。他们受邀观看了一组幻灯片。幻灯片直白地展示着德国地图，上面标明了两个城市——柏林和杜伊斯堡。普鲁格不知道为什么杜伊斯堡会被标注出来。他说："我非常有礼貌地告诉他们，他们可能想要标注的是汉堡或慕尼黑。也许他们在音译中犯了一个错误，本来指的是杜塞尔多夫。"

然而，这并不是错误。中国人已经在这个地方押下了自己的赌注。他们想让杜伊斯堡成为整个欧洲最重要的目的地。正如德意志帝国计划修建一条从柏林开往巴格达的铁路一样，中国也有自己的"一带一路"倡议。为什么是杜伊斯堡呢？其实，地理位置一直是这个城市最宝贵的资产。16世纪，一名佛兰德地图测绘员杰拉杜斯·麦卡托（Gerardus Mercator）在杜伊斯堡度过了生命中的最后30年。他在那里出版了一本欧洲地图集，这是历史上第一本覆盖整个欧洲的"地图集"。麦卡托雕像就矗立在杜伊斯堡市政厅的附近。实际上，如果你把一根大头针插在一张当代欧洲地图的中间部分，它可能就会落在杜伊斯堡附近的某个地方。杜伊斯堡位于莱茵河和鲁尔河的交汇处。高速公路自南向北、自西向东地穿过这里。杜伊斯堡不仅拥有欧洲最大的内陆港口，而且离杜塞尔多夫国际机场不远，还位于欧洲大陆铁路网络的中心位置。

杜伊斯堡物价低廉，地理位置优越，并且迫切需要投资。货物可以从杜伊斯堡经由公路、铁路、轮船或驳船穿越欧洲及其他地区。市长很快就同意了合作计划。后来，习近平前往德国进行国事访问，其间专程参观了杜伊斯堡。那一天，恰逢挂着红丝带的货运列车"中欧班列"驶达，乐队演奏着鲁尔区的传统采矿歌曲，当地儿童举着中文横幅欢迎他的到来。2020年，每周有60列火车往返于中国和德国。这些班列从上海、武汉、重庆或成都出发，途经哈萨克斯坦、俄罗斯和波兰向北行驶，最终抵达杜伊斯堡。它们运来衣服、玩具和电子产品，然后载着德国汽车、苏格兰威士忌、法国葡萄酒等返回中国。那些横幅上写着:"我们是德国的中国城市。"

中国的投资产生了立竿见影的效果。与物流业务息息相关的杜伊斯堡港口公司(Duisport)扩张程度如此之快,以至它已经可以挑战德国首屈一指的汉堡港了。杜伊斯堡附近正在修建商务中心,可以为那些想要开辟欧洲市场的公司提供一个落脚点。你很难在杜伊斯堡听到人们对"一带一路"倡议的批评声,无论是从政治家口中还是从媒体报道里。本地报纸《联邦德国汇报》(*Westdeutsche Allgemeine Zeitung*)的记者马丁·阿勒斯(Martin Ahlers)表示,这都是因为中国为杜伊斯堡创造了大量工作岗位。

中国在杜伊斯堡的投资只是伟大图景的一部分。中国为修建一条连接布达佩斯和贝尔格莱德的铁路投入了10亿欧元,并且收购了具有显著战略意义的希腊港口比雷埃夫斯。此外,中国还在白俄罗斯首都明斯克郊区的森林中建造了一座新城,以便在欧盟和俄罗斯之间拥有一个生产中心。

出口无疑是德国经济的命脉。对于闻名世界的德国品牌来说,出口很重要。几十年前,德国在中国身上押下了一个长远赌注。所以,德国现在比大多数国家更容易受到中国的影响。自中国改革开放以来,德国企业如潮水般涌入中国。中国需要汽车、高端工程和技术。随着数亿新消费者的出现,德国看到的是一个可靠的合作伙伴和一个庞大的市场。在"重新夺回"民主德国市场并在东欧国家重新整合之后,德国企业家动身前往了更远的地方,譬如亚洲。他们将政治问题留给政治家,尽管他们坚信着"改变是通过贸易达成的"这一座右铭。

20年后发生的两起事件让人们对这个观点产生了怀疑。一起发生在德国境内,另一起发生在海外。2016年,德国高端产业的宠儿被资本盯上。尽管德国相信自由市场的所有原则,但德国人一直小心翼翼地保护着他们的国家骄傲。库卡机器人公司(KUKA)就是这样一家企业。它最初诞生于1898年，来自美丽的南部小镇奥格斯堡，是一家典型的家族企业，从单一产品（专精于设计和建造路灯）起家。一个世纪后，库卡机器人公司已成为世界领先的工业机器人开发商之一。中国人正在世界范围内寻找能够满足两个长期发展计划（"中国制造2025"和"工业4.0"）要求的收购目标。这些计划旨在将中国从低成本、劳动密集型的模仿转变为全球创新的领导者。随着经济增长放缓，中国政府鼓励企业"走出去"（投资海外企业），以提高技术能力并寻找新的市场。仅在那一年，中国企业就完成了价值110亿欧元的对德国企业的收购。[34]

出乎意料的是，制造冰箱和空调的中国巨头美的公司提出以每股115欧元的价格收购库卡机器人公司，它对库卡机器人公司的估值达到46亿欧元——溢价近60%。尽管遭到库卡机器人公司股东、部分管理层和工会的反对，但由于寻找另一位买家未果，美的还是获得了库卡机器人公司90%以上的股份。[35]许多市场参与者认为这次私人收购是中国海外投资的蓝图。尽管许多人呼吁德国政府对此进行干预，但默克尔什么也没做。德国经济部宣布没有理由停止这项收购。德国商业皇冠上的一颗明珠一夜之间变成了一家中国公司。

德国工业联合会（BDI）制作了一份关于中国战略布局的详细报告。"我们意识到，经济上的融合并不会促使市场民主化。这只是一种错觉。"一位商业领袖告诉我，"此外，这还意味着国家会补贴企业。由于国家补贴的存在，中国开出的收购价格远远高于市场价。"在一次德国工业联合会举办的研讨会上，人们探讨了三种广泛意义上的应对方式。一是企业只能接受被收购的现实，可以在接下来的5~7年尽可能地赢利，然后被淘汰。二是企业立即将自己从中国手中赎回。三是企业想出一个新的行动纲领。企业可以自行决定在哪些方面是可以与中国合作的。德国最终选择了第三种方式，这是一种妥协，也是一个很大的转变。德国工业联合会发布的报告引起了轩然大波。该报告将中国称为"系统性竞争者",并指出西方正在与中国进行"经济体系的较量"。[36] 德国工业联合会提出了50多项政策建议,包括更积极地援引和利用欧盟补贴法案。

与此同时,德国议会通过了一项法案,以此赋予政府审查并阻止非欧盟公司购买德国敏感行业公司10%以上股权的权利,之前为此设定的股权审核门槛是25%。该法案适用于德国国防和安全公司,经营能源、电力和电信等"关键基础设施"行业的公司以及媒体。德国时任经济部部长彼得·阿尔特迈尔(Peter Altmaier)宣布了"2030年国家工业战略",将大力发展从航空航天到绿色技术、从3D(三维)打印到汽车等战略性行业,使德国重新获得行业领先地位。

欧盟紧接着制定了一项"十点计划",这标志着欧盟整体的工业战略转向防御性。德国的保护主义倾向也公开化了。第一个被叫停的收购项目与计算机芯片制造商爱思强(Aixtron)有关。一年后,德国政府利用另一种策略阻碍了另一项收购。一家德国国有银行受联邦政府指示出价购买了德国输电系统运营商50赫兹(50Hertz)20%的股份,这阻挠了中国国家电网公司对50赫兹的入股。德国联邦政府经济部和财政部表示,德国"十分在意对关键能源基础设施的保护"。[37] 对于德国和其他西方大国来说,政治默许是经济收购案例中的典型问题。

默克尔坚决支持欧盟的强硬路线,但是她在外交领域的行动非常谨慎。两个混乱局面接踵而至。第一个局面是美国时任总统特朗普决定在贸易领域打击中国,对来自中国的各种商品征收额外关税,这会造成毁灭性的后果。第二个局面源于德国商业自身。德国政府刚刚决定对中国采取强硬的立场,企业老板就产生了不同的意见。一些人认为德国工业联合会所发布的报告过于尖锐。我们举个例子,大众汽车一半以上的利润都来自中国市场。正如其他企业意识到的那样,与中国政府站在对立面是错误的。

中国正在努力地维护自己的国际形象。默克尔于 2019 年 9 月前往中国访问，这是她执政生涯中 12 次正式访问中的最后一次（自她上任以来，几乎每年都有一次）。一个德国企业家代表团也在此次访问中随行。在去中国的路上，德国企业家给了默克尔一份敏感问题清单。当默克尔向李克强提出这些问题时，德国企业家却保持沉默，没有支援她。据那位告诉我这个内幕消息的德国高级安全官员说，默克尔对德国企业家将她置于孤立无援境地的行为感到非常愤怒。

除此之外，默克尔还面临着另一个困境。德国的数字化基础设施非常落后。根据经合组织的数据，德国的 4G 网络速度在 29 个国家中排在第 24 位。有一家公司可以向德国提供最有效的解决方案，那就是华为。华为在欧洲电信行业占据重要地位。德国电信公司（Deutsche Telekom）多年来一直在使用华为的技术支持服务。华为手机在德国市场排名第二，仅次于三星手机，领先于 iPhone（苹果手机）。在 5G 技术方面，华为为数不多的竞争对手包括思科（在窃听丑闻后，并非所有德国人都会喜欢这家美国公司）以及爱立信或诺基亚。据说，华为的方案是技术最先进且性价比最高的。默克尔的总理府和以商业为导向的经济部都赞成将合约交给华为。默克尔在没有事先告知内阁的情况下公开宣布，德国政府不会阻止任何公司参加投标程序。"她被汽车制造商们干扰了。"一位资深议员告诉我，"她害怕经济报复。"德国议会对此强烈反对，默克尔被迫重新考虑。让默克尔感到一丝宽慰的是，她并不孤单，欧洲其他国家的政府也面临着同样的两难困境。它们必须做出选择：中国的高性价比技术还是美国人的愤怒？英国议会已经批准了约翰逊在特定条件下继续与华为合作的议案。这当然会让华盛顿非常不满，但特朗普的抱怨似乎为时已晚。

人们普遍批评德国的外交和安全政策，认为这些政策软弱且混乱。

德国政府拒绝支付满足北约标准的军费支出，这显然破坏了德国对联盟的公开承诺。德国军事硬件的退化削弱了其参与战争的能力，甚至包括防御性战争。这些都是亟待解决的问题。

自两德重新统一以来，德国在国际上的地位发生了怎样的变化呢？德国马歇尔基金的扬·特考（Jan Techau）向我展示了一个有趣的视角。他争辩说，科索沃战争给人们带来的突破感其实是错觉。他说："只有当我们开始因国家利益而非'奥斯威辛'来考虑改变德国的军备设施时，我们才是真正的改变了。"

德国仍然缩在战争结束后的保护壳内，不愿意参与军事行动。20世纪50年代至80年代，德国采取这样的立场是合适的。事实上，德国也是如此被要求的。但自两德重新统一以来，随着其他西方大国的实力日渐衰落，这种立场已经站不住脚了。"对于我们来说，安全需求方面的增长已经超过了我们所能提供的范围，"特考补充道，"我们认为我们已经到达了极限，而其他人认为我们是在拖后腿。"这里还有另外一种解释。欧洲外交关系委员会的乌尔里克·弗兰克（Ulrike Franke）说："德国的和平主义基于一个负反馈循环——公共、媒体、政治，这是德国人道德优越感和自豪感的来源。"德国是想用以理服人的方式代替外交政策吗？弗兰克的观点在德国外交政策专家中并不少见。根据这一分析，德国的立场并不是因为德国谨慎或信心不足，而是因为德国采取了一种与激进的盎格鲁－撒克逊国家不同的策略，德国"克服"了侵略性外交。这种方式可能有一些优势，但这不应该被夸大。像往常一样，历史因素不能被忽视。特考将英国和德国进行了比较："你们总是相信你们站在历史的正确一边，即使你们把事情搞砸了。英国人已经向自己的情节妥协了，你们的身份认同感基于你们伟大的过去。所以，你们活得非常自在。然而，我们需要规则。当德国人冒进时，他们完全不信自己最终会站在正确的一边。这就是他们不想冒险的原因。"在我看来，这是最有说服力的论点。德国选民完全不希望德国与任何国家开战，可能是因为他们从过去的历史中吸取了太多的教训吧。

不过，在未来的几年，世界上会发生几次常规性军事干预呢？当叙利亚的反对派迫切地需要帮助时，奥巴马设置了安全界限，但并未采取任何行动。英国议会也拒绝了卡梅伦向叙利亚出兵的请求。在没有美国庇护的情况下，英国不见得有单独行动的军事能力或影响力。与此同时，特朗普的"美国优先"论粗暴地重申了美国的国家利益高于一切。愿意开战只是外交和安全策略的一个方面。德国的谨慎往往是美国、英国以及法国等傲慢国家所缺乏的。德国承担了维护和平以及多边主义的重任。

德国已然知晓，未来之路并不平坦。2017年5月，在一次于慕尼黑郊区的啤酒花园内举行的党派集会上，默克尔发表了一番非凡的讲话："我们可以依赖他人的时代已经结束了。这是我最近领悟到的道理。如果我们想变得强大，我们就必须在未来更主动地掌握自己的命运。"[38] 默克尔后来在接受采访时进一步说明，德国与美国的联系减弱并不是因为她与特朗普之间的问题，而是因为美国改变了自己的优先顺序。她说："可以这么说，欧洲不再是世界的中心了……美国对欧洲的关注度正在下降——对于任何一位美国总统来说都是如此。"[39]

这是"美国治下和平"的终结吗？

美国如同战后德国的黏合剂。无论某些德国人的反美情绪多么强烈，大多数德国人认同"山姆大叔"在重建德国和重振经济方面发挥的积极作用，他们知道美国人会维护德国。战争结束后，美国军队长期驻扎在德国境内，这使德国人开始重新相信自己。没有美国人，欧盟也许就不会成立。现在的德国同样在动荡时期产生了一股反省情绪。"人们真的应该感谢特朗普，"《时代周报》评论员伯恩德·乌尔里希

（Bernd Ulrich）和约尔格·刘（Jörg Lau）写道，"德国外交政策的常量与原则（欧洲一体化、多边主义、以人权和法治的名义参战、以规则为基础的全球化）受到了美国政府的质疑，这一事实构成了巨大的智力性和战略性挑战。未来，由于必要性，欧洲必须在没有美国帮助的情况下独立行动，甚至可能会站在美国政府的对立面上。"[40]

在特朗普就职美国总统之前，德国不可能将自己定位为美国的对手。虽然德国人现在很难想象这种情况，但他们眼睁睁地看着他们所珍视的价值观被本应成为自由世界领袖的美国人全面践踏。

通常，人们会说或做一些可以概括某个时期的事情。德国外交政策部门负责人托马斯·巴格（Thomas Bagger）于2018年底在相对鲜为人知的学术期刊《华盛顿季刊》（*Washington Quarterly*）上发表的一篇文章就是一个例子。他首先讨论了福山的论文，并以此为两德重新统一定下了基调："在一个以两次站在历史上错误一边为标志的世纪即将结束之时，德国终于发现自己这次站在了正确的一边。"人们相信冷战时代已经结束、民主取得了胜利，并且每个人都可以平静地开始新的生活。他们必须仰仗这一信念。除去历史不谈，这就是德国人的身份认同感。"虽然有些国家可以回归到戴高乐主义式的外交政策思维传统，也或多或少地拥有一系列明确的国家利益，不需要依赖于自己与其他国家的融合，但德国并非如此。"自1945年以来，德国人对未来的预期完全是线性的。这种预期基于从1990年开始的假设：各国将逐步改革成为开放市场和自由民主主义国家。1975年的《赫尔辛基协定》（The Helsinki Final Act）——承认领土完整和尊重人权——无疑是一个伟大的里程碑。在苏联解体后，中欧和东欧的部分国家开始向西欧国家学习，并改变自己。挫折应该是暂时的："因为在关于历史终结的想象中，专制主义并不存在，所以这些不顺只可能是最后的喘息和反常情况。"[41]

当我与巴格一起坐在位于贝尔维尤宫的总统办公室时，我们一起讨论了英国脱欧（一个不可避免的话题）和一些欧洲更普遍的问题。我注意到特朗普直接地批评了默克尔和马克龙，与此同时却张开怀抱拥抱非自由主义右翼领导人：从欧尔班到勒庞，从意大利的马泰奥·萨尔维尼（Matteo Salvini）到波兰的雅罗斯瓦夫·卡钦斯基（Jaroslaw Kaczynski）。"特朗普面临的不仅仅是政策上的分歧，"巴格说，"他的做法如同釜底抽薪，让德国外交政策失去了自己的锚点。"然后，他讲了一句让我深受触动的话："我们的问题在于，我们希望每个人都和我们一样，从历史中吸取教训。"

这是德国面临的最大挑战，但同时也是德国的杰出成就。默克尔为她的人民提供了稳定。她从真正意义上做到了这一点。但当她离开世界舞台时，她的继任者将不得不使选民相信，这条舒适的毯子要被拿走了，历史终结不过是一种幻觉，自由民主的存在不再是理所当然的。

要想了解德国，你必须去美丽的边境城市亚琛看一看。我漫步在亚琛狭窄的小路上，街上的路标指向荷兰的瓦尔斯小镇或比利时的凯尔米斯，它们都离亚琛很近。你可以购买一张名为 EUREGIO（欧盟区域）的火车票轻松往返于三个国家。亚琛是一个充满美丽、学术、科学、文化和悲剧的地方，是德国和欧洲故事的缩影。这里是第一次世界大战德国人向佛兰德斯人出兵的前线地带，也是 1944 年 10 月美国坦克穿越齐格菲防线的阵地。在希特勒投降前整整 6 个月，德国的这个小城处在盟军控制下。战后，这座城市成为民主重建的实验台。

亚琛是欧洲的中心，是西欧文化的摇篮。亚琛是查理大帝（9世纪的法兰克国王）的象征，他将欧洲的大部分地区收归麾下。在随后的几个世纪里，从奥托大帝到拿破仑，许多伟大的战士、领袖、思想家和传教士都使用查理大帝的名字，因为查理大帝代表着他们想要的一切：仁慈的君主，神圣的捍卫者，以及飞扬跋扈的征服者。1806年，拿破仑在巡视自己的新领地时宣称："我就是查理大帝！"希特勒也曾经试图占有查理大帝之名。

1949年，一位名为库尔特·菲佛（Kurt Pfeiffer）的本地商人提议设立一个奖项，以表彰为欧洲服务的政治家。菲佛不是什么大人物。他在20世纪20年代接手了父母的服装生意，在魏玛共和国时期为各种民主党派提供资助。随后，他在朋友和同事的鼓励下于1933年加入了纳粹党。他拒绝抵制犹太企业，并被迫辞去当地零售协会主席的职务。但他仍然被认为是有污点的。战后，加拿大拒绝了他递交的移民申请。不过，美国人将他选为管理亚琛过渡政府的九名公民之一。菲佛向一个阅读小组提出，他想要设立一个国际奖项，以表彰"为西欧认知、社区共同体以及人权、世界和平方面做出巨大贡献"的人。这种贡献可以来自文学、科学、经济或政治领域。[42] 1950年，亚琛颁发了第一届查理大帝奖。在亚琛经过修缮的哥特式市政厅大堂中，一块大屏幕用多种语言列出了获奖者的资料。查理大帝奖的获奖者如同一本欧洲名人录。在奖项设立的第一个十年间，其获奖者包括让·莫内（Jean Monnet）、罗伯特·舒曼（Robert Schuman）、阿登纳和丘吉尔。接下来的是雅克·德洛尔（Jacques Delors）、克林顿、教皇约翰·保罗二世（Pope John Paul II）和瓦茨拉夫·哈维尔（Václav Havel）；名单上还有罗伊·詹金斯（Roy Jenkins）、泰德·希思（Ted Heath）和布莱尔。在那段日子里，人们还期待英国会在欧洲舞台扮演重要角色，而如今……

一路走过市政厅和城市博物馆，我最后抵达了大教堂。市长带我参观了加冕宝座，据说它是由从耶路撒冷圣墓教堂运来的大理石制成的。历史上共有30位德意志国王在这里加冕。这座拥有著名的八角形屋顶的宏伟建筑在1656年的大火和第二次世界大战期间被毁坏又被多次重建。市长告诉我，这里收藏着欧洲各地的战利品，从拜占庭到意大利北部的拉文纳，如同整个欧洲大陆从东到西的集合略缩体。当我们告别时，他说："如果罗马的圣彼得大教堂属于世界，科隆的大教堂属于德国，那么亚琛便是欧洲真正的家。"如同应和一般，一群男男女女恰好路过教堂广场。男女老少，背着背包，戴着自行车头盔，手拉着手，一起唱着欧盟的盟歌——贝多芬的《欢乐颂》。他们仍然传承着查理大帝和一个联合的欧洲大陆的精神。

从阿登纳到戴高乐，从马克龙到默克尔，法国总统和德国总理都选择将这座城市作为达成和解的见证地，并在此重拾他们关于欧洲的誓言。欧洲是德国解决自身问题的一种一劳永逸的尝试。对于法国人来说，一个联合的欧洲可以确保其东部边境永远不再受到威胁，同时不会重蹈赔款和凡尔赛宫的覆辙。除了政治重建和集体防御外，相互依存的工业和能源安全也是欧洲所需要的。建立欧洲煤钢共同体的计划最初由莫内构思，并由舒曼于1950年提出。在1957年的《罗马条约》（Treaty of Rome）、1987年的《单一欧洲法令》（Single European Act）和1992年的《马斯特里赫特条约》（Maastricht Treaty）的框架上，欧盟诞生了。

除了某些外交政策外，几乎没有英国人了解这些欧洲的里程碑事件。相比之下，欧盟是德国教学大纲的一个重要部分。学生从高中时期便开始学习欧盟四大支柱——欧盟委员会、欧洲议会、欧盟理事会和欧洲法院。他们非常了解哪些事情由国家层面决定，以及哪些权力被移交给了布鲁塞尔。我发现，德国人通常对欧盟没有不切实际的幻想。他们承认所有国家都有合法的，且在某些情况下并不相同的国家利益。他们知道自己仍然是被人怀疑的对象。他们知道德国整个战后重建和复兴的过程都基于欧洲的理念，因此他们在主权方面的妥协是不可避免的。以货币为例：德国马克是一种备受崇敬的货币，它与梅

赛德斯 - 奔驰或宝马一样，是德国最引以为傲的宝藏。而德国人在2002年为了欧洲一体化废除了它，这实在是太了不起了。德国一直接受自己作为欧洲支付者的角色，其贡献远远超过英国。欧元这一货币联盟加剧了富国与穷国之间、谨慎与挥霍之间（在旁观者眼中）以及欧洲南北之间的不平衡。2007—2008年全球金融危机结束后的债务危机让许多欧洲人发觉，那个过于强大的德国又回来了。如同传染病一般的经济问题不仅袭击了希腊，还袭击了爱尔兰、葡萄牙等国家。2011—2012年，近一半的欧元区成员国政府垮台。欧洲中央银行和国际货币基金组织是希腊救助计划的主要设计者，但它们提出的条款非常严格。其实，幕后的关键人物是德国。毕竟，救助所需的大部分资金将由德国承担。紧接着，一场更广泛的讨论论证着经济崩溃的原因、经济发展未能提高生活水平，以及贸易顺差与凯恩斯经济学之间的对与错。但无可争议的是，希腊承受了严重的经济折磨。对此，不仅是希腊人，还有欧洲大部分地区的人都在讽刺德国是好战的日耳曼人。希腊在公共场合展示着自己发自肺腑的敌意（雅典挂着默克尔的海报，她的脸上画着希特勒的小胡子），这对德国人来说是痛苦的。然而，大多数民意调查显示，德国政府所采取的强硬路线得到了民众的广泛支持。德国人很难理解，更不用说同情那些他们认为的在经济方面不负责任的人。

在欧盟中，最相互依赖的关系是德国和法国之间的关系。支撑这种相互依存关系和欧洲中心性的是已有60年历史的《爱丽舍条约》（Élysée Treaty）。面对麻烦且遥远的美国，加上一个已经是局外人的英国，德国前所未有地需要法国。两国领导人之间的紧张关系并不罕见，但每当有需要时，两国都会在关键时刻携手共进。施密特和吉斯卡尔·德斯坦（Giscard d'Estaing）在20世纪70年代后期的全球货币危机期间就是如此，如同科尔和密特朗在两德重新统一时期以及施罗德和希拉克（Chirac）在伊拉克战争时期。

默克尔与法国时任总统尼古拉·萨科齐（Nicolas Sarkozy）和弗朗索瓦·奥朗德（François Hollande）合作密切。那时，德国总理总是与法国总统在同等的位置上。自从马克龙凭借"前进"（En Marche）运动上台以来，默克尔一直在挣扎。默克尔讨厌马克龙的装腔作势。默克尔认为，马克龙对特朗普和普京的张扬姿态说明了他是天真且不可信任的。马克龙也不在乎默克尔对他的看法，甚至没有告诉默克尔自己的计划是什么。反过来说，马克龙对默克尔那种死气沉沉、拒绝与他一起建立新欧洲的态度感到失望。

具有讽刺意味的是，在政策方面，德国人最认同的合作伙伴很可能是英国。因此，德国人围绕英国脱欧产生的痛苦是真实的，但他们已经放下了。2019年，在一次于柏林举行的英德晚宴上，德国时任司法部部长卡塔琳娜·巴利（Katarina Barley）给出了一个令人心痛的预言："即使将来我们与你们拥有一致的意见，我们也会与你们疏远，因为家庭对我们来说永远是第一位的，而你们不再是我们的家人。"作为半个英国人，她一定知道这种感受。她的父亲就来自支持英国脱欧的林肯郡。在英国脱欧发生后的几周内，巴利的警告似乎应验了。英国的外交官和其他人目睹了自己被排除在重要讨论之外的速度有多快。

德国需要一个联合起来的欧洲，这不仅仅是为了贸易，也是为了使命。正如默克尔本人所渴望的那样："我把欧盟视作我们的人寿保险。德国太小，无法单独产生地缘政治影响。"[43] 德国必须确保，无论英国脱欧和民粹主义会造成怎样的动荡，欧盟都能生存下来。与此同时，特朗普的卸任也不意味着美国会将注意力重新放在欧洲身上。

作为一名孩童，德国受到保护的时间太久了，比它预想的应该受到保护的时间长得多。而这一切都已经结束了。随着美国和英国的声誉的下降，德国发现自己目前的处境非常艰难，它必须扛起自由民主的大旗。德国是欧洲的基石，必须发挥重要的作用，并且很可能需要做出艰难的取舍。这是默克尔的继任者和未来几代德国人所面临的最大挑战。

5

经济奇迹

德国的经济奇迹及其余波

杜塞尔多夫附近的诺伊斯小镇上有一个工业区,这里是欧洲的寿司中心。至少蒂姆·霍尼曼(Tim Hornemann)是这么认为的。霍尼曼的一位老同学汤姆·博尔岑(Tom Bolzen)刚刚开着他的保时捷汽车从机场将我接到这里。寿司加工厂的停车场停满了各种各样的最新款梅赛德斯-奔驰、宝马和奥迪。在简单地介绍了一下情况后,霍尼曼带着我们进入工厂车间。我费了一些力气才把自己裹进那些像纸一样薄的一次性工作服、发网和面罩中。规则就是规则:寿司卷和顾客之间一定不能有任何细菌。

霍尼曼的公司是一家典型的德国公司。虽然这家公司是全球性的,但它的忠诚度是地方性的。它是德国植根于小城镇中的数十万家中小型企业(营业额低于5 000万欧元,员工不多于250人)中的一家。德国中小型企业雇用了德国约四分之三的劳动力,创造了一半以上的经济产值。中小型企业是德国的经济支柱,也是社会支柱。

霍尼曼的低成本寿司占据了大部分市场,在大型连锁超市艾德卡(Edeka)、雷沃(Rewe)、奥尔奇(Aldi)和利德尔的柜台中出售。他本应该跟随父亲的脚步从事香肠贸易,但一次前往加利福尼亚的旅行让他改变了自己的方向。他对百货公司里售卖生鱼的吧台印象深刻，并决定把这种充满异国情调的产品带回家。开始时，他并不顺利。他和他的兄弟将他们的创业行动命名为"海啸寿司屋"（Tsunami Sushi Bar）。他说："当时没有人知道这些词是什么意思。"那是2004年，他只有28岁。现在的他已是寿司之王。他的公司名为Natsu（夏天之意），主要从挪威进口冷冻的三文鱼和大虾。该公司利用最先进的机器解冻生鱼、蒸米饭（来自瓦伦西亚），并附上芥末（来自中国）。流水线上的工人大部分来自东欧，他们负责精准且高速的切片工作。寿司做好后由卡车和集装箱运往德国和欧洲其他地方，最远可至苏格兰。

我们讨论着商业和道德问题。我告诉霍尼曼和博尔岑，无论我走到哪里，人们都会告诉我德国老板极具社会意识，但我有点不相信这句话。他们认为我不应该怀疑。德国与其他国家最大的不同在于，这里的企业家对本地的忠诚度很高。霍尼曼说："当我想到把我的公司卖掉时，我会胃痉挛。"博尔岑补充道："你的邻居不再尊重你，你是在逃避责任，你会被人们称为胆小鬼。"公司的老板也不应该凌驾于他人之上。对于德国领导人来说，他们应该努力成为最棒的组织的一员，而不要试图成为最棒的人，也不要自夸。他们承认他们的生活是很轻松的，特别是与他们的父母和战后一代的生活相比，毕竟他们不用从头开始建立公司和社区。我谈到了大众汽车管理层在尾气排放丑闻期间的所作所为。他们回答道："那些人是混蛋，他们毁了自己的声誉，他们以为自己无所不能。"霍尼曼和博尔岑总结道，跨国企业是一回事，而德国中小型企业是另一回事。

本地企业必须做到一个好公民应该做的事情，不会因为赞助了运动队和音乐俱乐部而被人们感谢。这是本地企业应该做到的事情。"一起干"（Mitmachen）也是他们对我的要求。我度过了一个沉浸在德国小镇风俗中的悠长周末。每个地方似乎都与下一个地方融合在一起。我们乘坐着保时捷汽车去了门兴格拉德巴赫。博尔岑是一位建筑师，他设计的公寓楼要么是碳中性的，要么是碳负性的。他带我去了一栋环保建筑，还带我看了位于地下室的太阳能电池。居民可以售卖他们用不完的能源，以换取抵扣金。博尔岑的家在一个原始的住宅区，风景极佳，漂亮且环保。我不好意思问这如何才能与他的保时捷、雷克萨斯以及其他两辆家用车匹配得上。

这个中小型企业经理人团队的第三位成员是罗杰·布兰茨（Roger Brandts）。自19世纪中叶以来，门兴格拉德巴赫就是一个知名的纺织城市，其大部分服装生产活动早已不复存在，被转移到了中国和土耳其等生产商那里。现在，门兴格拉德巴赫因许多专业的工程公司而出名。弗朗茨·布兰茨（Franz Brandts）是纺织业的先驱人物，当年在英国学会了如何使用动力织布机，并将这种机器带回了故乡，使服装生产工作工业化。但弗朗茨·布兰茨与一个狄更斯式的雇主完全相反。19世纪80年代，在俾斯麦的时代，为了保障员工及其家人的福利，他成立了一个充满天主教信仰的协会——第一个确立工人权利的协会，其权利包括住房、教育和医疗保健。该协会是家长式的，并且是当今德国社会市场经济概念的先驱。罗杰·布兰茨是布兰茨家族的第四代后裔。我们坐在他们家族企业的旧楼里。现在这栋建筑看起来像是一个野生动物园帐篷。他们在前段时间对家族企业进行了清算，但是他们没有打算改变工作路线。在学习了纺织技术之后，罗杰·布兰茨在皮克与克洛彭堡百货公司（Peek & Cloppenburg）找到了一份关于快速通道管理方案的工作。1998年，他被派往南非实习六个月。他碰巧看了电影《走出非洲》（*Out of Africa*），并决定创建一个服装品牌，从而让人们联想到电影角色所穿的衣服。

罗杰·布兰茨说："我父亲当时有整整六个月的时间没有跟我说话。"外人很难理解他的决定，因为很少有德国人会一时兴起而放弃一份稳定的工作。他预计需要六万德国马克（当时价值约等于两万英镑）才能购买一季服装、一辆汽车和一台电脑。他不得不向银行贷款。银行也不喜欢风险，所以给罗杰·布兰茨定下了高达7%的利率，并限定他五年内还清。他以电影中的一位主角、英国贵族猎手丹尼斯·芬奇·哈顿（Denys Finch Hatton）的名字为他的公司取名为"芬奇·哈顿"。我问他，希望在他的服装品牌中重现怎样的形象。他说："日落时分，躺在野外的金合欢树下，喝着杜松子酒，享受着美食，好好地放松。"这个场景很有殖民色彩，真是太英式了。事实证明，这一概念很受欢迎。芬奇·哈顿现在被出口到55个国家，包括俄罗斯、中国、新西兰和巴基斯坦。

门兴格拉德巴赫是一座整洁的、不起眼的城市，也有常见的社会问题（毒品、深夜里的反社会行为和老旧的市中心）。因为拥有覆盖整个地区的良好公共交通系统，门兴格拉德巴赫被许多人作为宿舍小镇，人们在白天会乘坐火车前往诸如杜塞尔多夫一般的富裕城市。大家聚集的地方只有一个，那便是当地足球俱乐部的主场——普鲁士公园球场。人们称这座城市为德国的曼彻斯特：拥有纺织、工业和足球。尽管门兴格拉德巴赫球队已不如从前，但它的球迷基础非常牢固。罗杰·布兰茨和霍尼曼拥有观看球赛的行政商务包厢，因为他们的公司是球队赞助商。我和博尔岑一起走上阶梯式看台，这个场景瞬间将我带回了20世纪七八十年代。观看比赛的人只能站着，很多观众在吸烟（这是我非常讨厌德国的一点）。服务员背着一个巨大的啤酒桶穿梭在人群中，为球迷的玻璃杯续满啤酒。大笔资金正在涌入德国足球界，但除了两家德甲俱乐部之外，其他俱乐部的大部分股权由球迷持有。任何有将球队出售给俄罗斯或阿联酋富翁的想法的人，都将被视为背叛。

我来到法兰克福以南的曼海姆，这是一个被遗忘的工业小镇。我约见了睿怡科技（VRmagic）的创始人马库斯·席尔（Markus Schill），他创办了这家专门从事医疗保健的公司。在附近的海德堡大学完成物理学学业后，席尔获得了博士后学位，主要研究方向是模拟软组织在承受压力时的反应与表现。他想到了颅骨切除手术，这是一种切除部分颅骨以减轻头部因受伤后肿胀而产生压力的手术。他解释说，早些时候，培训外科医生进行这种手术最长需要四天时间。席尔有一位严厉的导师，他告诉席尔应该努力实现实时化。恰巧，席尔正在读一本关于虚拟现实的书。于是，席尔决定设计一个模拟器——类似于飞行员模拟飞行的机器。在此之前，外科医生必须在患者身上进行手术练习，他们将失败视为学习的一部分。1998年，席尔申请第一笔资助，但德国研究基金会拒绝了他。德国研究基金会阅读了他的商业计划，不相信他能实现这个计划。他说："银行问我预计市场规模有多大。我说不知道，我从来没有想过。"他找到了另一种筹集资金的方式：通过风险投资家和当地的家庭基金会筹集资金。三年后，他创办了自己的公司。他在刚开始的时候很艰难。他说："我们完成了一台机器，但机器的第一个版本总有各种各样的技术问题。"他把这台机器放在了他的办公室里，供后人参考。好在他的投资者仍然支持他。他继续说："德国的融资环境是很保守的，你必须通过某一个人认识新的人。他们抓住机会的速度很慢，但通常情况下，如果你的想法在其他地方取得了成功，那么他们会愿意向你注资。"

除了区域化、家庭关系和社会责任，德国中小型企业的另一个关键特点是重视专业化。许多企业家都靠着单一产品（某一个特定的机械工具或某一种家用电器）起家并大获成功。他们的专业知识范围很窄，但他们往往垄断了全球市场，孜孜不倦地专注于扩大客户群体，并确保自己在竞争中始终处于领先地位。席尔的手术模拟器在大多数国家的市场中占据着主导地位。睿怡科技在全球范围内为白内障手术提供数百种型号的产品，在曼海姆拥有70名员工，在美国马萨诸塞州的剑桥市设有基地。我问席尔是否会出售公司。他斜眼看着我说道："我热爱科学。我认为我是在帮助医学，而不是为了钱。"

有两个统计数据值得注意：一是德国GDP的80%来自家族企业，二是三分之二在世界范围内取得成功的德国中小型企业位于人口总数少于五万的小城镇。如果单看德国西部，虽然那里的小城镇人口有所减少，但流向大城市的人数远远少于其他国家（法国、英国、波兰或西班牙）。留在原地的不仅仅是家族企业，跨国巨头同样分布在德国各地：梅赛德斯－奔驰和博世在斯图加特；西门子和宝马在慕尼黑；蒂森克虏伯在埃森；大众汽车位于沃尔夫斯堡；阿迪达斯位于纽伦堡以北的黑措根奥拉赫；巴斯夫位于莱茵河边的港口城市路德维希港；软件巨头思爱普位于海德堡以南的一个叫瓦尔多夫的小城。在西方世界的大多数国家，工业和商业已经严重富集于主要城市，而在德国，先进的制造业、国际化的业务范围和区域主义相辅相成。

最重要的一点是，恰恰是这些小企业让德国与众不同。商业战略家和作家赫尔曼·西蒙（Hermann Simon）创造了"隐形冠军"（hidden champions）一词。"隐形冠军"描述的就是我刚刚提到的那些专注于某一领域的企业。它们的成功源于全球化和自由贸易。企业负责人通常是典型的偏执狂，一心一意地致力于单一事业或产品。他们通常会避开人们的视线。西蒙写道："在令人惊讶的商业成功之下，隐藏着一个完全未被关注的领导智慧之泉。"[1] 他列出了全球范围内2 700家这样的公司，其中有一半公司来自德国。美国、日本和中国排在其后，其他欧洲国家则完全不在列表中。

路德维希·艾哈德（Ludwig Erhard）于1948年推进的激进改革对振兴战后德国经济有着立竿见影的效果。当时的德国人每周会缺勤大约十小时，因为他们必须花时间在附近搜寻食物和其他必需的基本生活用品。在改革实施后的几个月内，每周缺勤时间下降到了四小时。在货币改革和取消价格管制的前夕，德国工业生产水平大约是1936年的一半。到1948年底，德国工业生产水平是1936年的80%。[2] 耶鲁大学经济学家、美联储理事亨利·沃利奇（Henry Wallich）在他于1955年出版的著作《德国复兴的主要动力》（The Mainsprings of the German Revival）中写道："这个国家的精气神在一夜之间改变了。那些在街上四处游荡、寻找食物的灰色的、饥饿的、看起来死气沉沉的人活了过来。"[3] 1958年，德国工业生产水平比十年前高出了四倍。在此期间，德国经济平均每年增长8%，这一数字是欧洲主要经济体的两倍。到1968年，也就是在将德国化为废墟的战争结束后不到20年，联邦德国的经济规模超过了英国。这种增长趋势"无情"地持续着。2003年，德国成为东欧最大的出口国。2005年，德国超过美国成为印度的主要机械进口国。最令人印象深刻的是，2003年，德国超过美国成为世界上最大的商品出口国。

诸如此类的数据只能说明故事的一部分。经济奇迹是一项伟大的社会工程。艾哈德于1949—1963年担任德国经济部部长，1963—1966年担任德国总理，他被称为"经济奇迹之父"。国际上也将德国在20世纪下半叶的经济转型称为莱茵河奇迹。支撑莱茵河奇迹的是"社会市场经济"，这一概念由经济学家和社会学家阿尔弗雷德·穆勒－阿马克（Alfred Müller-Armack）提出。阿尔弗雷德寻求的是一种既有市场自由又有社会保护的"新综合体"。根据该理论，政策制定者应该引导市场创造最大的财富，然后以社会正义的名义进行财富重新分配。换句话说，这其实是让每个人都有参与感，让每个人都觉得自己在经济发展中发挥了作用。在此语境下，公司治理的核心是共同决策制。共同决策制于1976年被写入法律，要求大型企业确保监事会的一半席位交由经工会选举产生的工人代表。对于中型企业，这一比例是三分之一。正如普通员工在会议室里不会感到不自在一样，许多德国老板也会毫不犹豫地在食堂与自家员工共进午餐。

在其他国家，特别是美国和英国，雇主和工会这种分权体系通常被视为十分危险的结构，但其实早在工业革命初期，德国就已经发展出了自己的变体。德国只有在纳粹统治下才消灭过劳工组织。随后，在撒切尔主义和里根主义的盛行的20世纪80年代，一些德国人开始重新考虑现有的制度，想知道盎格鲁-撒克逊国家所推崇的"雇用他们，解雇他们"的方法是否对经济增长更有利。科尔尝试了两种改变劳资关系的方法：一是减小集体谈判的使用范围，二是削减劳资委员会的权力。但这两种方法都早早地被企业否决了。雇主们早就认识到，一个拥有强大工会并受到监管的系统远比一群更弱势、更愤怒且更难以预测的工人代表更优越。

我与几个对这两种方法都十分熟悉的人进行了交流。于尔根·迈尔出生于奥地利，在他十岁时，他的母亲与一位英国人再婚，于是他搬去了利兹。（他记得当时他总是被欺负、被取绰号……德国人和奥地利人其实都一样。）他从柴郡康格尔顿的西门子工厂的基层干起，然后变成厂长，最终成为西门子的英国大区负责人。他喜欢英国那种非正式的工作场合。他列举了德国几个与众不同的属性，比如领导力、社会结构、职业培训和长期主义。他说："我从20世纪90年代初起就认为德国模式终将失败，我的预测一次又一次地被证明是错误的。德国模式确实奏效了。"

麻省理工学院、加州大学伯克利分校和德国就业研究所最近共同发表的一份研究报告，对董事会中有员工的和没有员工的德国中型企业进行了比较。该研究的发现是值得注意的。第一类公司的固定长期资本存量比第二类公司高出40%~50%。换句话说，让员工加入董事会可以带来更多的投资。实行共同决策制的公司的工资水平上涨更高，但仍与产值保持一致。两类公司的收入增长速度大致相同，第一类公司的赢利能力略高于第二类公司（衡量标准有所不同）。简而言之，共同决策制对公司发展的影响是积极的。然而，经典的自由市场主义者通常期望位列董事会的员工是自私自利的，期望他们阻止改革，并为自己榨取更高的酬劳。

我在德国工业联合会与人们讨论了"负责任的资本主义"，这一概念直到最近才逐渐被其他国家认识到。德国工业联合会执行委员会成员斯特凡·迈尔（Stefan Mair）称赞了德国工会的美德，还谈到了财富再分配。他说，德国老板很重视股东的利益，但这不是他们的唯一目标，"对社会凝聚力进行投资是极好的"。我请他解释一下。他说，规定一个对市场有益的发展框架，与此同时，制定能使经济收益被公平分配的制度和规范，并照顾好员工，这就是对社会凝聚力的投资。在金融危机期间和之后不久，德国公司一直尽其所能地避免裁减员工。员工可以做短时工作①，可以提前休年假②，也可以休无薪假。人们认为订单数量终将上升，他们不想再重新招聘或培训新人。为了保住工作，员工接受了这种短期的牺牲。他继续说："这有助于我们较快地从经济危机中恢复，这是一个理性的决定。"

德国模式包括强大的制造和工程产业，高额出口，稳健的公共财政，高科技的产业基础，以及团结一致的社会。

德国最近经历了经济衰退，但已经渡过了难关。在整个20世纪90年代和21世纪第一个十年，德国经济增长率低于欧元区的平均水平。吸收民主德国这一拥有1 600万人口、数千家过时烟囱工厂和有着50年中央计划经济历史的经济体所带来的冲击，可能会让其他国家

---

① 短时工作会使工资按工时比例减少，但仍保有工作岗位。——译者注
② 德国法定带薪年假为每年20天，实际上企业常见的年假天数可达每年25~35天。——译者注

崩溃。当初的人们都嘲笑德国如同恐龙一般笨拙。于1999年6月发表于《经济学人》(*The Economist*)的著名社论评价道:"随着经济增长再次停滞,德国被人们称为'欧洲病夫'(甚至'欧洲的日本')。"[4]柏林的政策制定者和政治家对此心知肚明。德国经济体制的优势突然被视为弱点,德国对稳定的渴望导致劳动力市场过于僵化,而这个重视福利的国家在此时显得过于慷慨。

德国的价值观受到了冲击。2003年,施罗德出人意料地连任了。他实施了一系列激进的经济改革方案,这是自1948年艾哈德改革以来从未见过的规模。德国因此伤得很重:失业率上升至9.5%,预算赤字接近GDP的4%。[5]德国经济增长仍然停滞不前。劳动市场被完全扼杀,失业者有权拒绝任何工作机会,就业市场几乎无法运作。政府对此提出的解决方案是成立一个委员会。该委员会由15人组成,由大众汽车的人力资源总监彼得·哈茨(Peter Hartz)担任主席。该委员会提出的大部分关于培训、税收和国民保险的改革没有争议,但涉及社会市场经济五个要素中的第四个(社会福利待遇)的改革引起了极大分歧。在推进改革的过程中,施罗德得到了其反对党基民盟的支持,他的政党并没有支持他。他不得不以辞职来威胁社民党。他非常珍惜他所得到的一切援助。德国新教和罗马天主教会也非同寻常地公开表达了其对政府经济改革措施的支持,声称这是让人们重返工作岗位的唯一途径。

经济改革措施于2003年12月经联邦议院审议通过,并于2005年1月正式生效。即使到现在,这些措施仍然备受争议。该计划将失业和社会救助一揽子整合到一个系统中,削减了那些鼓励提前退休的奖励,并使雇用兼职人员和合同工变得更加容易。最具分歧的是,失业救济金被降低到失业前工资的二分之一,而此前这个比例是三分之二。人们最多只能领取一年失业救济金,而此前他们可以无限期地领取这项福利。失业人员即使只有一次没有去就业中心参加找工作会议，也可能失去部分失业救济金。政府为此设定的口号是"促进和挑战"，即在支持人们的同时也向他们提出一定的要求。施罗德和他的朋友布莱尔一样，痴迷于国际上流行的词语，因此德国的经济改革中也充斥着诸如"就业中心"（Jobcenter）和"迷你工作"（Mini-Job）等词语。

施罗德将德国推向了全球市场都在面对的严酷现实，背离了德国的社会共识。社民党为此付出了代价。施罗德在他于2005年召集的选举中落败。许多左翼人士在寻找替罪羊。在竞选过程中，社民党主席弗朗茨·明特弗林（Franz Müntefering）猛烈抨击外国投资者，称其"利润最大化战略"对民主构成了威胁。他如此说道："他们不要脸，就如同蝗虫一样扑在德国企业身上，将企业生吞活剥之后又去寻找下一个受害者。"[6] 由于"蝗虫"这个词曾被纳粹用于反犹太主义宣传，所以明特弗林不得不公开道歉。

继施罗德后接任总理的默克尔收割了经济改革的果实，并同时与那些政治纷争保持距离。默克尔非常聪明，没有与施罗德的行为扯上关系。德国的竞争力和生产力上升，失业率下降，资金回流。德国企业直奔发展蓬勃、信贷充裕的东欧和金砖国家（巴西、俄罗斯、印度、中国、南非）。德国出口再次飙升。在金融危机前的七年里，德国的出口增长了75%，而其竞争对手的出口仅增长20%。[7] 德国再次征服了世界。德国通过自己独特的资本主义模式做到了，尽管这种社会市场经济存在缺陷，但德国成功地实现了经济持续增长和相对来说更大的社会凝聚力两项成就。

2005年，经济历史学家维尔纳·阿贝尔斯豪瑟（Werner Abelshauser）出版了一本极具开创性的书《德国工业的动力：德国通往新经济和美国挑战的道路》（*The Dynamics of German Industry: Germany's Path toward the New Economy and the American Challenge*）。他坚持认为，

美国和德国这两个20世纪的主要经济体在20世纪80年代之前的关系一直很紧密，只是随着里根和撒切尔夫人及其导师米尔顿·弗里德曼（Milton Friedman）引入的放松管制和快速致富文化才开始渐行渐远。后来，阿贝尔斯豪瑟在接受《时代周报》的一篇名为《我们不是最富有的吗？》（Are we not the richest？）的采访中论证道，2008年的金融危机证明了德国模式的道德性和有效性，这说明德国人并不像其他国家的人那样有强烈的个人占有欲。相反，他们寻求的是一种共同富裕的感觉。他说："在德国，国家历来被视作一名担保人。"[8]

有证据支持阿贝尔斯豪瑟的观点。德国的股票市场参与度远不及其他国家。尽管德国存款利率极低，有时甚至是负利率，但是德国人都在努力存钱。他们几乎把所有的储蓄都用于养老和人寿保险。目前，德国已售出超过一亿份保单，这比德国总人口还多。价值不是通过高风险投资创造的。当然，这也可以分开讨论。事实证明，德国银行贪婪之心不弱；德国也有相当多的逃税者；德国人热爱德国自产的奢侈品，崇尚度假，并为汽车疯狂。撇开这些不谈，德国的社会状态对那些自由市场主义者来说是一种文化冲击。

在哈茨的改革之后，一切政策的核心都是降低风险。"缓慢但踏实"是德国的常见心态。寻求员工与领导之间的共识也许会降低自发性或速度，但德国人认为经济成功与社会凝聚力之间并没有矛盾。这个国家的非凡之处在于，除了几个短暂的时期外，其经济一直保持强劲增长，且似乎没有人过度工作。法国法律规定员工每周工作时间不得超过35小时，明确禁止雇主强迫任何员工工作超出此限，尽管他们可以在双方都同意的情况下用加班时长换取假期。这项法案于2000年推出，旨在促进法国的就业和生产。根据所使用的评判标准不同，这项法案的效果有好有坏。德国没有僵化地处理问题，但在某些方面比法国走得更远。由于工会在公司董事会中占有席位，德国没有出现法国那样无休无止的罢工浪潮。在德国，罢工是最后的手段。如果罢工真的出现了，双方通常会妥协。

然而，2018年初，工人赢得的一项让步标志着新时代的到来。德国最大的工会——五金工会（IG Metall）与相关企业达成了一项协议。在该协议中，电气和金属行业的所有员工都可以选择在两年内每周工作28小时，以便有时间照顾孩子、老人或生病的亲属。同时，该协议规定企业要大幅提高工人时薪。[9]雇主必须在两年结束时恢复员工的全职工作状态（如果员工愿意的话）。这在整个业界产生了多米诺骨牌效应，德国铁路运输工会（EVG）也达成了类似协议。值得注意的是，德国邮政的员工可以选择在两年内加薪5%或额外获得100小时左右的假期。当代表他们的工会及服务人员对这些邮政员工进行民意调查时，有56%的人选择了额外假期，只有41%的人选择更多的薪资。

德国人称之为"放慢速度"，其更广为人知的名字是"工作与生活的平衡"。德国早已在不影响产出的情况下达到了这一平衡。多年来，德国的生产力一直为人所嫉妒，尤其是工作时间很长的英国人。2017年，英国商务大臣格雷格·克拉克（Greg Clark）指出："英国人花费五天时间才能完成德国人四天的工作。这意味着德国人的工资水平更高，或者说他们需要的工作时间更短。这对英国经济而言是一个长期的挑战。"[10]

奇怪的是，作为一个为社会市场经济感到自豪的国家，德国直到2015年才引入最低工资标准。这比法国整整晚了45年，比英国晚了16年。不仅雇主抵制这一标准（全世界的雇主都会这样做），工会也抵制。德国工会认为这是看轻了它们的谈判能力。它们争辩说，虽然最低工资标准对于其他国家来说是必要的，因为那里的员工没有其他依靠，但在德国，员工已经得到了共同决策制的保护。鉴于工会会员人数正在减少（尽管减少速度比其他国家更慢），工会的论点更多源于自身利益而非坚持原则。在该法案最终于2013年通过并于2015年生效之前，约有10%的德国人（几乎是没有工会保护的）的收入低于该法案规定的每小时9.9欧元的最低工资水平。

德国的个人舒适度和社会稳定性不仅仅源于人们的实得工资。在德国，员工向雇主寻求指导和保护是一种传统。企业把员工与变幻莫测的市场隔离开来，并向他们提供保险、社交俱乐部和归属感。欧洲改革中心的克里斯蒂安·奥登达尔（Christian Odendahl）解释说："社会市场经济对选对轨道的人来说是很棒的。但如果你不在正确的轨道上，那么你最终会进入服务行业谋求生活，而服务行业从业人员常常被视为二等工。"他指的是灵活就业的从业人员，他们仅拥有非正式合同或零小时工作合同，主要从事清洁、安保或送货等工作。自雇人员或自由职业者在德国被认为是有风险的，所以人们对这类职业不太感兴趣。更普遍的是，很多德国人看不起服务行业。这当然也有例外。人们认为保险业和银行业是成熟的，尽管公众情绪对银行业并不像世界其他地方那样积极。在英国，服务业产出占经济总量的80%，这个数字要比德国高得多，许多英国人将服务业视为未来，将工业生产视为"夕阳产业"。英国创意产业每年带来的经济收入超过1 000亿英镑。[11]对德国人来说，创意基本上意味着"娱乐"。不过，高级文化又是另一回事。例如，在德国，古典音乐家通常非常受人尊敬，但他们的价值源自艺术才能，而不是经济效用。

德国的创新速度很慢。德国在许多数字领域（从无现金支付到电子政务）处于落后状态。西门子CEO凯瑟尔告诉我："我们通常是掌握大权之人，这使得我们在面对具有破坏性的创新时通常会采用防御性应对方式。"我们讨论了失败造成的社会耻辱感。我举了一个例子，一位不到25岁的韩国企业家曾在一次会议上自豪地宣布自己正在进行第五次创业。他的前四次尝试都失败了，但这一次成功了。"快速失败"一词在美国和亚洲都非常常见，企业家对此习以为常。凯瑟尔指出，美国人可以轻松地在当地法官办公室的一层援引《美国破产法》第 11 章申请破产，然后立刻上楼创建一家新的公司。德国不是这样的。德国 DAX 指数中最年轻的公司是软件巨头思爱普，它成立于 1972 年，这或许可以解释为什么德国对创新技术和创业文化的接受速度很慢。2020 年，苹果公司的市值等于所有位列德国 DAX 指数的公司的市值之和。

然而，德国人正在奋起追赶。2010 年中期，柏林的初创公司比例是欧洲所有城市中最高的。在过去的几年中，风险投资对德国科技公司的投入平均每年增长 60%~80%。其中，大部分资金流向了首都柏林，如今的柏林正在与伦敦争夺欧洲最聪明的人才。法兰克福和慕尼黑对投资者的吸引力越来越大。德国拥有许多成功的创新型企业，尤其是在电子商务和区块链领域，例如在线时尚零售商 Zalando、食品外卖公司 Delivery Hero、音乐共享平台 SoundCloud，以及风投机构 Rocket Internet 和 Cherry Ventures 等。其中元老应属创立于 2000 年的比价网站 Idealo，当时的科技行业刚刚起步，而现在人们蜂拥而至。比尔·盖茨（Bill Gates）投资了一个科学网络，他在微软的继任者史蒂夫·鲍尔默（Steve Ballmer）在柏林市中心创办了一家加速器公司。德国的企业集团也在加入投资者的行列。斯普林格曾经是一家老派报业集团，如今也与保时捷联手创办了一家名为 APX 的加速器公司。APX 和其他类似的公司一样开在柏林的僻静地带，邻近查理检查站。公司员工通常是穿着连帽衫和 T 恤的千禧一代①和 X 世代②年轻人。人们很难

---

① 千禧一代是指出生于 20 世纪末的未成年，在跨入 21 世纪（2000 年）以后达到成年年龄的一代人。——编者注
② Z 世代是指 1995—2009 年出生的人，也指新时代人群。——编者注

分清谁是德国人，因为每个在那里工作的人都讲英语。来自苏格兰的凯蒂·坎贝尔（Katy Campbell）每周一晚上都会为女性企业家上课。她说，她找不到任何可以与柏林媲美的城市。

柏林的特殊氛围对科技行业来说有好有坏。谷歌已经在柏林市中心的核心地段扎根，但仍希望进一步扩张。经过民众为期两年的抗议，谷歌在柏林建立第七个园区（科技企业的创业中心，已在伦敦、马德里、特拉维夫、华沙和其他地方建成）的计划被否决了。谷歌随后将目光放在了克罗伊茨贝格的一处废弃变电站上。谷歌认为这是一个完美的选择，因为那里已经有谋智网络（Mozilla）、共享办公企业WeWork等互联网公司了。但谷歌没有考虑那些拒绝硅谷大型企业入驻的本地人，这群本地人拥有柏林创意工厂（Factory）。我和马丁·埃勒（Martin Eyerer）一起走过这栋曾经是爱克发相机（Agfa）工厂的建筑。埃勒白天是这里的首席创新官，晚上则摇身一变为德国最知名的DJ（唱片骑师）。克罗伊茨贝格是企业集团（西门子、奥迪、戴姆勒）和潮人的混合体。创意工厂的会议区还设有一个可以躺着的软球床。在创意工厂的4 000名员工中，有三分之一是德国人，其余的员工来自70多个国家。当初，克罗伊茨贝格本地的嬉皮士对拥入的潮人十分不满。埃勒说，他们认为这些外来者过于"资本主义"。然后，他补充道："这就像1968年之于民主德国。"①

埃勒的沮丧是可以理解的。不仅老年人拒绝变革，相当一部分年轻人和左翼人士也抵制变革。然而，我在一定程度上尊重柏林和其他城市的本地社区对外来和新兴事物的拒绝。在社会市场中，社区归属感是根深蒂固的。

德国的不平等程度虽然较低，但比人们想象的更不平等。基尼系数是衡量各国不平等程度的指标，在36个经合组织国家中，德国大约

---

① 民主德国于1968年通过了第二部《德意志民主共和国宪法》。——译者注

排在中间，比北欧略差，比法国略强，但比美国和英国好得多。自从施罗德时期的哈茨改革以来，德国社会的不平等加剧了。2019年，《福布斯》(Forbes) 杂志列出了120名来自德国的亿万富豪，这个数字是英国的两倍多，相当于每727 000名德国人中就有1名亿万富豪，这与每539 000名美国人中就有1名亿万富豪的数据相去甚远。人均收入与德国相近的爱尔兰只拥有6位亿万富豪。[12] 德国经济研究所最近发表的一份报告得出了一个引人注目的结论，即德国最富有的45个家族所拥有的财富等于德国一半人口的财富总和。[13] 在美国和其他国家，超级富豪占据着美国《福布斯》或英国《星期日泰晤士报》(Sunday Times) 发布的富豪榜。即使他们的名次有所下滑，甚至只下降了一位，他们也会觉得很不爽，但德国富豪不一样。无论德国富豪能不能榜上有名，他们都在竭尽全力地保持低调。

这些富豪中很少有"贵族世家"，因为大部分世家已被纳粹独裁统治和两次世界大战消灭殆尽。大部分超级富豪是通过中小型企业起家的。在德国富豪榜上排名第三的是利德尔超市的创始人迪特尔·施瓦茨（Dieter Schwarz）。利德尔超市的竞争对手阿尔布雷希特（Albrecht）家族排在富豪榜第五位。排名第十位的是伍尔特（Würth）家族，其公司位于巴登-符腾堡州的小镇昆策尔绍，专门生产螺丝和各种配件。大多数企业家选择将公司私有化，而非上市。有的人成立了家庭信托和基金会。他们可能拥有许多汽车、宽敞的房子、乡间别墅等常见的财富，但他们很少会在公共场合炫耀自己的财力。因为他们这么做会被视为没品。

在德国，理想住所意味着一栋漂亮小屋，周围都是善良、朴实的邻居。这些邻居不会惹是生非，不太富裕，也不太贫穷。街道既不破落，也不高调。德国家庭的人均净收入约为每年3万欧元，比经合组织的中位数高出约10%。但德国国内消费水平无法反映这一点。除了购买汽车、智能家居用品和去阳光充沛的地方过暑假外，德国并不是一个消费主义社会，其对购物时间的限制也证明了这一点。重要的是，你要谨慎地利用资源。德国家庭储蓄大约是美国或英国家庭的两倍。一个德国家庭通常拥有价值8 600英镑的储蓄和投资，而一个英国家庭仅有5 000英镑。

几乎一半的德国人在调查中表示，如果他们必须靠赊账消费的话，他们就会觉得尴尬。这与其他国家完全相反，尤其是与美国和英国相比。在英国，截至2019年12月，在十年内，个人债务总和已从1 800亿英镑增加到了2 250亿英镑。平均而言，每个英国成年人都背负着4 300英镑的透支、个人贷款和信用卡债务。[14] 这种情况对德国人来说如同诅咒一般。对德国人而言，重要的不是去购买可能造成风险的资产（德国的个人房屋拥有率是西方国家中最低的），而是确保一个人能拥有稳健的未来。德国的退休制度相对标准，拥有强制性国家养老保险、公司计划和私人计划。与其他国家一样，德国正尽可能在不引起过多社会动荡的情况下解决人口老龄化问题。德国的退休年龄将逐渐提高到67岁，还有人在讨论69岁退休的可能性。德国人的养老保险缴费比例也将增加，但是最高养老金额度将从税后工资的70%降至67%。这些都是需要深思熟虑的。

自金融危机以来，令公众不满的一个关键因素是工资停滞不前。收入水平较低的人深受其害。公司不裁员的另一面是工资限制。20世纪30年代初的大萧条仍然能激起人们对失业和通货膨胀的恐惧。德国对出口的倚重也是原因之一。德国能在如此多的市场占据主导地位的原因之一便是德国的单位劳动力成本一直保持在较低水平。

第一家向无家可归者分发蔬菜和水果的"餐桌"（Tafel）于1993年在柏林开业。正如它的名字，"餐桌"是德国第一家"食品银行"。其组织者表示，自哈茨改革以来，无法养活自己的人的数量呈指数增长。在靠"餐桌"过活的人中，有近一半的人是老人和儿童。虽然公众的捐款一直在增加，但被需求者的增加抵消了，尤其是2015年后拥入的难民无疑是巨大难题。这突如其来的人潮给政客带来了双重挑战：他们既要照顾难民的实际需求，又要处理政治问题。2018年，一家埃森的"食品银行"为了优先满足当地人需求而停止向移民发放免费食品，这引发了一场激烈的争吵。默克尔也加入了论战，称区别对待这群有需要的人是"不对"的。[15] 愤怒的"餐桌"负责人乔亨·布吕尔（Jochen Brühl）回击道："我们不会因为总理的政策后果而承担她的斥责。"布吕尔使默克尔重新回想起德国的"巨大的贫困问题""令人难以置信的低工资人口""基本福利不足""半斤八两的移民政策"。[16]

2015年，大约有1 200万德国人被归为贫困人口，其衡量标准（家庭收入低于人均中位数的60%）是国际通用的，他们的人均月收入低于900欧元。[17] 这是自两德重新统一以来贫困人口的最高数据。许多贫困人口属于所谓的"工作穷人"。社会福利金增加了他们的收入，但并不能带来显著改善。截至2015年，德国有近300万儿童和青年面临贫困，这一数据不到该年龄群体总数的五分之一。真正陷入隐性贫困的是老年人。在过去十年中，生活在贫困中的养老金领取者增加了33%，这一增幅远远高于其他年龄群体。[18]

在英国，约翰逊政府使用的时髦术语是"升级"，强调英国南北之间长期存在的投资和生活水平差距。实际上，战后的德国一直在处理这种差距。为确保中央与地区之间以及各地区之间的公平性，德国设立了均衡拨款政策。两德重新统一后的团结税将这一策略提升到了另一个层次。然而，尽管德国尽了最大努力，但地区之间的不平衡仍在增加，而且这种不平衡不仅仅在东部和西部之间。在过去十年中，德国95个地区中有35个地区的贫困率下降，其中包括许多东部地区，但超过四分之一的地区的同期贫困率增加了20%以上。[19]

德国北部的不来梅是德国最小的联邦州，它的贫困率是德国最高的（贫困人口占总人口的22%），主要原因是造船厂关闭，而且该地区无法创造和提供可持续的就业机会。除了民主德国的联邦州外，其他贫困率高的地区还包括汉堡（也有一些极富裕的社区）和西北部的石勒苏益格－荷尔斯泰因州。地理位置居中的黑森州也不再富裕。德国人口最多的北莱茵－威斯特法伦州仍然是问题最严重的联邦州，其原因很明显。本章开头描述的门兴格拉德巴赫也属于北莱茵－威斯特法伦州，但是出色的中小型企业是该州普遍缺乏的。从前，多特蒙德、波鸿和盖尔森基兴等城市以化工、钢铁和煤炭生产为基础，构成了德国的工业中心。埃森则是19世纪杰出的实业家、钢铁和武器制造商阿尔弗雷德·克虏伯（Alfred Krupp）引以为豪的故乡。

战争期间，鲁尔区是盟军轰炸机最主要的目标之一。美国时任财政部部长亨利·摩根索（Henry Morgenthau）在给罗斯福的备忘录中写道：“这里是德国工业实力的核心所在，我们不仅应该摧毁这个地区所有现存的工业设备，还应该对该地区进行削弱和控制，使之在可预见的未来内无法再次成为工业中心。”[20] 鲁尔区在盟军多次的轰炸袭击中被夷为平地。五分之四的建筑物被摧毁或严重损坏。许多幸存下来的居民逃往德国其他地区。战后，尽管有"经济奇迹"，鲁尔区的城镇还是落入了后工业地区经典的贫困和道德颓废陷阱。鲁尔区的人口减少了，但其失业率是德国平均水平的两倍。许多地方罕有人迹。市政府一直在努力尝试一些常见的举措，例如修建科技园区、大型零售店，或者吸引联邦级半官方机构落户。有的计划奏效了，但大多数计划没有奏效。

法兰克福面临着与鲁尔区不一样的挑战。在英国脱欧后，作为德国金融中心的法兰克福一直在竭尽全力地吸引全球的银行家。法兰克福的营销策略很巧妙，强调着法兰克福的商业、社会和文化生活的诸多优势。现代感十足的老城区使它更加与众不同。通过法兰克福国际机场，你可以轻松前往世界各地。在法兰克福，国际学校水准很高，房屋储备充足，人们去城郊也非常便利。

但有一个问题不容忽视，那就是德国的国际银行和本地银行一团糟。多年来，由于监管不严、贷款决策不佳、科技投资不足和官僚主义作风，法兰克福完全无法挑战作为全球金融中心的伦敦和纽约的地位。无论在哪个层面，德国的银行都缺乏资金。德意志银行曾经被认为是德国的"国家冠军"。而在过去的十年里，德意志银行成了德国民众的耻辱。德意志银行的堕落与世界上大部分银行相似，但这种傲慢、以身涉险和无能不应该是德国人的作风。当德意志银行在20世纪80年代后期决定与华尔街的巨鳄较量时，形势就开始恶化了。德意志银行以收购英国商业银行摩根建富（Morgan Grenfell）为起点，随后向欧洲市场进军，收购了马德里银行。1999年，德意志银行收购了总部位于纽约的美国信浮银行（Bankers Trust）。毫无疑问的是，德意志银行的下一步是在纽约证券交易所上市。德国人随后做了银行家都会做的事情，并因此陷入了次级抵押贷款骗局。即使市场萎缩，德意志银行仍然在继续出售这些有问题的抵押贷款投资产品。德意志银行也开始将赌注押在这些越来越没有价值的产品身上。

随着监管网络的收紧，德意志银行的回应不是道歉和反省，而是试图恐吓举报人。一项内部调查发现，德意志银行聘请了私人侦探监视那些它认为对银行有威胁的人（一名股东、一名记者和一名普通人）。2008年，德意志银行报告了五年以来的首次年度亏损，亏损金额达40亿欧元。[21] 德意志银行的瑞士籍CEO约瑟夫·阿克曼（Josef Ackermann）说："我们犯了错误，就像每个人都会犯错一样。"这是经典的避重就轻和推卸责任。阿克曼在2012年被免职。德意志银行的问题堆积如山。2016年，德意志银行因操纵关键的伦敦同业拆借利率而被美国和英国监管机构处以创纪录的20亿欧元罚款。次年，德意志银行又因未能阻止俄罗斯洗钱而被罚款5亿欧元。2019年，美国国会传唤德意志银行，要求德意志银行交出其与特朗普有关的文件。德意志银行是特朗普最大的贷方之一，即使在美国银行拒绝向他放贷之后，德意志银行仍坚持支持这位房地产大亨。

这家曾经有150年历史的古老银行正处于营收下降、技术过时、人才流失和巨额罚款的恶性下降趋势中。在政府的支持下，德意志银行制订了接管德国商业银行的计划——一个烂摊子与另一个烂摊子的合并，但它后来意识到这于事无补。于是，德意志银行开始削减成本，在全球范围内裁减了超过五分之一的员工，并缩减了自家投资部门。德意志银行和德国商业银行均将其股价减半，以吸引外部投资者。

陷入困境的不仅仅是跨国银行。德国一直以其区域银行系统州立银行（Landesbanken）而自豪。但这些州立银行被贪婪引诱，投资了许多垃圾资产。这些银行是公众存放储蓄的地方，没有人想到它们会违约。为了拯救这些州立银行，地方政府不得不制订救助计划（许多政府官员也是银行董事会的一员，当初也亲自参与了那些投资决策）。有的银行倒闭了，有的银行被合并了，有的银行被私有化了。由于利率为负、公众信心低迷且银行业自身也变得畏手畏脚，德国的银行基本无法参与国际角逐。好在，德国仍然健康的整体经济使之拥有充裕的现金，可以几乎不受银行业的困境影响而运转良好。

德国的另一个结构性弱点正在干扰经济发展并降低人们的生活水平，那就是德国的基础设施正在崩溃。破旧的校舍、摇摇欲坠的桥梁（据说德国4万座公路和高速公路上的主要桥梁中有八分之一处于不合格状态）、不稳定的互联网和资金不足的军队对于德国来说都是老大难问题。此外，德国还有火车不准时的问题，我可以保证德国火车绝对不会准点。在我的一次德国之行中，七趟火车中有六趟延误了超过

20 分钟。更糟糕的是，我身边的乘客对此只是耸了耸肩。"一直都是这样呀"，这是德国人在我激动地质问列车为什么不准点运行时给出的标准回答。火车经常延误的主要原因似乎是过高的运载量和过于复杂的轨道网络。20 多年来，德意志铁路的服务量增加了四分之一，城际列车、区间列车和货运列车被迫在现有轨道网络上行驶。德国人羡慕地看着法国的高速铁路系统，西班牙也有高速铁路。铁路行业和乘客的应对措施只是为出行预留出更多的时间。这完全不是最有效的处理方法，而且这与德国对守时的痴迷完全相悖。好在，德国火车的车厢还是很舒适的。

每个国家都有大型项目出错、失败、超出预算的经历。英国也有一长串的名单，从温布利球场到英国高速铁路 2 号工程，从圆顶体育场到横贯铁路。西班牙也有一个已经建成但从未有人入住的鬼城。法国曾计划在南特郊外建造一座大型机场，但它从未有机会面世。那德国呢？德国有一个臭名昭著的项目，甚至有一个棋盘游戏以此为主题，即《疯狂机场游戏》。该游戏的目标是尽可能多地浪费钱。玩家会抽到写着说明的卡片，例如建造很短的自动扶梯。该游戏的每个场景都源于实际发生的事。

人们最初的想法很简单。分裂的柏林有两个机场，都是在第二次世界大战后建造的，分别是西部的泰格尔机场和东部的舍讷费尔德机场。目前，这两个机场都过时了。柏林的机场完全无法容纳大型喷气式飞机。法兰克福是运载洲际航班的主要枢纽，慕尼黑是第二选择。泰格尔机场是如此小，以致联邦政府被迫将其官方喷气式飞机停泊在科隆波恩机场，只能在有需要时让它们飞来柏林。2006 年，柏林兴起了一股建设热潮，中央政府和柏林市政府共同决定在柏林东南部靠近舍讷费尔德的地方修建一个新机场，即柏林勃兰登堡机场。该工程于 2012 年竣工，并向整个德国发出了盛大开幕邀请，由总理发表主题演讲。突然，负责检查建筑物消防安全的当地官员叫停了这一切。他发现机场所谓的复杂烟雾探测器和自动报警防火门系统并不能运转。开幕仪式非常尴尬地被暂停了。新的管理团队入驻，并且发现了50万个故障，例如混乱的布线，而所有故障都必须被解决。

这些年来，柏林勃兰登堡机场已沦为笑柄，如同一个必须被维持下去的"波将金村"①。机场的火车站每天都会运行一班幽灵列车。在机场酒店，有一名负责打扫房间的员工，他会打开每个水龙头，以防止其老化。机场行李传送带也会每天转动一次。航班信息板也在运转：显示着到达和离开的航班，但使用的都是其他城市机场的数据。新的开幕日期被反复确定和推翻。勃兰特家族非常恼火，要求机场管理方将勃兰特的名字从机场名字中删掉。关于勃兰登堡机场失败的分析和讨论有很多，大多数混乱似乎都源于多层次的管理结构。没有人真正有权做决定。

另一个例子是"斯图加特21"，这是一个铁路工程项目，顾名思义，它应该在21世纪初问世。当时，该项目计划于1994年确定，但其设计耗时已达15年。这是有史以来最有野心的项目：整个火车站位于一个正常运转的城市之下。整个火车站需要将一座七层高、重15 000吨的建筑放在一个由40根几米高的柱子组成的全新地基上，这只是为了实现地下贯穿式车站的设计。整个火车站还需要在周围的群山中修建一个60多千米长的隧道。当地人不想要一个规模这么大的工程计划，并在法庭和街头抗议政府拆除原车站北立面的决定。这一争议最终被一场全民公投解决。该项目不会在2024年之前竣工。目前，这里是一片狼藉。

这可能是德国基建项目中代表着失败和延迟的两个最令人震惊的

---

① 波将金村是俄国将军波将金（Potemkin）为了讨好俄国女皇叶卡捷琳娜二世，不惜工本地在女皇必经路旁建立的豪华村庄，后成为一个做表面文章和弄虚作假的代号。——编者注

例子，但德国也有成功的重建案例。在两德重新统一之前，波恩开展了大量建筑工作，但由于政府所在地已被迁回柏林，波恩市政府和北莱茵－威斯特法伦州政府非常明智地决定将这些建筑改作博物馆，波恩如今成为德国的文化中心。整个德国东部的公路和铁路系统被彻底改造，许多城市的老城区也是如此，公共交通设施也有显著改善。最令人印象深刻的例子是汉堡。正在运转的汉堡港旁边出现了一个全新的区域，即汉堡港城（HafenCity）。这是欧洲最大的城中开发项目，占据了南部港区和仓库区的一个长条地块，并以木桩为地基修建了大批建筑。汉堡港城的标志性建筑是令人惊叹的德国汉堡交响乐音乐厅。汉堡港城的建筑工作如火如荼，起重机比比皆是，但所有建筑项目都必须遵守两项严格的要求：一是防洪性能要达标，二是可以提供社会住房。多年以来，作为德国第二大城市的汉堡一直是宜居城市，这也是城市规划者能力和远见的证明。这座城市的三分之一曾于1842年被一场大火烧毁，随后这座城市又在战争中被盟军轰炸夷为平地。

德国的基础建设水平曾令世界羡慕，如今风光不再。有些问题可以归结为管理不善，有的人认为这是中央政府拒绝拨款导致的。大部分人将其归结为"黑色的零"，这个术语听起来充满罪恶，而它实际上指的是一部旨在确保财政廉洁的法案。故事可以追溯至千禧年，当时的德国正在与高失业率和疲软的公共财政做斗争。在2008年金融危机后，德国联邦政府立即通过了一项平衡预算法案，禁止16个联邦州政府出现预算赤字，且联邦政府的结构性赤字被限制在GDP的0.35%以内。自2014年以来，德国联邦政府每年都达到了收支平衡。仅在2018年，德国财政部就有540亿欧元的盈余。[22]

德国的"债务刹车"法则是一种财政紧缩策略，很少有国家能如此有条不紊地实施这种策略。这也是默克尔时代为数不多的真正意义上的保守政策。这项政策迫使地方政府参与预算紧缩。最令人好奇的是，社民党对默克尔提出的这个政策表示了支持。与此同时，社民党也在拼命地与哈茨改革划清界限。随着经济增长放缓，要求改变策略的呼声越来越高。默克尔最初完全不同意这项政策。她曾公开谈到施瓦本的家庭主妇，说她们从来不会没有计划地乱花钱。① 她坚持认为，德国不断减少的年轻人群体"无法承受一直上升的债务"。[23] 然而，随着她的力量逐渐减弱，她被迫妥协。德国时任财政部部长奥拉夫·朔尔茨（Olaf Scholz）明确表示，他希望难以支付公共服务和基础设施费用的小镇能被允许将债务转交给联邦政府，以资助财政困难的地方政府。政府储蓄而非消费的承诺即将被打破。

面对这么多的问题，人们很容易得出一个结论：德国正走向衰落。对于德国来说，那段经济持续高速增长的岁月肯定已经结束了。每当德国陷入低潮时，其他国家总会幸灾乐祸。这次也不例外。反对者坚称，德国的经济模式已经崩溃。事实不是这样的。但是，德国确实需要做出改变。2019年，在世界经济论坛发布的全球竞争力报告中，德国的排名下降了四位，排在第七位（新加坡从美国手中夺走了榜首之位；欧盟国家中排名最高的是荷兰，位居第四；英国位居第九）。这份报告已有40年历史，其评估范围包括经济稳定性、公众健康、基础设施建设、创新和技术等12个领域。毫无疑问，德国需要在技术方面加大投入。德国在量子计算和人工智能方面的进度落后。德国也需要好好地整顿金融业。此外，德国还需要鼓励人们承担正确的风险——不是鲁莽的银行业投资项目，而是数字创新。德国必须鼓励国内消费并增加基础设施支出。最重要的是，德国必须鼓励企业家、董事会和工会行动起来，以适应未来的趋势和技术。德国经济研究所所长马塞尔·弗拉茨彻（Marcel Fratzscher）认为："在未来的20年，我们将不

---

① 2008年12月，默克尔曾在施瓦本地区发表演讲，当记者问到政府是否也要追随英美向银行业伸出援手时，她回答"我们不如问问施瓦本的主妇们"。——译者注

再需要稳定。在过去150年被证明有效的方法并不一定适合我们现在所面临的情况。"

当然，对于德国来说，仅仅有稳定是不够的，但这不是一个糟糕的起点。德国与生俱来的韧性会帮助它顺利地渡过下一个困难时期。几十年来，德国在研发方面的投入一直高于同类国家。德国生产力虽然有所下降，但仍然处于很高的水平。德国人可能会在结构设计上花过多的功夫，可能过于深思熟虑，可能接受变化的速度很慢，但他们的工业实力、现金储备和高技能人才储备是难得的优势。我们可以打赌，德国那些还处于落后状态的领域最终也会超过其竞争对手。德国的人口结构是有利有弊的。老龄化的德国需要不断增长的生产力，也会产生更多开支。但年轻一代的处境不会很糟糕，因为人才储备池很小，可供雇主选择的求职者并不多。在经济方面，德国别无选择，只能从海外引入人才和劳动力，以填补自身短缺。然而，这种做法在政治上的危险是显而易见的。

2014年，英国前首相戈登·布朗（Gordon Brown）的首席顾问斯图尔特·伍德（Stuart Wood）进行了以下比较分析。

> 我们不能复制德国经济或移植德国所植根的文化。但是，我们可以从协助实现当代最成功的高工资、高技术的经济制度和政策中学到很多。德国经济最令人心神向往的不是它所奉行的政策，而是它奉为基础的价值共识。德国坚定地推行自由市场经济，但它的资本主义是有组织和负责任的。这个"社会市场"建立在被广泛接受的规则和实践上：鼓励长期主义；在工作场所鼓励合作而不是冲突；激励雇主在员工的技能和生产力培训方面加大投入；确保所有地区都能繁荣发展，而不是仅仅发展某一个地区。[24]

德国在追求经济增长的同时促进社会融合。德国通过自己的方式创造了财富，与不受限制的自由市场完全不同。德国很早就意识到，如果不解决地区发展失衡的问题，国家就不可能成功。半个世纪以来，德国一直保持着不间断的增长，其就业率达到了两德重新统一以来的最高水平，其税收也大幅增加。自2014年以来，德国一直保持财政盈余，并偿还了大量债务，与此同时仍在增加支出，确保接近充分的就业情况。尽管德国存在种种担忧，但德国的表现仍然优于其竞争对手。德国相对轻松地渡过了金融危机（政府的应对方式是投资而不是紧缩）。德国向世界上100万个贫困的人敞开了大门。这些都是德国工程实力、长期主义精神、重视教育和职业培训的证明，也说明德国有能力应对变化甚至颠覆性的挑战。任何因德国身处逆境而滋生的幸灾乐祸都不会长久。

6

同室不操戈

一个团结的社会

在过去的 30 年里,德语协会(相当于法国的法兰西人文学院)每年都会选出一个年度短语。1982 年的年度短语是 Ellbogengesellschaft(肘部社会,意指残酷无情的竞争社会),1991 年的年度短语是 Besserwessi(更好的联邦德国人,意指联邦德国人无所不知),1998 年的年度短语是 Rot Grün(红绿,意指社民党和绿党组成的联合政府,这是绿党第一次成为联合政府的一部分),2003 年的年度短语是 das alte Europa(旧欧洲,乔治·W. 布什用这个词来形容那些拒绝与他一起参与伊拉克战争的欧洲国家),2007 年的年度短语是 Klimakatastrophe(气候灾难,还有哪个国家这么早就开始谈论气候灾难呢)。20 世纪 80 年代是华尔街、戈登·盖科(Gordon Gekko)叱咤风云的时代,人们都认为贪婪才是对的。在美国和英国,自由市场主义者主导着话语权,他们还试图将狂妄自大的咒语传播到世界各地。德国对这种理论很感兴趣,但也被吓坏了。资本确实可以创造生产力和财富,但德国更关心这些结果是如何达成的,以及社会在其中扮演了怎样的角色。德国人(社会市场的创造者)被告知他们太过于软弱。他们是时候做好准备、承担风险以及不再顾及穷人和不负责任的人了。德国人必须知道，他们如果不把鸡蛋壳敲碎，就没办法煎鸡蛋。

但德国人不这么认为。他们知道自己有时处事呆板。生活在德国的我经常因变化过于缓慢而感到沮丧。我也许比自己所能意识到的更像撒切尔夫人的子民。如今，美国和英国的每一个人都在谈论振兴社区、平衡地区差异、规定基本收入和缩短工作时长。然而，德国人已经做到了这一切。或者，更确切地说，他们一直在坚守阵地。虽然在美国、法国和英国，地区之间的不均衡是故意忽视的结果，人们拒绝帮助因重工业淘汰而落入窘境的社区，但在德国，大部分的类似问题是两德重新统一的结果，由垂死的东部经济遗产造成。

在德国，消费不是人们的主要休闲活动。德国领导人绝不会像布朗担任英国首相时所做的那样，告诉民众"购物是一项爱国义务"。德国人只在自己需要的时候买东西。德国限制购物的法案可追溯至1956年。德国商店的关门时间通常是工作日下午六点半和星期六下午两点。当我在20世纪80年代第一次前往德国时，我才真正领悟到限制购物的含义。波恩让我想起了我的童年：冬天，在早早就天黑了的星期日下午，没有一家商店开门，街上也没有一个人。即使在星期六，商店也在午饭后不久就关门了。至于工作日晚上（上班族真正有时间去购物的时候），这里也好不到哪里去。我只好经常去酒吧消磨时光，寻找慰藉。而最近，当我重返波恩时，我惊喜地发现这里变得更有活力了。在20世纪90年代政府搬迁之际，波恩从零开始建造了一个文化区，即博物馆区。这些建筑计划早在柏林墙倒塌之前就已经获得批准，当时没有人认为柏林墙会被拆除。不过，如今的波恩作为一个城市仍然过于安静。

从20世纪90年代开始，连续的渐进式改革逐渐放宽了人们对购物的限制，但人们仍然不太喜欢在夜晚购物。如果没有顾客光临，超市就可以自行选择提早关门。不过，在星期日，一切都没有改变，商店会关门。德国的购物环境也并非一直如此。德国小说家、诗人、翻译家和作家西奥多·方丹（Theodor Fontane），就像与他同时代的海因里希·海涅（Heinrich Heine）一样，不喜欢19世纪50年代的英格兰。对于方丹来说，他在英格兰的生活有着许多不顺心，而其中最糟糕的是安息日："大暴君们都已经死了，只有一位暴君还活在英格兰——那就是英式星期日。"[1]

在我所遇到的人中，无论年龄和职业，几乎没有人主张篡改星期日的神圣，但也几乎没有人将宗教作为他们的论据。相反，他们的理由总是关于生活质量、家庭和社区的。这又是一个德国人保持不变而其他人都变了的例子。罗伯特·普特南（Robert Putnam）的开创性著作《独自打保龄球》（Bowling Alone）于2000年左右出版，他提出美国等国家已经抛弃了社区纽带，并试图用金光闪闪的肤浅诱惑取而代之。

德国也不能幸免，尽管我们难以量化，但有充分的证据表明，社会资本（用普特南的话来描述）在德国的减少速度并不像其他国家一样快。实际上，这一直是德国政府的核心议题。还有哪个国家的内政部会在官方文件中将社会凝聚力作为首要任务呢？

> 社会要想正常运转，就必须以个人责任和社会参与为基石，就必须坚持诸如人的尊严、自由、民主和人民主权等价值观。这就是联邦内政部促进公民教育和社会参与的原因。例如，我们计划通过长期地援助农村和欠发达地区的本地组织和俱乐部，促进充满活力和民主的社区发展，并最终提升社会凝聚力。[2]

俱乐部仍然是德国人日常生活的重要组成部分，每个城镇，无论大小，都拥有几十个俱乐部。你可以让孩子参加音乐俱乐部、手球俱乐部甚至狂欢节准备俱乐部。德国不仅有读书俱乐部，还有铲屎官俱乐部、单身人士俱乐部、烟民俱乐部和集邮者俱乐部等。为了达到注册要求，俱乐部至少需要七名成员，还得选举出一个理事会。俱乐部必须拥有一部规章和一个目的（例如"为了在星期日享受爬山的乐趣"）。撇开官僚作风不谈，这些俱乐部非常受欢迎。1960年，德国共有8.6万个俱乐部（包括民主德国和联邦德国），而在2016年，这一数字超过了40万。几乎每两个德国人中就有一个人（占总人口的44%）是一个俱乐部的成员。[3]

当然，德国还有必不可少的足球。在一月中旬的一个寒冷的周末晚上，我和安德烈亚斯·法尼扎德（Andreas Fanizadeh）一起参加了他在蓝白贝罗丽娜俱乐部（Blau Weiss Berolina）的足球训练课程。作为德国《日报》（Taz）的文化记者，法尼扎德每周都自愿前往俱乐部为一群17岁以下的孩子组织两次训练，还会在周末为他们举办一场比赛。这些孩子的家庭背景有穷有富，其中有一个孩子来自墨西哥的普埃布拉，另一个是阿富汗难民。他们的人造草坪训练场位于时髦的柏林艺术区军械库的中心。场地一侧是昂贵的崭新画廊和公寓楼，另一侧是传统的住宅和餐馆。然而，球场是不可侵犯的。这里被轰炸过，东柏林市议会不允许任何人在此修建房屋。两德重新统一后，柏林市政府保留了这一政策，拒绝开发此地，尽管政府本可以从中获得巨额收入。除了柏林以外，还有多少资金短缺的城市能展现出这种克制呢？在其他城市，有多少运动场已经被卖掉了呢？法尼扎德的母亲是奥地利人，父亲是伊朗人。法尼扎德非常严肃地看待自己肩上的责任。他所供职的报社也是如此，报社为他批准假期，让他有时间参与足球训练。他认为他的任务部分是训练，部分是社交。他说："我的目标是把这些孩子聚在一起。我们不问出身，不谈政治。"我向他询问了其他球队教练的情况，问他能不能看出哪些人属于德国选择党。他说：

"你不需要问他们,你能够看出来。无论怎样,我都尊重他们。"

在许多国家,足球运动是伟大的平权游戏。极具德国特色的是本地消防局的组成结构。在德国的2 000个城镇中,只有100个城镇拥有专业的消防队,其余城镇在很大程度上依赖于志愿者服务。近100万德国人注册并接受了志愿消防员培训,这是一个了不起的数字。德国人对此习以为常。确实,人们如果不这样做就会被人诟病。为本地社区做贡献是社区归属感的重要来源。许多城镇正在招募新移民来当志愿消防员,一是为了填补岗位空缺,二是为了帮助这两个群体更好地相处。

清扫周是德国最具特色的习俗之一。顾名思义,清扫周是指人们做清洁的一周,但它背后还有更多含义。清扫周的历史可以追溯至15世纪后期的施瓦本地区,该地区大体上等于如今的巴登－符腾堡州。清扫周是一种全国范围内的习俗,至少对于那些居住在公寓楼里的人们来说是这样的。清扫周有两种形式:一是,住户每年花一周的时间代表整个社区做一些繁重的工作;二是,每个家庭每年都有大约一周的时间负责整栋楼的杂活(例如清理公共楼梯、倒垃圾、扫除马路上的落叶、扫雪)。有时,轮值的家庭会在门上挂一个牌子。不过,一般情况下,详细的信息可以在网络上查询到。这样的苦差事只是一个说明人们对社区的责任感和归属感的例子。德国人对他们的节日和庆祝活动非常重视,并且总会特意准备食物和饮品。为了庆祝某事,德国人通常会准备啤酒、葡萄酒、杜松子酒或者香肠,以及一种令全国人民痴迷的食物——芦笋。

德国人喜欢的芦笋是生长在地下、不见阳光的白色品种,他们称之为"白色黄金"。据计算,德国平均每年消费约125 000吨白芦笋。[4]从最豪华的餐厅(配有黄油、煮熟的土豆和火腿)到火车站外排起长队的小摊,我们都可以看见白芦笋的踪影。芦笋的供应时节从每年的4

月开始,到6月24日基督教圣约翰节结束。任何在芦笋供应时节外购买芦笋的行为都是亵渎神灵的。

狂欢节的传统习惯似乎代表着一个已经过去的时代。狂欢节开始于圣灰星期三之前的那个星期四,又名"老年妇女节"或"妇女节"。在庆祝活动期间,女人手持剪刀冲进邻居家里,疯狂地剪掉男人的领带。她们还会突然亲吻毫无戒备的男人。经常在这一天请假的洗衣女工是这个习俗的创造者。盛大的庆祝活动从玫瑰星期一开始,无论男女老少,人们都会到街上观看游行、乘坐花车、加入游行乐队或跳舞。游行花车设计精巧,经常被用来讽刺政客。在2020年的游行中,有一辆花车上站着一个写着"脸书""仇恨""激进化"的怪物;另一辆花车则载着图林根州选择党的领导人"比约恩·霍克",他正在行纳粹礼,而默克尔的基民盟和自民党正在使劲儿拽他的手臂。还有一辆不那么严肃的游行花车,载着"鲍里斯·约翰逊",他上半身挂着英国国旗,而穿着苏格兰短裙和欧盟袜子的下半身正在离他而去。忏悔星期二的化装舞会将狂欢节庆典推至高潮。举国上下都热衷于庆祝狂欢节,但狂欢节在德国西部和中部最为盛行,例如科隆、杜塞尔多夫(以一个人从芥末罐子中钻出来为活动开端)和古老的大教堂城市美因茨。

德国人一丝不苟地遵守着狂欢节的传统。我认为原因有很多:一是,撇开足球不谈,德国人觉得他们无法在全国性的庆祝活动中肆无忌惮地聚集在一起;二是,无论人们来自哪里,例如巴伐利亚、汉堡、莱茵兰或萨克森,他们的方言都各不相同,饮食和习俗也不一样,所以他们一定要按当地习俗庆祝狂欢节,这是他们家乡自豪感的来源;三是,正如阿贝尔斯豪瑟所说,在德国,社区远比独立个体更重要。

当然,所有国家都有着自己的传统和庆祝活动。在英国,人们也经常聚在一起,参加乡村庆祝活动、圣乔治节拔河比赛、滚奶酪节和村际球赛等。地区特殊性是值得庆祝的,但应该被视为对其他地区的补充,而不是与其他地区争高下。1993 年,约翰·梅杰(John Major)试图向选民保证,加入欧盟不会影响英国的传统,他认为英国在 50 年后仍然是一个有着"乡村街道上拉长的影子、温热的啤酒、风景绝美的城郊和爱狗人士"的国度。[5] 他对欧盟的预测并不准确,但德国人保留了自己的一切德式嗜好,与此同时,他们仍以自己是欧洲人而感到骄傲。

默克尔是自英迪拉·甘地(Indira Gandhi)和撒切尔夫人以来最具影响力的女性领导人。德国女性在大学里和职业生涯中的早期表现均优于男性。德国的反性别歧视立法在范围和细节方面与北欧国家相当。德国董事会中的女性代表人数一直低得可怜,但一项于 2016 年通过的法律要求公共企业的董事会至少拥有 30% 的女性成员。在德国 DAX 指数顶级公司的董事会中,男性人数仍然比女性多,分别为 350 人和 40 人。女性招募如火如荼,使她们薪酬的年增长速度比男性快 7%,但是女性薪酬基准比较低。[6]

2013 年,推特上开始了一场名为"大声疾呼"的运动,这比美国发起的、更为著名的 MeToo(反性骚扰)运动早了四年。一位女记者发表了一份她与德国经济部前部长雷纳·布吕德尔(Rainer Brüderle)的谈话记录,为这场运动拉开了帷幕。她声称布吕德尔对她进行了性骚扰。[7] 两年前,德意志银行 CEO 阿克曼表示,他对德意志银行的高级管理团队没有女性成员这一事实感到非常遗憾,并补充说:"我希望有一天,管理团队会变得更加丰富多彩。"[8]

然而,德国的女性保护并不是只有优点。在税收和儿童保育等基本问题上,德国远远落后于同类国家。想要重返工作岗位的母亲会碰到各种各样的障碍。令人惊讶的是,这些问题并不是热门的政治议题。德国只有 14% 左右的一孩母亲、6% 左右的两孩母亲做全职工作,这远远低于欧盟的平均水平。[9]这就是大多数有职业抱负的女性决定不生孩子或大部分时间都待在家中的原因。德国女性的劳动参与率稳步上升，但这里的劳动几乎是兼职工作。这背后既有社会问题，也有经济原因。传统的德国人有一个词来形容"过快"重返职场的女性，即"乌鸦母亲"，因为雌性乌鸦会将幼鸟遗弃在巢中。虽然现在很少有人使用这个词，但这种情绪还在。除此之外，德国还有儿童托管问题。直到最近，德国政府才开始改变学校的半日托管制度。德国的学前班享有大量政府补贴，教学质量很棒，但开学的天数很短。私人托儿服务几乎没有市场。如果父母雇用他人来照顾儿童，那么他们用那段时间挣来的钱可能还不够支付税款。现在，越来越多的男性选择休育儿假。父母中的一位可以休12个月的育儿假，另一位可以休两个月的育儿假。许多中产阶级的父母会在他们共享的假期时段带着孩子度假，虽然这并不是政策制定者的意图。

德国的税收制度也有很多问题亟待解决。近20年来，德国经济研究所的卡塔琳娜·沃里奇（Katharina Wrohlich）一直在监测经济发展与性别平等的问题。阻碍德国女性职业发展的关键因素是"夫妻分裂"①。从本质上说，如果丈夫和妻子的收入大致相同，那么两个人的人均税额会比单身的情况高，也比一方的收入远远超过另一方的情况高。换句话说，如果双方均有全职工作，那么夫妻会面临相当大的税收劣势。沃里奇说："其他国家早已废除了分裂条款，例如奥地利、瑞典和意大利，但德国没有任何改变。"她补充道，由于没有政党愿意改变现状，"人们现在似乎看不到任何希望"。

在民主德国旧政权的统治时期，妇女更为解放。孩子很小就被送到公立托儿所，父母都可以工作，这是旧制度为数不多的优点。默克尔一直不愿意在"女性问题"上多言。2019年1月，她罕见地在《时

---

① 一种个人所得税的税收规定。——译者注

代周报》接受了作家亨塞尔的采访。默克尔谈到了女性所面临的困境，包括她在担任物理学家时的亲身经历。然后，她补充说："我不仅仅是德国的女性总理。我不知道女性是否希望我专门强调她们所遇到的问题。"[10] 这是一场经典的默克尔式访谈。也许是因为她来自民主德国，她一直低估了性别不平等的问题。鉴于这类改革往往起源于国际化的大城市，这也许是德国小城镇的弱点。更有可能的是，性别不平等是一个历史性问题。改变一定会来，尽管改变的速度很慢。

为了成为生产性经济和社会的一部分，你应该接受过高等教育或参加过技能型学徒培训，这取决于你选择的教育路线。德国的教育系统在学生年纪很小的时候就开始对他们进行分流。有学术天赋的学生会去读文理高中；实科中学属于中间学校，而去读职业预科的学生通常会从事手工业或技术性工作。在 10 岁或 11 岁的时候，学生将面临职业选择。这个选择并不是一选定终身的，学生可以在选择学校之后改变方向，也确实有许多人这么做。但是，德国的教育系统非常规范。各联邦州政府（而非中央政府）负责制定教育政策，因此各地教育系统也有不小的差异。例如，某些联邦州设有综合学校，包含所有的学生群体；还有一些联邦州相较于其他州更喜欢私立学校，这种情况的比例很小但在不断增加。德国各地的课程也不统一：在更为传统的巴伐利亚州，宗教教育占据着两个课程模块，包括新教信仰教育和天主教教育；柏林的教学大纲则更为自由，包含关于多样性、性别平等和民主教育的科目。学生将学习如何应对冲突和移民问题。德国各地的学校都设立了有关欧盟的课程。

安德烈亚斯·施莱歇尔（Andreas Schleicher）是一名专门研究教育系统的全球专家，他在经合组织巴黎总部的个人简介就是这样写的。他还负责撰写经合组织旗下的国际学生评估项目（PISA）报告，该报告会对大约 30 个国家的学生的受教育程度进行评估。2000 年，当第一份报告问世时,整个德国都惊掉了下巴。德国以为自己会名列前茅。然而,德国学生在数学、科学和阅读方面的成绩接近垫底,并且德国学校的不平等程度是最严重的。国际学生评估项目报告的打击引起了德国民众的强烈抗议。许多教育家质疑报告的评估方法不合理。然而,该报告还是成功地促使政府行动了起来。德国的开课日在工业化国家中是最短的,如今被延长了。德国学生的早期教育得到了更多关注。在德国,学生成绩较差的学校会得到支援。学校的课程设计变得更加丰富多彩,确保有困难的学生(包括母语不是德语的学生,占比为22%)得到更多帮助。联邦州政府负责规划的教育系统如今必须符合国家标准。此后,德国在国际学生评估项目的排名稳步上升,尽管最近有所下降。

施莱歇尔告诉我,太多的年轻人只接受基于本地特定雇主需求的教育,而没有寻找和发展可以使自己在这个由创造力和人工智能主宰的时代立足的独特才能。

德国的政策制定者正在讨论新的改革措施。当然,这需要时间,因为他们必须在整个教育体系和政党中获得共识。德国的教师通常薪水很高,其专业素养也很好。但学校建筑往往过于老旧,需要维修并配备现代化设施。德国对地方政府的支出限制使这个问题更加棘手。然而,正如施莱歇尔和其他专家所指出的那样,这并不能全都归结于预算限制。例如,与德国、法国和英国相比,荷兰在每个学生身上的投入更少,但取得了更好的效果,而且荷兰也更加重视培养学生掌握21世纪的新兴技能。

大约有一半的德国毕业生选择接受职业培训。[11]当我第一次听说一个店员可能需要接受为期三年的培训时,我一度认为这是一个谣言,但这是真的。我本以为施莱歇尔会嘲笑这种荒谬的做法,但他没有。他告诉我,那些在面包店工作的人会被邀请在晚间学习高等数学。他继续说:"这不是一个可怕的想法。学习只是你当前工作的一部分。德国方式着眼于你的长期职业发展,让你一直走在正轨上。中国和日本在这一方面最为先进。"员工习得的技能往往与雇主的直接要求无关。在德国,你很少会听到"技能过强"一词。人们更重视未来,而不是当下。当然,这些都基于员工不会立刻跳槽的假设。施莱歇尔将德国与英国进行了对比:"只有5%的劳动人口拥有比目前工作所需更高的技能。这是对生产力的巨大威胁。"

2015年,就在德国取消大部分地区的大学学费时,伦敦高等教育政策研究所出版了一本名为《跟上德国人?》(Keeping up with the Germans?)的小册子。这本小册子详细地对比了德国与其他国家的大学教育系统,指出德国和苏格兰之间的相似之处比英格兰更多。实际上,德国大学缺乏自主性和资金,但更加平等。有的学校(例如海德堡大学和慕尼黑大学)比其他学校声誉好,但不像牛津大学、剑桥大学和罗素集团大学那样显著地优于其他大学。与许多欧洲国家一样,德国的大多数学生选择在家乡或附近读大学。与辍学率较高的法国不同,德国学生不会轻易离开学校。德国大学在全球排行榜上的表现不太好,因为这些排行榜往往着眼于某些特殊领域。美国常春藤名校在全球排行榜上占据着主导地位,此外还有寥寥无几的英国高校(牛津大学、剑桥大学和帝国理工学院)。许多欧洲教育家对这些榜单的评价标准表示不满。英美高校的另一个内置优势是英语。为了吸引其他国家能力强的学生,一些德国大学专门开设了用英语授课的课程。最新数据显示,2016年,德国拥有超过25万名国际学生,排在美国、英国和澳大利亚之后,位居全球第四位。[12]这种上升趋势还将持续。

马丁·雷纳特(Martin Rennert)教授担任柏林艺术大学校长14年,于2020年初卸任。他是一名来自布鲁克林的犹太人,曾就读于纽约著名的茱莉亚音乐学院。他对德国的高等教育充满激情,尤其是德国的艺术教育。柏林艺术大学的入学竞争非常激烈，但是如果你被录取，一切就都是免费的。他告诉我："这是一种文化政治干预，是一个对全世界发出的邀请，是对国际关系的投资，也是德国软实力的成功展示。"德国政府没有把国际学生拒之门外，而是进一步放宽了对外国毕业生留在德国的限制。德国教育部部长安雅·卡尔里切克（Anja Karliczek）表示，外国学生拥有能满足德国对技能需求的"巨大且不断增长的潜力"。雷纳特对此给出了一个不功利的理由："高等教育难道不是对整个国家有利的吗？在德国，你不必为完成学业找理由。"德国学生可以花很多年的时间学习，从本科到硕士、博士。一些德国人在30多岁时才参加工作。这到底是说明德国人步履缓慢且懒惰，还是说明他们是深思熟虑的长期主义者？也许两者兼有吧！

我想起了我在门兴格拉德巴赫参观古老工厂的经历，以及20世纪80年代该地豪绅如大家长一般创立的第一个福利协会。德国对工人权利的重视，包括受教育权利和住房权利，都可以追溯至那时。卫生服务是最能体现国家的韧性和长期主义的公共政策。德国的卫生服务绝对不是完美的。德国的卫生服务价格昂贵，且充满官僚主义。与法国一样，德国没有良好的初级保健系统。在德国，一些常见疾病（例如乳腺癌、宫颈癌和结肠癌）的存活率很高，这在工业化国家中是名列前茅的，尽管近年来没有太大进步。

德国卫生支出占GDP的11%，这一比例虽然相对较高，但并不是欧洲国家中最高的。德国的医疗保健服务是由强制性公共保险提供的：员工需要向公共医疗保险机构缴纳税前工资的7%，雇主也要为员工向公共医疗保险机构缴纳同等金额的款项。在德国，大约十分之一的人，即富人、个体经营者和公务员（一种奇怪的组合），需要参加私立保险。这些人希望获得水准更高的医疗服务，并且不用等太长时间，还可以按需获得筛查机会和药物。

总体而言，德国的国家卫生服务机构是欧洲国家中历史最悠久的，一直为民众提供相对较好的服务。在经受新冠肺炎疫情的考验时，它交出了一份令人羡慕的答卷。在新冠肺炎疫情开始时，德国的准备工作做得比其他国家更充分，德国拥有更多的检测机构、呼吸机和防护设备。这背后的原因是政府的长期规划策略、处于经济核心的坚实工业基础、强大的生物技术和制药公司网络，以及能够快速应对紧急情况的高级专家储备。

该系统还具有更强的抗冲击能力，与大多数同类国家相比，德国患者人均拥有的病床数更多。在德国，每千人拥有8.2张病床，而法国的这一数字为7.2，欧盟的这一数字平均仅为5.2。英国的这一数字则是可悲的2.7，一部分原因是长期的资金不足和倾向于短期计划的习惯，但英国一直以来都会让患者快速出院以腾出病床，而不会让他们在医院待到完全康复。几十年来，高效和成本节约一直是英国政府向医疗管理人员提供的说辞。在冬季，英国医院很难应对季节性流感带来的压力。英国医疗系统完全没有余力应对更糟糕的情况。

德国总共拥有28 000张重症监护病床，而英国只有4 100张。[13] 两国能力存在着巨大的差异，医护人员方面的差别也很明显。德国每千人拥有4.1名医生，欧盟的这一数字为3.5，英国的这一数字则为2.8。德国每千人拥有13.1名护士，而英国的这一数字为8.2。这些枯燥的统计数据背后隐藏着德国医疗服务质量很好的事实，这仅仅是正常时期的数据。

战后德国制定的宪法制衡了德国中央政府的权力，确保了权力下放，这些都是在新冠肺炎疫情期间造成不稳定的因素。但事实与之相反，默克尔迅速地采取了行动，确保中央和地方实现了联合决策。在大多数情况下，她是成功的。地区领导人仍保有自主权，可以更灵活地进行紧急采购。个人防护设备经采购后被迅速地运往前线，供医疗服务人员使用。总体而言，德国医疗系统应对危机的能力令人钦佩。

英国为自己有着70多年历史的NHS（英国国家医疗服务体系）而感到骄傲。这是英国的少数国家机构之一。但NHS也是充满官僚主义的，其权力高度集中且财务不稳定。在应对新冠肺炎疫情的每一天，NHS都没有足够的医疗设备和应急计划。约翰逊呼吁企业制造呼吸机，以补充英国仅余8 000台的库存，并将此计划命名为"最后喘息行动"。当时的德国拥有两万台呼吸机，又从制造商那里额外订购了一万台。我们再来谈谈病毒检测。在新冠肺炎疫情刚刚开始时，德国和英国的情况是大致相同的。而几周之内，德国实验室进行的检测数量就已经是英国的五倍之多。NHS的工作人员是公认的民族英雄。每个星期四晚上，人们都会到自家门口和阳台上为他们加油呐喊，他们在防护措施不足的情况下战斗于新冠肺炎疫情前线。在新冠肺炎疫情暴发一个月后，NHS的50万名前线医护人员中只有5 000人接受过新冠肺炎核酸检测。

由于新冠肺炎疫情，所有政府和选民都重新评估了他们的优先级顺序。在全球范围内，各国共计拨款数十亿美元，以应对新冠肺炎疫情造成的经济后果。在德国，人们一直以来都有一个共识，即通过付出更多金钱来换取优质服务。他们对高税收制度和国家在其中扮演的角色也十分认同：你所支付的费用不仅仅是为了你自己和你家人的利益，也是为了满足整个社会的需求。这种思维方式在德国已经存在了几十年。

地区不平衡的现象也存在于德国，且在德国东部各州尤为突出。但是，德国有一个与众不同的方面，即首都柏林并不占据主导地位。柏林的实力与伦敦、巴黎完全没有可比性，伦敦和巴黎对其国家的政治、商业、科学和艺术行业至关重要，并且吸引了与其城市规模不成比例的投资、金钱和人才。许多较小的国家也有类似问题。如果没有雅典，那么希腊将失去20%的GDP，而失去了布拉迪斯拉发的斯洛伐克也将损失19%的GDP。法国和巴黎的这一数字为15%，英国和伦敦的这一数字为11%。德国是唯一一个首都人均GDP低于全国人均GDP的国家。没有柏林的德国会富裕0.2%。[14] 换句话说，柏林拖累着德国其他城市。事实上，汉堡和慕尼黑等富裕城市的许多人看不起柏林，认为柏林效率低下、肮脏不堪。

有一个地方最能诠释柏林的特质，即滕珀尔霍夫区，它曾经是世界上最重要的机场——滕珀尔霍夫机场所在地，也是1893年洪堡气球①的放飞地。阿尔伯特·斯佩尔（Albert Speer）曾在这里规划了一条通往"日耳曼尼亚"的道路，西方盟国也正是在这里绕过了苏联的封锁。建筑大师福斯特将此地称为"机场之母"。[15] 在滕珀尔霍夫机场正式关闭一个月后，最后的三架飞机于2008年11月从此地飞离。自那时起，人们一直在思考应该如何处理这个面积有摩纳哥1.5倍大小的区域。

现在的滕珀尔霍夫区看起来如同一团乱麻，然而大多数柏林人为此感到无比自豪。

每一个国际化的大城市都会苦苦寻觅可用于发展的空间，想想那些高层豪华公寓、宏伟的酒店、漂亮的艺术画廊或购物中心吧！统一后的柏林迫切地需要更多土地，而这个距离城市南沿仅有几英里的地方是房地产开发商梦寐以求的理想国。2011年，开发商向市政府提交了一个由办公室、住宅（包括数量可观的经济适用房）和大型公共图书馆组成的混合开发计划。当时的市长克劳斯·沃维雷特（Klaus Wowereit）坚持认为，只有四分之一的区域可以开发。[16] 即便如此，这对于当地人来说也太多了，他们公开抵制所有开发计划。2010年5

---

① 洪堡气球属于飞艇旅行促进协会，在柏林科学航空计划期间被用于研究大气层。——译者注

月,滕珀尔霍夫正式向公众开放,它立即成为城市园丁、瑜伽爱好者、潮人、漂亮妈妈、烧烤爱好者和运动爱好者的心头好。该地区更名为"滕珀尔霍夫自由公园"。2014年5月,历经多年争吵,柏林举行了全民公投(这对于一个害怕行使直接民主而非代议民主的国家来说是一件罕有的事),约有三分之二的选民选择维持滕珀尔霍夫的状态不变。《滕珀尔霍夫保护法》(Tempelhof Conservation Act)禁止建设任何工程,仅允许对该地区进行有限程度的开发,该法案将至少持续至2024年。[17]

一些从前的机场建筑(土木工程的里程碑式建筑)被再度投入使用。德国军队仍在使用那个72米高的雷达塔,以监控飞行交通。巨大的纳粹时代航站楼,包括延伸近1英里的弯曲机库,已被出租给约100户的不同租客。柏林警方也将机场的一部分用作培训基地。这里还有一个中央失物招领处、一所幼儿园、一所舞蹈学校和一家柏林古老的歌舞剧院。滕珀尔霍夫也是德国最大难民收容所的所在地。位于场地一隅的白色集装箱辅以部分飞机机库,是难民进入德国的第一个落脚点,随后他们会前往德国各地。

在长达45年的分裂以及被三个盟军国家半占领的期间,西柏林与世界上的任何地方都不一样。这里是一个另类的岛屿,居住在这里的人不必像联邦德国其他地区那样服役,稳重且富有的人也不愿意在这里定居(尽管有一些例外)。当然,在过去30年的"常态"中,西柏林的大部分区域已经变了。自两德重新统一以来,柏林大部分中心区域已被闪闪发光的政府大楼占领。波茨坦广场自1990年初起迅速地恢复生机,随处可见的玻璃幕墙是全球化时代的可怕纪念碑。但柏林的外观和给人的感觉仍然不太一样。对于那些喜欢有序、齐整的中型城市的人来说,杂乱的柏林如同诅咒一般。其他大城市比柏林好很多。与此同时,汉堡和慕尼黑则在《单片眼镜》(*Monocle*)和《福布斯》

等光鲜杂志上与维也纳和哥本哈根等争夺着欧洲最宜居城市之名。汉堡人以他们的克制而自豪。慕尼黑的夏天虽然闷热，却有一种慵懒的幸福感。

这两个城市都没有柏林的粗犷。柏林经历过两次去工业化：一次是在战争结束时，另一次是在德国托管局肢解民主德国经济时。除了新兴的科技行业，柏林没有任何出色的产业，只因政客、记者、说客、艺术家、学生和嬉皮士闻名，还有堕落的瘾君子。至少，这是许多巴伐利亚州的中产阶级对柏林的看法。柏林的吸引力与德国的整体实力相比完全是格格不入的。在柏林，做好基础工作很不容易。在德国其他地方如同发条一样运作的政府机构在柏林却经常表现不佳。许多外来者，甚至一些柏林本地人，讲着各种关于政府效率低下的笑话。最常见的一则笑话与汽车上牌有关。显然，对于柏林人来说，请一天假开车去汉堡上牌会比在柏林更快。柏林时任市长米夏埃尔·穆勒（Michael Müller）说："虽然我们不再那么贫穷，但我们很性感。"柏林正追赶着世界各地的首都，但仍然有很长的路要走。许多柏林人希望柏林能保持现状。这些人的主要战场是住房——出于对高档住宅发自内心的敌意。

德国人对购买房产并不热衷。很少有人在生孩子之前就买房。他们认为买房没有意义，因为租金通常是可以负担得起的，而且房屋状况也很好。除瑞士外，在经合组织国家中，德国的房屋自有率（业主自用住宅单元数与住宅单元总数之比）最低，仅仅略高于50%。在英国、美国和法国，房屋自有率为66%左右——尽管自金融危机以来，这几个国家的房屋自住率都有所下降，租金也都有所上升。奇怪的是，欧洲房屋自有率最高的国家是罗马尼亚，房屋自有率高达96%。相比之下，在柏林，只有15%的房产是用于自住的，很少有人会纯粹为了投资而购买房产。[18]当然，柏林也有许多出租房（由一些私人、住房协会或其他团体所有）和爱彼迎（Airbnb）公寓，但很少有人会在上流社会的对话中听到关于"购房出租"的讨论。那些想要以此赚钱的人往往不会将此事告诉他们的朋友。相反，这是一种耻辱。在美国和英国等国家，收入与资产增值的比例早已失衡，与在增值领域拥有资产的人相比，普通人在年薪方面的差异完全微不足道。

在世界上的其他地方，或者至少是西方国家，资产征用会成为主流意见吗？但在 2019 年的柏林，这成为一个严肃的政治议题。直到现在，这仍然是柏林的一个选择。民众（据《每日镜报》报道，是居民中的大多数人）支持就征用私有财产一事举行全民公投。该倡议是在一个名为"租金乱象"的抗议活动中发起的，人们搜集签名，迫使市政府举行投票，以决定能否强制使拥有 3 000 多处房产的房地产公司将这些房产卖回给柏林。尽管这将花费柏林市政府数十亿美元，但民众的目标是让公共委员会来管理这些房产。私人地产开发商德意志住宿（Deutsche Wohnen）是抗议活动的主要目标，它在德国拥有 16.7 万套公寓，其中包括于 20 世纪 90 年代中期在柏林购买的 10 多万套公寓。那时，资金短缺的市议会将大量的基础设施私有化，从供水系统到一半的电力系统。柏林市议会以 4 亿欧元的低廉价格出售了 6.5 万套住房，将大量市政债务转嫁给了私人投资者。当时，每间公寓的价值仅为 3 万欧元左右。仅在 1989—2004 年，柏林市议会就售出了 20 万套公寓。随后，德意志住宿不断发展壮大。该公司在 2017 年赢利 20 亿美元，成为反对强硬资本主义人士的眼中钉。

"征用"的概念源于人们对宪法中两个条款的全新解释。活动人士辩称，如果财产被滥用，那么依据宪法第 14 条，政府可以将财产收归公有："财产承载着义务。它的使用也应服务于公共利益。"宪法第 15 条也证实了这一点："土地、自然资源和生产资料可以由于社会化的目的被转为公有或其他形式的公共企业，且应该撰写一部规定补偿性质和程度的法案。"发行量极高的《图片报》反对这个想法："有一个幽灵正在猎捕德国，那就是征用之灵。"[19]在德国电视一台的聊天节目《强硬但公平》（Hart aber Fair）中，主持人弗兰克·普拉斯伯格（Frank Plasberg）表示他不敢相信他们居然正在讨论这样一个想法。这个话题得到了认真的讨论，这个想法有很多支持者，这是作为局外人的我们不得不睁大眼睛的时刻，因为我们会意识到许多德国人对社会的认知与我们不一样。当柏林联合政府的最大党派社民党投下反对票时，这个想法就没有前途了（至少目前是这样的）。但社民党的决定与其搭档（左翼党和绿党）相左。

根据几项房地产经纪公司的调查，在过去的十年里，柏林的租金涨幅超过了100%，最近几年的年增长率为20%（全世界最快的涨幅）。与此同时，这座城市的人口以每年四万人的速度增加，其中大部分是来自德国其他地区和国外的上流人士。结果是，低收入群体被进一步地驱逐出了这个城市。

这也是一个全世界都很熟悉的情节。曼哈顿有大片区域是"普通"人无法接近的。在伦敦，开发商对社会住房的需求置若罔闻。这些城市将经济适用房的数量降低到法律允许的最低限度，甚至有时会为同一栋楼内的廉价公寓建造单独的入口，这些入口被称为"穷人门"。富裕的社区经常无人居住，因为房主都是其他国家的人。在大部分时间里，这些房产都是空置的，上班族则挤在地铁里，通勤时间长达两个小时。在巴黎，郊区的紧张局势也是有据可查的。

柏林人为自己的与众不同而自豪，他们会避免自己被全球化最严重的后果（人口过剩）干扰，虽然他们在某些方面仍然无法置身事外。在暂停财产征收的同时，柏林市政府批准了一项备受争议的法令，旨在限制租金上涨。这意味着柏林150万套房屋的租金将被冻结5年。房东收取的租金不能高于前任租户支付的租金，如果租户支付的租金高于租金表中规定的限额，那么他们可以申请降低租金。租金上限法并非柏林独有。在过去几年中，西班牙和荷兰以及美国的四个州（加利福尼亚州、纽约州、新泽西州和马里兰州）都实施了大范围的租金控制措施。自2006年以来，加拿大也有了某种形式的租金监管，而巴黎也在旁观着柏林的租金监管实验，并计划着自己的版本。柏林对"敲诈勒索租金"给出了法律定义，将勒索金额规定为其发布的租金表数额的120%。如果租金高于这个标准，那么租户可以起诉房东，要求房东降低租金并退还多余的款项。

柏林的大部分住房短缺问题以及房价上涨的压力，可以归结于21世纪初的城市规划者错误地预测了其受欢迎程度，也没有预料到人口增长带来的问题——无论是来这里定居的人还是游客。柏林已经成为最受欧洲游客欢迎的周末度假地之一。柏林当局估计，大约有三分之一的游客来柏林游玩是为了泡吧。游客给酒店行业和服务业带来了一定的压力。

在德国，慕尼黑是住房最昂贵的城市，无论是房屋售价还是租金。其次是法兰克福、汉堡和斯图加特，柏林排在第五位。几年前，柏林在接受调查的14个城市中仅排在第八位。民主德国的两个城市也在名单中，并且超过了联邦德国的不少城市。德累斯顿排在第十位，而莱比锡升至第十二位。当柏林人抱怨房价压力时，他们的抱怨确实是合理的。直到有人将柏林与世界各地的同类首都城市进行比较时，他们才意识到自己的处境已经很不错了。

柏林新兴的莫阿比特不如普伦茨劳贝格高档。我在那里参观了一家名为Gewobag的国营房地产公司。这个名字代表着工会、住房和建筑合作社。这是一家拥有历史积淀的公司，刚刚庆祝了自己成立100周年。作为柏林市政府的左膀右臂，Gewobag负责以可负担的价格建造和出租房屋，并将自己所获得的一切利润投入新建筑的建造中。Gewobag 和其他大型国有房地产公司 Degewo 和 Gesobau 一样，主要专注于混合开发的地产。它们的规模如此之大，以至其他国家的首都相形见绌。约翰内斯·诺斯克（Johannes Noske）向我讲述了柏林的住房问题。他指出，这座城市将继续发展，但市议会只能利用有限的资源做有限的事情。其中一个问题是婴儿潮。他说："20 世纪 70 年代的夏洛滕堡和类似区域破败不堪，搬来这里的人不会久留。但是，这些地方如今都很精致，非常受欢迎，人们大多想定居于此。"

超过 30 万人（其中大部分是刚开始成家的千禧一代）已从柏林市内迁往郊区及其他地区，这缓解了一些人口压力。柏林如同一个甜甜圈的中心，被勃兰登堡州包围着。柏林的一部分是农村地区和半农村地区，还有大片荒地、森林和数十个湖泊。在柏林，最受欢迎的是东南部的施普雷瓦尔德，其中一些区域已被修建为居民区。德国人称通勤者的居住带为"培根带"（Speckgürtel）——用来描述生活太过安逸的人所居住的地方。郊区的人口增长速度和城市一样快，有时更快，但并不是所有人都为此感到高兴。诺斯克补充道："空旷的地方比以前少了很多，德国人更喜欢空旷的地方。"

虽然维滕贝尔格并不是旅游胜地，但是我决定在柏林墙倒塌 30 周年之际去参观它，因为我认为这一定会是一趟值得回味的旅程。维滕贝尔格比"培根带"远得多。在过去近半个世纪的时间里，维滕贝尔格位于易北河东侧，在防御严密的民主德国内陆边境旁。维滕贝尔格由撒克逊国王奥托一世于 13 世纪建立，其鼎盛时期是 19 世纪，那时的它是一个繁荣的工业城镇，拥有巨大的纺织厂、油厂和铁路车辆工厂。维滕贝尔格的火车站对这片区域的经济来说是最重要的。维滕贝尔格最能让人联想起它曾经辉煌的建筑——一个巨大的缝纫机工厂，人们在几英里外就可以看到欧洲大陆上最高的钟楼（英国伦敦的大本钟比它略微高一点）。这个缝纫机工厂由美国胜家（Singer）于 20 世纪初建造，是其在美国以外地区最重要的工厂。据说，维滕贝尔格在1904—1943年共计生产了650万台缝纫机。战争结束后，工厂内的机器被苏联人作为赔偿转移到了莫斯科附近的波多利斯克缝纫机工厂。该工厂最终在20世纪50年代由民主德国人以国有企业Veritas的名义重新修缮并启用。两德重新统一后，维滕贝尔格失去了三分之一的人口，整整一代人去了德国西部。废弃的工厂及钟楼就是那段被遗忘时光的纪念碑。

我和弗雷德里克·菲舍尔（Frederik Fischer）一起穿过小镇中心，走过一排排废弃的建筑。一场雨使眼前的场景变得更加凄凉。一年半以前，这位年轻的巴伐利亚州企业家突然有了一个关于住房的想法：为什么不在远离柏林的地方为那些数字游民建造一个创意中心，或者更确切地说，一个乡村度假胜地呢？这有助于重建那些陷入贫困和人口减少的社区。因此，他写了一封公开信，邀请德国东部各地的市长了解他建立创意中心的企划，并表达他们对此是否感兴趣。年轻人可以借此帮助当地居民发展技术与技能，也可以获得更低的生活成本和租用更便宜的办公空间，还可以接触农村生活。菲舍尔告诉我："我的收件箱都满了。"他邀请了一些被他称为"先锋队"的人竞标，并从中选择了20个人与他一起在空旷的小镇里大展拳脚。

维滕贝尔格的地方政府将一个废弃油厂的后面（前面被改建成了一家旅馆）给了菲舍尔。部分先锋队成员已经入驻，每月租金经过地方当局补贴后仅需150欧元，试用期共计六个月。菲舍尔解释道，他想将城市的基础设施带到农村，同时为技术人员提供共享的工作空间以及亲近大自然的机会。他创造了"共享村庄"一词。该社区在易北河旁拥有自己的海滩酒吧，人们骑着自行车仅需十分钟就可抵达僻静的空地。虽然维滕贝尔格是德国人口最稀少的地区，但它拥有重要的铁路网络。维滕贝尔格是柏林到汉堡的城际特快列车（ICE）线路上唯一一个停靠点，人们可以在周末乘坐火车前往繁华的市中心。菲舍尔说："这只是对农村衰败的一种反驳。"他实地考察了大约15个城镇，将柏林西南部的威森堡选定为第二个实验点，并且会在那里接管火车站旁边的废弃木材厂。

菲舍尔和他的项目在媒体上引起了轰动，这对维滕贝尔格来说是一次命运的转变。在过去的30年里，有关维滕贝尔格的新闻报道总是非常糟糕。菲舍尔带着极具感染力的乐观心态告诉我："像这样的地方缺乏自信，人们认为只有一两个人愿意留下来，但大家真的很享受这里的生活。未来会诞生在这样的地方。"

2013年4月，卡梅伦拜访了默克尔。这位英国首相被邀请到柏林北部、距离默克尔家乡坦普林不远的梅泽贝格宫大臣官邸。默克尔的丈夫、卡梅伦的妻子及三个孩子共同参加了周末的家庭聚会。此外，受邀的还有少数与两国均有联系的文化界人士和政治家。卡梅伦在此次拜访的几个月前宣布，将就英国是否留在欧盟举行全民公投。两国领导人就此有很多需要讨论的话题。默克尔打算以最欢乐和最非正式的方式来做这件事。

在周六晚上的闲聊时，默克尔谈到了艺术。她描述着她最喜欢的拜罗伊特歌剧。她提到了她曾偷偷溜去看的戏剧表演和艺术展览。她问卡梅伦会推荐她去参观伦敦的哪个展览。卡梅伦结结巴巴地说自己喜欢看电视，并补充说，他其实很想去听音乐会，但每当冒着风险出现在音乐厅时都会被媒体追着报道，他都会被称为"精英主义者"或者"作秀的演员"。这更加突显出存在于德国与世界大部分地区的政治现实之间的鸿沟。德国人很乐意谈论文化。德国能容忍政治家与艺术的联系，或者更确切地说，这是政治家必须满足的要求。

英国建筑师大卫·奇普菲尔德（David Chipperfield）对这种差异感到绝望。我曾与他于2001年一起在马盖特参与特纳当代美术馆的建筑工作，这是他的建筑工作室负责的一个相当罕见的英国项目。相比之下，他在德国更为出名，负责德国许多重要的建筑工作。其中，最著名的建筑是柏林新博物馆，他也因此被授予功绩勋章。默克尔出席了奇普菲尔德最近在柏林举办的詹姆斯·西蒙画廊开幕式。他的一个委托项目是在柏林西部重建凡德罗的新国家画廊。许多艺术家和政治人物参加了庆祝竣工的晚宴。奇普菲尔德谈到了公共领域在德国的重要性："令人耳目一新的是，建筑在这里是一个激烈的辩论议题。"同时，他对英国缺乏这样的讨论感到遗憾。他补充说："他们确实把你的脚放在火上烤，这在当时是很痛苦的，但这会使工作更有成效。显然，战争以及德国不得不在精神和物质上重建自己的事实，意味着德国是一个比我们更善于反思的社会。我们的社会充斥着基于成功学的文化，而德国有很多关于事物意义的讨论。"

德国对文化产业的公共资助是强大且始终如一的。柏林每年为所有艺术家提供 700 万欧元的工作租金补助，还为收购和改造新的工作空间投资了 700 万欧元。这也可以被视作"创可贴"举措，因为柏林急剧上涨的租金已经让这座城市的 8 000 名艺术家中的大部分陷入了危险处境。尽管已经有很多人被迫搬去小城镇或其他国家，但柏林对音乐家、艺术家、设计师、建筑师和其他长期以来无法在纽约、巴黎或伦敦落脚的群体来说是友好的。与资金短缺的柏林相比，其他德国城市在艺术家（和补贴观众）上的人均支出更高。虽然法国和英国也做了许多文化主导的再生工作，但德国的权力下放机制从一开始就确保了更公平的资金和人才分配。文化和教育政策属于联邦州的管辖范围，联邦政府只起协调作用。无论从哪个角度来看，德国中小城镇都拥有大量著名的博物馆、剧院和音乐厅。中小型企业和文化有助于使当地人产生自豪感和地位感。例如，萨克森州的总人口只有 300 万人，但它拥有两个世界上最好的管弦乐团，分别是莱比锡的莱比锡布业大厅管弦乐团和德累斯顿的德国柏林国立乐团。

我认为，德国的文化群落比英国和欧洲大部分地区的文化群落更为激进。人们对艺术家的审美、政治和智力的期望值更高。这就是十多年前英国戏剧导演凯蒂·米切尔（Katie Mitchell）夸赞科隆和柏林的原因之一。一位评论家指责她"故意忽略经典剧本"[20]，但这一点在德国是不会被人诟病的。米切尔认为，英国的观众过于频繁地观看怀旧且安全的表演，而在她的第二故乡德国，观众总希望他们的观点和感受被挑战。米切尔说："当一部戏剧看起来过于光鲜时，德国评论家总是本能地持怀疑态度，他们担心这会掩盖剧本缺乏深度的事实。"[21]

在与文化领袖进行的各种谈话中，我可以发现许多共通之处。与以往一样，德国的优势和劣势都十分明显，而且相互对立。德国的艺术机构不必每隔几年就为能否维持生计而发愁。许多人能从公司和家族信托处获得资金，因此机构董事不必像美国、英国和其他地方的人一样花大把的时间等措资金。由于摆脱了对商业主义的重视，德国的艺术机构可以更轻松地进行实验性演出或展览。在德国，尤其是柏林，我能感受到艺术家对政治激进主义的强烈渴望，而这在英国是很少见的。当然，英国有很多围绕个人身份问题的作品和表演，但在过去几十年来最大的问题（英国脱欧）上，英国文化界早已失去勇气，文化领袖不顾一切地讨好政府，希望不要给自己的资助者添麻烦。

在德国，文化领袖对政府施加压力被认为是正常的。与此同时，政府也觉得自己有权参与文化活动。这一点在柏林人民剧院得到了体现。这是德国最美好的故事，也是德国最糟糕的故事。柏林人民剧院始建于1914年，门上方贴着"人民的艺术"（Die Kunst der Volke）。在魏玛共和国时期，这里是实验性演出的温床，是一个不折不扣的左翼剧院。为了吸引工薪阶层的观众，其门票价格低廉。许多伟大的人曾在这里工作，比如导演马克斯·莱因哈特（Max Reinhardt）。在民主德国，柏林人民剧院小心翼翼地控制自己的立场并得以幸存。但在民主德国政权末期，持不同政见者蜂拥而至，观看柏林人民剧院的颠覆性演出。两德重新统一后，柏林人民剧院开始了新的时代，拥有了一位充满活力的新院长，即弗兰克·卡斯托夫（Frank Castorf）。卡斯托夫自1992年起开始领导柏林人民剧院，在长达25年的时间里，他将其转变成了德国最具创新性的剧院之一，从不对传统或商业让步。他不在乎评论家是否讨厌他的节目，或者人们是否不理解他的作品。柏林人民剧院就是启蒙主义的艺术之家。2013年，在歌剧的发源地拜罗伊特，卡斯托夫在改编版的瓦格纳《尼伯龙根的指环》的演出尾声遭到了观众的嘘声。那些富裕的歌剧观众越是大声地表达他们的不满，卡斯托夫似乎就越享受，他还向观众竖起大拇指并报以讽刺的掌声。最终，2015年，柏林市政府辞退了他。传统主义者和激进人士对这项决定感到非常震惊。当政府宣布他的继任者是克里斯·德尔康（Chris Dercon）时，震惊变成了愤怒。德尔康是一位来自比利时的超凡大师，在伦敦视觉艺术界享有盛名，但这一切对于柏林的不少人来说恰恰是问题所在。

在德尔康接受任命前往柏林之前，150多名剧院演员和其他员工联合发表了一封公开信，表示对他的任命感到"深深的忧虑"，认为这代表着"历史性的身份贬低"。[22] 奇怪的是，他们将德尔康的前东家泰特美术馆视为英美文化统治下的特洛伊木马。他们认为政府对德尔康的任命如同一项敌意收购，是"组合主义"方法的开端，并且最糟糕的是，他是一个"新自由主义者"。卡斯托夫以"殖民和接管"为主题上演了一版《浮士德》——作为他的告别演说，并借此嘲讽他的继任者。德尔康驳斥了卡斯托夫，将卡斯托夫所珍视的事业视作怀旧主义："那时的柏林已经是过去式了，现在的柏林是一个有着普通难题的正常城市。"[23] 当德尔康到达剧院时，一些工作人员试图阻止他进入大楼，随后他们还进行了为期六天的静坐示威。共有四万人签署了反对这项任命的请愿书。德尔康的任期仅仅持续了不到一年时间。他在滕珀尔霍夫机场机库举办的由塞缪尔·贝克特（Samuel Beckett）作品改编的舞蹈表演本应是他在柏林的开场致辞，但一切并不顺利。2017年8月，他在自家公寓门口发现了粪便。有人在聚会上把啤酒倒在他的头上，还有人在街上骂他。德尔康加入的是一个有着强烈身份认同且同样强烈地拒绝改变的剧院。最终，德尔康离开了，并在巴黎大皇宫找到了自己的幸福归宿。

麦格雷戈是大英博物馆界的伟大之人，与奇普菲尔德一样，在德国声名显赫。他于大英博物馆举办的"民族记忆"展览汇集了200件展示德国600年历史的物件。该展览随后由柏林的马丁葛罗比乌斯博物馆再度展出。麦格雷戈出版了同名书，这本书与展览一样广受好评。离开大英博物馆后，麦格雷戈开始着手进行所谓的"欧洲最重要的博物馆项目"。柏林洪堡论坛将成为欧洲最大的人类学、民族学和艺术展览中心。虽然展览内容不见得与德国有关，但建筑本身将以柏林城市宫的风格重建。这座象征着普鲁士精神的巴洛克式宫殿一直矗立在广场上，直到它在战争中被摧毁，取而代之的是于20世纪70年代修建的共和国宫。如此多的不安和争论就源于此。这座具有纪念意义的玻璃幕墙现代主义建筑曾经是民主德国人民议会的所在地。对于东柏林人来说，这是一座令他们骄傲的建筑。共和国宫的门厅是一个充满魅力（就其本身而言）的咖啡厅。共和国宫还有一个保龄球馆和一个音乐厅。很多人不相信，在两德重新统一后，共和国宫是因为石棉问题被拆除的。他们认为这只是政府的借口。几年后，当拆除工作正式开始时，抗议者试图挡住起重机进场。因此，共和国宫的一些内部设施得以保存，后来在罗斯托克艺术馆中展出。共和国宫也是唯一一座在民主德国修建的博物馆。

旧的柏林城市宫的修建工作过了十年才开始。许多民主德国人想知道为什么他们需要花六亿欧元修建一座用来彰显德国影响力和殖民主义历史的大厦。我们至少可以从此处知道,麦格雷戈的任务并不轻松。他认为:"现在要求公开承认德国殖民罪行的呼声越来越高,有些人认为这与纳粹的罪行相当,并要求人们以(与纳粹)同样的承诺对其进行研究。"[24] 负责调查纳粹掠夺艺术品的德国失落艺术基金会宣布将扩大其研究范围,并资助各大博物馆进行殖民起源研究。加拿大人和澳大利亚人也在做同样的工作,马克龙要求法国归还从殖民地偷走的物品。虽然英国的某些人也开始用这样的术语讨论大英帝国,但在大多数公开辩论中,人们提到大英帝国时仍然保有着一种短视的敬畏心。

麦格雷戈还有其他更加紧迫的任务。他不得不将五个独立的博物馆归为一体,还要处理如迷宫一般的管理结构和许多人的自尊心问题。他希望人们可以免费参观博物馆(就像英国和其他国家的许多博物馆一样),联邦政府也想这么做,但柏林市政府不同意。

麦格雷戈和我探讨了德国博物馆界和艺术界的特殊性。他说,重点仍然是研究和学习。策展人权力最大,他们享有所谓的"解释主权"。换句话说,他们几乎可以全权决定艺术馆内的展览内容。他补充说:"为了做出改变,身为艺术机构的负责人,我不能独断。我必须让所有人都支持自己,然而大多数员工是公务员,所以调动他们是一项很难的工作。"我们又讨论了另一个术语"淡化"(verharmlosen),有关这个术语的最好解释是解决问题的方式。视觉艺术与表演艺术一样,其变化是渐进式的。

柏林市中心北部的柏林自然历史博物馆的负责人是约翰内斯·沃格尔(Johannes Vogel),他是一个留着精致羊角胡的男人。与达尔文的后裔莎拉·达尔文(Sarah Darwin)结婚的沃格尔多年来一直在伦敦的同类博物馆工作。沃格尔遇到的问题与德尔康、麦格雷戈的问题不一样。他的博物馆真的是运转不下去了：园区内不再有鸟儿和昆虫，整个场馆都不安全，只有不到十分之一的展厅还在使用。

沃格尔带我穿过大楼内部的储藏室，墙上仍然挂着昂纳克的海报，一张废弃的桌子上立着自由德国青年团的旗帜。他说："我们需要四亿欧元来修复这座建筑。为此，我去了议会三次，结果都没有用。2018年4月至11月，德国一直没有下雨。在此期间，里约的巴西国家博物馆突发大火，无数珍贵展品付之一炬。"在悲剧发生几天后，沃格尔在《金融时报》（*Financial Times*）上发表了一篇评论文章，论及博物馆安全与公共资金的联系。经过一整晚的讨价还价，他获得了一笔惊人的款项，即7.4亿欧元。这对于一个年度预算仅需1 700万欧元的组织来说绰绰有余。沃格尔现在计划将柏林自然历史博物馆变成世界上最伟大的科学和自然博物馆，并将数字学习和互动作为展览核心。

在德国谈论高雅艺术并不会被认为自命不凡。批评者认为，德国的艺术机构并没有特别努力地提高其吸引力。但是，一些机构已经开始改变，例如允许人们周日免费入场参观，或组织学生参观。但如果参观者来自较低的社会阶层，一些机构就不会费心招待。在德国，多样性和访问权的平等还有很长的一段路要走。文化（或其他）会议通常是有着特定年龄和背景的白人男性的专属。

德国的政治和文学领域充满了争论。与法国人和意大利人一样，德国人对公共知识分子的概念界定并不严格。多年来，大型报纸和杂志几乎没有变化（无论好坏），更注重严谨和智慧，而不是发行量。报纸的评论专栏仍然占据着大幅的版面。我记得有一份周日刊物在欧盟非洲峰会之前将整个头版用于分析非洲的发展情况。也许法国也会发生类似的事情，但我想知道，还有哪个国家会这样做呢？在20世纪80年代后期的一个工作日下午，我观看了一档电视上的智力竞赛节目，它不是严肃的比赛。选手的手指放在蜂鸣器上。"谁是英国反对派的领袖?"两支队伍立即喊出自己的答案,但有一支队伍回答更快:"尼尔·金诺克(Neil Kinnock)。"有多少英国人或美国人能够叫出另一个国家的反对派领导人(甚至政府首脑)的名字?我讲这件事情不是为了嘲笑谁,而是想说德国要求人们极端严肃且耳听八方。不同国家最显著的文化差异是处理语言问题的方法。尽管英国深陷单一语言的平庸状态,且仅将美国作为自己的参照物,但大多数德国人在学校时期会学习至少两门外语。也许正因为如此,我才会总是被德国这种真正国际化的文化好奇心震撼。

如果说德国新闻业的积极面是拒绝不理智的争论,那么其消极面则是不愿深入探究。当默克尔于2019年至少在三次公共活动中发抖时,德国的大多数报刊认为进一步调查该事件的原因是不恰当的。为了解释自己的决定,报刊编辑和电视高管给出的标准回答是新闻应区分私人生活(健康、爱情)和公共职务(资金使用或政策决定)。

正如德国历史上的许多事件一样,过去总是影响着现在。任何侵犯隐私的行为,无论是政府性质的还是商业性质的,都会被极其认真地处理。十年前,在社民党智囊团弗里德里希·艾伯特基金会(Friedrich Ebert Foundation)举办的一场关于言论自由的会议上,我深受震撼,当时一位与会者表示,她不愿使用一个来自硅谷的社交媒体平台账户。她宣称,不要相信脸书或谷歌会保护你的数据。这句话在当时听起来非常古板和保守,这无疑是一个德国人过度谨慎的例子。然而,随着对个人隐私的担忧日益增加,人们认为她是有先见之明的。没有多少德国政客拥有关注者众多的推特或脸书账户;就算他们有,他们发布的帖子通常也是乏味且正式的。但是,这一切也在逐渐变化,尽管德国的著名政客都不想像特朗普那样,一边坐在床上观看《福克斯与朋友》(Fox & Friends),一边通过社交媒体发布政府公告。

威尔海姆是默克尔的前高级助手,对事情的两面都有深入的体会。

他说:"夸张的新闻被视为对民主的威胁,而不是对民主的强化。在希特勒崛起期间,新闻被用作侵略和仇视民主的工具。"威尔海姆认为,亲纳粹者对魏玛共和国高级官员的暗杀显然已经给德国社会留下了烙印。

民意调查显示,尽管德国选择党一直在尽最大努力削弱人们对主流媒体的信任,但德国人对传统媒体的信任度仍然高于其他同类国家。路透社研究所的最新调查数据显示,47%的德国人相信他们在网上和纸质媒体上阅读的内容。目前,这一数字略有下降,但仍高于其他同类国家。在38个国家与地区中,德国媒体在公众信任度方面排在第十二位,英国排在第二十一位,美国排在第三十位,法国则排在倒数第二位。只有24%的法国人相信他们读到的内容,大约70%的英国人表示他们害怕假新闻,但只有38%的德国人有这种担忧。[25]尽管如此,德国的情况仍然值得担忧,因为德国老牌政党在社交媒体上完全无法取得优势。

德国是世界上最富有的国家之一,但许多德国人不认可盎格鲁-撒克逊人对收购行为的重视。也许德国商店不是终日开门的事实背后是以社区为核心的更加平衡的价值观取向,而不仅仅是如同被诅咒一般的不方便(我来到德国时的第一反应)。德国的市中心与许多其他国家的市中心不同,它们仍然保留着自己的特色。独立商店不会因为租金过高而被挤出市场。德国的一大乐趣是,在许多中小城镇里,你总可以在音乐厅和博物馆旁边找到一家书店。

至于作者身份,有多少国家可以骄傲地说自己拥有一位发表了多部哲学著作的国家元首?高克(和默克尔一样)是少数登上权力巅峰的民主德国人之一。在卸任总统两年后,他出版了一本关于宽容的启蒙价值为什么重要以及它是如何受到威胁的书。他深入地探讨了个性化的局限性以及对更广泛的共同事业的追求的必要性。除了德国,还有哪个国家会发生类似的事情呢?

7

未来充满挑战

气候变化与汽车工业

  德国的绿色运动是世界上最古老、最具影响力的运动，起源于半个世纪前一个位于德国西南部凯泽斯图尔葡萄酒产区边缘的名为"维尔"（Wyhl）的村庄。

  1960年，联邦德国政府通过了旨在促进核能发展的《原子能法》（Atomic Energy Act）。自20世纪50年代后期起，德国专家一直在探讨如何开发核能，20世纪70年代初的石油危机让人们意识到了这项任务的紧迫性。他们开始为核电站选址，并将巴登-符腾堡州与法国接壤的一处宁静村庄（维尔）确定为理想地点。当地居民对此充满疑虑，但专家相信他们可以轻易地解决这个问题。核电站很快就获得了规划许可证，于1975年2月正式动工，现场被封锁。麻烦也就此开始。第二天，当地居民占领了工地。警察在泥泞的土地上拖着农民行走的场景经由电视报道，迅速变成了全国性的爆炸新闻。当地的神职人员和葡萄酒制造商重新占领了被征用的田地，附近弗赖堡大学的学生也前来支援。政府最终只好放弃驱逐这些抗议者。仅仅在一个多月后，核电站的施工许可证就被吊销了。计划中的核电站从未建成，这片土地最终成为一个自然保护区。

抗议者在维尔取得了成功，并将核电站问题带到了公众面前，鼓励人们对核项目或核废料运输计划发起抗议。德国因反核和广泛的环境保护议程变得与众不同。法国、英国和美国对核问题的抵制情绪要低得多。事实上，很多人认为，正是由于核威慑力，英国和美国才能继续充当全球性大国。英国和美国获得联合国安理会席位的原因在很大程度上取决于其核地位。德国人对核战争和能源的担忧早于气候变化。如今，这两个问题迫在眉睫，德国人承受着双重压力。

2019年初夏，当我路过门兴格拉德巴赫的一所学校走向当代艺术博物馆时，一阵反复的隆隆声差点把我吓倒。我问路人发生了什么。她告诉我，这是核警报声。显然，警报在每个月的一个周六都会试运行一次。这里的居民非常重视核警报。"关紧门窗，关掉所有暖气和空调设备，服用碘片，快速寻找可以确保无线电接收的地窖或其他室内空间。"[1]该建议来自市政府在2018年10月出版的手册。该手册共有22页，人们可以阅读电子版或纸质版。在这个靠近比利时边境的人口中心，当地人对演习习以为常，并时刻准备着瓶装水和不易腐烂的食物。有些人还在橱柜里和床底下存放了防护服。

在比利时小镇休伊西南70英里处，矗立着蒂昂日核电站，这座巨大的建筑多年来一直让当地居民恐惧不已。2012年，对蒂昂日核电站和比利时另一个位于安特卫普附近的德尔核电站的反应堆压力管道和压力容器进行的超声波测试显示，钢材内部存在裂缝。2014年3月，每个核电站都关闭了一个反应堆。反应堆压力管道和压力容器是核电站的重要组成部分，简单来说，它们就是包裹住燃料棒和反应堆的钢茧。测试表明，裂缝的数量已经上升至16 000个。其中任何一处发生爆裂，都会导致核熔毁。如果真的发生了这种事故，仅仅在几个小时内，盛行的西风就会将放射性云层吹到荷兰和德国。

该地区的居民认为，政府不会允许蒂昂日核电站受损的反应堆被重新投入使用。然而，比利时联邦核控制局（FANC）收回了自己的决定。2015年11月，尽管存在着担忧，比利时当局仍然批准运营商重新启动了蒂昂日2号核电站的反应堆。比利时联邦核控制局和比利时能源公司Electrabel就裂缝提出了一个新的解释：检查表明，这些裂缝一开始就存在，不是核电站在运行过程中产生的。能源公司说，这些裂缝是"在锻造过程中产生的氢致裂纹"。[2]能源公司声明，裂缝数量不断增加是测试设备灵敏度提高的结果。比利时联邦核控制局坚称，涉事的压力管道结构完整性"仅略有降低"，但仍比法定限制高出1.5倍。比利时联邦核控制局和比利时能源公司Electrabel没有提到的是，蒂昂日核电站已经有40多年的历史了，但它的设计使用寿命只有30年。

依靠核电站提供一半电力的比利时已经承诺，比利时将于2025年实现无核化。门兴格拉德巴赫的居民担心的是，核电站也许撑不到那个时候。他们不相信比利时政府。门兴格拉德巴赫已成为德国最大的反核运动大本营之一。黑底黄字的"关停蒂昂日核电站"标语贴在路边的车上或印在窗外飘扬的旗帜上，随处可见。美丽的教堂城市亚琛距离蒂昂日核电站仅40英里。比利时民众对此的看法有褒有贬。与法国一样，许多比利时选民将核能视为一种重要的、更清洁的能源，并坚持认为德国人和荷兰人质疑核能安全性是出于政治目的。但是，人们对核电站的敌意有增无减。荷兰安全委员会的一份报告表明，在事故发生时，所有可能受到影响的国家都将无法协同合作。报告指出，最终的结果将是"混乱和动荡"。[3]德国政客一直为达成统一而苦苦挣扎。默克尔没有与比利时人闹翻，人们认为她的担忧源于已经岌岌可危的欧盟凝聚力。德国地方政府要求关闭蒂昂日核电站，但随后发现其养老基金会已经向拥有该核电站的公司投资了230亿欧元，用于购买债券和股票指数凭证。德国人迅速地卖掉了这些资产。

当德国人想到核能时，他们总会想到切尔诺贝利和福岛。这两场灾难给德国人造成的心理阴影似乎比其他国家更重。毕竟，分裂的德国曾经是两个核大国的冷战中心。背后的原因也许还包括德国人对风险的普遍厌恶、对大型企业的不信任以及历史教训。他们认为，赋予人类不受约束力量的核武器和核能会对人类世界造成可怕的伤害。

第一件影响到德国民众的核事故发生在世界的另一端。1979年，在美国宾夕法尼亚州哈里斯堡附近的三里岛，一座反应堆发生了部分熔化事故，约12万人聚集在波恩政府大楼外示威抗议。但是，尽管参与抗议的人数众多，且类似的行动在维尔取得过成功，但抗议者并没有占据上风。多年来，能源公司一直在努力游说政府。迄今为止，德国已经建造了17座核电站。最激烈的冲突发生在德国西北部的沿海地区。1981年2月，约十万人在汉堡西北部的布罗克多夫聚集游行，政府出动了一万多名警察对付他们，这是联邦德国迄今为止规模最大的警察行动。双方都有数十人受伤，但五年后，修建工作仍然照常开展。

1986年的切尔诺贝利核电站灾难改变了一切，让整个欧洲陷入了恐慌之中，特别是德国，因为德国处在从东边扩散而来的辐射云线附近。当时的我正在莫斯科。在事故发生的前几天，大多数苏联公民不知道发生了什么。我记得在事故发生大约一个月后，我乘飞机返回欧洲并降落在米兰，令我震惊的是，我们被要求在机场的偏僻区域一个接一个地离开飞机，接受穿着防护服并手持盖革计数器的人员检查。随着辐射云穿过整个欧洲大陆，德国人竭尽全力地处理着核污染。地区、城市和村庄共同制订了应急计划。农作物被全部焚烧，身穿防护服的消防员在边境清洗从其他国家回来的汽车，学校操场上的沙子也被全部更换。从那时起，修建新的核设施在政治方面失去了可能性。

切尔诺贝利推动了德国绿色运动的发展。德国绿党于1980年成立，当时有一个250人的行动团体聚集在德国南部小城卡尔斯鲁厄。

这个由生态学家、女权主义者、学生和反文化网络组成的团体发表了一项计划，呼吁解散华约和北约，呼吁欧洲去军事化，并希望将大型企业拆解为更小的单位。他们想要组建一个"反党派"的政党，避开传统的政党结构。为了实现平等和扁平化结构，被选为州政府或联邦政府议员的党派成员必须在任期达到一半时主动卸任，并由名单上的下一个人接任。这个条款随后被取消。但性别平等在党内得到了严格执行，50%的领导职位由女性担任。党派成员的人数稳步增长。绿党是两种不同力量（激进的城市居民和学生，以及更保守的农村居民）的混合体。他们讨厌工业资本主义，追求慢节奏且更传统的生活方式。绿党在当时是一个边缘政党。虽然绿党的政治生涯在不久后实现了突破，但很明显，这些发生在德国的事情并没有发生在同一时期的其他国家。

20世纪80年代中期，我在德国第一次接触到关于环境保护的严肃讨论。我一方面觉得这极具启发性，另一方面觉得这很讨厌。德国很早就启用了垃圾回收系统，但实际操作似乎更多是为干涉和烦琐规章找的借口。有一次，一个戴着厚厚手套的清洁工按响了我的门铃。他严厉地批评我没有正确地把玻璃、塑料和纸张分类处理。那时的英国人没有任何垃圾分类制度，我不知道他为什么这么激动。在我看来，这就是一个保姆式国家的写照，此外还要加上伪善。最热衷于驾驶的德国人是怎么将自己视作环保主义者的呢？

这让我由门兴格拉德巴赫联想到了慕尼黑。大多数我这个年纪的人都记得20世纪80年代时奥迪的电视广告，结尾是"突破科技，启迪未来"。但最能体现德国人对汽车情有独钟的宣传口号不是奥迪的"突破科技，启迪未来"，而是宝马的"纯粹驾驶乐趣"。要想了解这句口号的真正意义，你必须亲自前往慕尼黑奥林匹克公园边的汽车乐园，即宝马世界。宝马世界是巴伐利亚州游客人数最多的景点，也是德国最受欢迎的旅游目的地之一。慕尼黑宝马世界于 2007 年开业（错过了 2006 年世界杯）。它既是一座博物馆，又是一个主题公园，还是一个陈列室，馆内到处都是令人咋舌的营销口号。我在一个炎热的夏日前去参观，身边满是兴奋的德国家庭以及成群结队的阿联酋人。他们瞪大眼睛盯着各种车型，用手指轻轻地感受车身喷漆。他们坐在室外的摩托车上，从小店购买各式各样的纪念品，但真正的生意发生在楼上的会议室内，潜在客户（销售团队可以轻易识别出那些严肃的游客）谈论着他们梦想中的汽车以及与之配套的规格。人们可以在那里轻松完成交易。

斯图加特北郊祖文豪森的保时捷总部几乎同样受欢迎。在拥有多点触控墙和混合现实屏幕的博物馆旁边，你可以购买保时捷汽车。但是，你必须等待，因为保时捷仅能按规格定制。无论保时捷公司的发展速度有多快，供给永远赶不上需求。2015 年，当保时捷的新款电动车 Taycan 发布时，热情的消费者蜂拥而至，很多人在付款后不得不等待着这辆售价超过十万欧元的汽车最终交付。保时捷允许员工以高额补贴价租赁汽车，这笔费用可以直接从月薪中扣除。在德国汽车行业中，你会竭尽全力地与最好的汽车工程师搞好关系。

柏林生态研究所的创始人安德烈亚斯·克雷默（Andreas Kraemer）向我解释了德国人对汽车的痴迷。他从历史讲起。1876 年，一位名叫尼古拉斯·奥托（Nikolaus Otto）的工程师发明了新一代内燃机，这是现代汽油发动机的前身。奥托曾与设计师戈特利布·戴姆勒（Gottlieb Daimler）合作，但他们后来分道扬镳，成为激烈的竞争对手。17 年后，德国工程师鲁道夫·狄赛尔（Rudolf Diesel）设计了一种不同类型的更省油的发动机，即以他的名字命名的柴油发动机。如今，柴油发动机已成为被谴责的对象。克雷默说，只要走在公司的停车场上，你就能了解汽车作为德国人身份象征的心理了。克雷默说："许多职业的人认为'如果我不开最新款的宝马上班，我就不会受到重视'。"汽车建立了一条鄙视链，象征着团结和能否受人尊敬。克雷默告诉我，在德国，一位医生会对他的病人说"你可以信任我，我可是开奔驰的人"，一位建筑工程师也会对他的商业伙伴这么说。克雷默补充道："几十年来，汽车一直是一种仪式，象征着自由，是骄傲的来源。"

超过一半的德国家庭是德国汽车协会（ADAC）会员。其会员杂志的印刷量为1 100万册，该杂志是迄今为止德国所有出版物中发行量最大的。对于年满18岁或通过毕业考试的青少年来说，汽车是标准的成人礼。一般情况下，德国的年轻人会在17岁时考取驾照。不过，现在的情况有所改变。克雷默说，他的女儿以及他女儿的朋友更愿意拥有一台电脑，或出国旅行。但是，这种变化主要发生在大城市。在纽约、巴黎或伦敦，人们开车压力大，汽车行驶速度慢且开车成本高，柏林也是如此。不过，小城镇和村庄的一切仍然照旧。

高速公路上恰恰没有德国那些令人窒息的条条款款。全长12 000千米的混凝土赛道让许多德国人尤其是老一辈德国人感受到了自由，他们认为这种自由在其他情况下是不可能实现的。截至目前，为高速公路限速的尝试都失败了。为了减少汽车噪声和提高驾驶员安全意识，人们对城市内的高速公路实施了限速，但这仅仅覆盖了不到30%的高速公路网络。在确实存在限速的地方，交通事故死亡率比其他路段低四分之一。非营利性环保组织德国环境援助组织的多萝西·萨尔（Dorothee Saar）说："在所有独立的措施中，高速限速对保护环境的贡献最为显著，而且没有成本。可一旦谈到汽车，辩论往往就会变得不讲道理。"[4] 长期担任欧洲议会议员的绿党人士迈克尔·克拉默（Michael Cramer）对此做了一个类比："对于美国人来说，他们有步枪和枪支游说团体。对于德国人来说，我们有油门踏板和汽车游说团体。"[5] 我也从其他人那里听到过这个类比，尤其是年轻人。

德国商界领袖、政治家和经济学家一致认为，只有汽车行业发展，德国经济才能发展。汽车行业是德国国家经济状况的晴雨表，这远远超过美国和英国经济对金融服务业的依赖。德国工业联合会的斯特凡·迈尔说："汽车公司认为政府是依赖它们的，而不是反过来。汽车工业有一种无敌的光环。"德国的大部分商界、政界人士以及许多消费者不承认大众汽车的尾气排放丑闻，他们认为如果没有美国人，这件事不可能被揭露。2015年9月，美国环境保护署发现部分柴油车受到操纵，因此柴油车尾气排放控制仅在被检测状态下生效。一旦柴油车处于正常行驶状态，尾气调控装置就会停止工作，并将大量有害的氮氧化物排入大气，排放水平远远超过美国监管机构所允许的限值。在六年的时间里，全球市场上已有约1 100万辆装有所谓"失效装置"软件的汽车被售出。[6]

2015年，大众汽车CEO马丁·温特科恩（Martin Winterkorn）辞职。他被美国人指控犯有欺诈罪和阴谋罪，但他不太可能在美国接受审判。德国检察官最终追查了温特科恩和奥迪的负责人鲁珀特·施泰德（Rupert Stadler）。温特科恩、他的继任者和大众汽车董事长随后因涉嫌未能披露丑闻而被指操纵股市。德国检察官声称，温特科恩至少在尾气丑闻被揭露前一年就已经知情。温特科恩的辩护律师坚称，虽然温特科恩可能收到了相关的电子邮件，但他并没有阅读这些邮件。迄今为止，大众汽车已在全球范围内支付了300亿欧元的罚款和各项费用。[7] 2019年9月，大众汽车面临前所未有的法律挑战。德国司法系统第一次走上了美国的集体诉讼路线。在德国消费者组织联合会（VZBV）提起的诉讼案件中，数万名客户联合起诉大众汽车违规销售。大众汽车拒绝支付为纠正汽车尾气排放装置而产生的费用。这笔费用现在是由政府支付的。这样的丑闻摧毁了许多公司。虽然大众汽车及其子公司确实受到了影响，但影响并不严重。

德国汽车行业的自满使其前景不明朗。德国汽车认为自己可以永远保持世界领先地位，却忘记了为竞争做准备。在美国和亚洲，混合动力汽车和电动汽车的技术研发进步迅猛，而大众、梅赛德斯－奔驰、宝马和奥迪却在沉睡。十年过去了，德国品牌已经在新技术领域小有成就，但仍然面临着艰苦的斗争。美国的特斯拉正计划在柏林东部修建一座"超级工厂"。对此，人们意见不一。支持者指出，新工厂不仅能使德国用上最新的绿色能源技术，还可以创造1.2万个工作岗位和5万辆汽车。反对者认为，建工厂意味着砍伐大面积森林和破坏环境。对于一些人来说，美国在德国首都修建新一代汽车工厂是非常难以接受的，但特斯拉很受德国消费者的欢迎。

在德国，空气质量非常差的城市有数十个，法院已经开始对柴油车实施临时禁令。空气质量最差的城市是斯图加特。2004年，本地居民采取法律行动以寻求补救。斯图加特地方政府禁止卡车驶入市中心，但收效甚微。在斯图加特，只有更多的诉讼发生，没有任何措施落到实处。舆论意见是分裂的：人们既对禁止柴油车的想法感到愤怒，又对空气质量感到担忧。2013年，斯图加特选出了一位绿党市长。他开始采取行动，引入了"细颗粒物警报"。在空气污染超过欧盟限制的日子里，他敦促当地居民停止使用燃木壁炉，并乘坐公共交通工具出行。作为激励措施，车票半价。这些措施似乎没有达到预期的效果。2018年，斯图加特有63天都超过了欧盟允许的日均PM_{10}（可吸入颗粒物）水平——几乎是被允许的35天的两倍。[8]斯图加特位于一个三面被山丘环绕的盆地中，没有可以缓解交通压力的环路交通，但德国其他城市也有类似的问题。现在，大城市的SUV（运动型多用途汽车）车主或其他油耗高的车辆车主经常会在自家车上发现写着诸如"你的车太大了"或"你的自尊心需要这么华丽的车来维持吗"的纸条。

在德国，环境问题一直是一个重要的政治议题，处于文化战争的前线。

在格蕾塔·桑伯格（Greta Thunberg）于2018年8月在瑞典开始学校罢工后的几天内，"为了未来的星期五"运动席卷全球，各地年轻人积极参与其中。德国是该运动最活跃的分支之一，许多主要城市会定期举行示威活动。2019年11月，在"黑色星期五"的消费狂欢节上，德国500多个城镇的数十万人参加了抗议活动。桑伯格经常前往德国，她不仅会在集会上发言，还会亲自参与抗议行动，她曾经参加了一项在科隆以西的汉巴赫举行的阻止一处古老林地被砍伐的活动。无论她走到哪里，她都会受到崇拜，但德国也有自己的超级活动家——一个名叫路易莎·纽鲍尔（Luisa Neubauer）的23岁自信女孩。纽鲍尔的影响力如此之大，以至2020年1月，西门子CEO凯瑟尔公开邀请她加入西门子即将成立的可持续发展委员会。她拒绝了这一邀请，指出西门子刚刚同意成为世界上最大煤炭开采项目的合作伙伴，该项目位于澳大利亚，而当时澳大利亚大部分地区正被由气候变化引起的森林火灾侵袭。无论如何，她都不想妥协。德国企业界迅速跟上潮流，渴望展示自己新达成的环保功绩。在马德里联合国气候会议结束后，桑伯格登上火车，开始了长达30小时的长途跋涉，以返回她在瑞典的家。旅途中，她在推特上发布了一张她坐在过度拥挤的德国火车走道上的照片。德国联邦铁路公司立即回应：桑伯格其实拥有头等舱的座位。德国铁路所服务的旅客人数近年来持续增加，这在很大程度上与气候抗议有关。2019年，共有1.5亿人次乘坐火车出行，这个数字在四年内增长了25%，再度增加了已然咯吱作响的铁路系统所承受的压力。与此同时，德国国内航空旅客人数下降了12%。[9]

"为了未来的星期五"的集会虽然充满激情，但总是井然有序。富有同理心的地方政府会帮助集会搭建舞台和音响系统。父母会为他们的孩子填写参加活动的许可单,老师、艺术家和科学家也会参加这些集会。第一次这样的抗议发生在因瓦力登公园(Invalidenpark),该公园是一个历史悠久的地方,曾是守卫柏林墙的民主德国警察的营房。气候部、交通部以及一些经济和科学研究中心都在附近。自然历史博物馆馆长沃格尔告诉我:"这里是柏林的智囊团。"他笑着指出,德国联邦情报局的监视培训中心也在附近。沃格尔为他的博物馆在气候抗议活动中所发挥的作用感到非常自豪。自然历史博物馆会在每次集会结束后举办辩论会,"为了未来的星期五"与"为了未来的科学家"同步进行。他说:"年轻的小抗议者与科学家们聚在一起,他们每次都有四个小时的时间用于参加这场紧张的研讨会。"他还让博物馆主办了一场国际新闻发布会——由经常登上晚间新闻的人主持。他补充道:"这里现在是一个庆祝革命的地方。"

除了"为了未来的星期五"运动,德国还有"为了马力的星期五"脸书群组。这个脸书群组由一位名叫克里斯托弗·格劳(Christopher Grau)的汽车修理工创建。他声称自己是"汽车狂热者",他发布了一段发泄他对气候抗议活动不满的视频。尽管视频画面不稳,收声也很糟糕,但这并没有妨碍超过15万人观看他长达一小时的谩骂。根据该群组的描述,他们打算"用一些有趣的事情来对抗猖獗的气候躁狂症"。格劳在脸书上的封闭小组几天内就拥有了超过50万的成员。格劳通过进行一系列媒体采访充分地利用了他突如其来的名气。该群组认为汽车电气化并不是正确的道路,人们应该采用氢燃料或生物柴油等替代性燃料。该群组坚持认为,他们的方式才是对气候更友好的方式,并且没有全盘否定内燃机。格劳组织的名为"野兽工厂"的汽车研讨会在诺特基兴外举行,这里距最近的火车站有四英里的距离,来回通行的车辆只有不可靠的志愿巴士。南边的多特蒙德和北边的明斯特离这里都有一段距离。换句话说,研讨会所在地离哪个城市都不近。格劳说："你必须开车，否则你无法离开这里。"他认为人们对汽车的限制侵犯了他的生活。他不承认自己是气候变化的否认者，也不承认他的团队已被德国选择党渗透。即使这不是他的本意，他也肯定被利用了。

格劳的主观意图可能相对无害，其他人则不然。桑伯格、纽鲍尔等环保活动家遭到了无情的嘲弄和谩骂。德国选择党认为，气候议题是继移民和欧元之后它必须抓住的第三个机会。一份德国选择党的党内文件指出，每当大城市的环保主义者站出来支持某事时，"德国选择党必定会自动反对——反之亦然"。[10]

现在，气候变化否认者迎来了自己的青年领袖。内奥米·塞伯特（Naomi Seibt）是一名来自明斯特的19岁女孩，她在YouTube上发布了一段反对"气候变化癔症"的视频，成为美国、德国等国家的右翼组织的宠儿。2020年2月，塞伯特应美国右翼智库哈特兰研究所的邀请，在于马里兰州举行的美国保守党政治行动会议上发表演说。出席该会议的只有美国时任总统特朗普和副总统迈克·彭斯（Mike Pence）。化石燃料游说团队和极右翼组织，无论是在美国还是在德国，都找到了共同的事业。

位于德国远东地区的科特布斯有着古雅的老城区和令人印象深刻的艺术馆。除此之外，它似乎没有值得游览的地方。科特布斯最著名的建筑可能位于城外，靠近波兰边境。你可以在周围的任何地方感受到这栋建筑的存在。天空中永远漂浮着厚厚的白云，这就是约恩施瓦尔德，这是一个燃烧褐煤的发电站。据估计，该发电站是欧洲第四大二氧化碳排放源。[11]此外，一份报告显示，欧盟五个污染最严重的工厂中有四个在德国。关闭约恩施瓦尔德的理由在环保方面是毫无争议的，但政治无法不介入。距此地不远的是德国最大的太阳能发电厂利伯罗瑟，于十年前投入使用。那片地区曾是一个军事训练场，有20多个足球场那么大。利伯罗瑟生产的清洁电力足以满足一个拥有15 000户家庭的小镇的需求。利伯罗瑟的经营合同还将持续十年,在合同结束后,它将被拆掉并重新铺上草地。利伯罗瑟身后的融资是私人和公共资本的巧妙组合。截至目前,利伯罗瑟都是环保的。但问题是,整个发电厂只需要十几名工人就可以维持其正常运转。相比之下,超过8 000个工作岗位依附于约恩施瓦尔德发电站。

德国从20世纪70年代开始逐渐摆脱对煤炭的依赖,但要到2038年才能彻底停止煤炭使用。德国共有三个主要的褐煤矿区:一是劳西茨,即科特布斯的所在地;二是中部的哈尔茨地区;三是西部工业化程度很高的鲁尔区。这些地方很穷,在政治上很容易起冲突。如果没有国家补贴,那么在未来五到十年内,所有的矿场都会破产,但政府已经在努力地延长它们的寿命,以便在这些难以创造有意义的工作岗位的地区挽救现存的职位。这是全世界都很熟悉的情节,即为真正的男人提供真正的工作。当一家著名的德国连锁药店倒闭时,有1万名女性工作人员会失业,但政客和媒体没有发声。

尽管德国一直大肆吹嘘着自己的能源改革,但德国现在肯定无法达到它最初制定的关键基准——在2030年将二氧化碳总排放量较1990年的水平降低40%。德国政府已经放弃了这一目标。现在,德国政府把目光放在了30%这一数字上。德国的碳排放量在过去十年完全没有减少,其中交通碳排放自1990年以来一直没有下降。德国仍然是全球第六大二氧化碳排放国,其排放量约占世界总量的2%。波茨坦气候影响研究所所长奥特玛·埃登霍夫(Ottmar Edenhofer)说:"我们必须制定一个非常清晰的平衡表。实际上,我们已经失去了整整十年的时间。"[12] 近年来,即使是耗油量大的美国,其碳排放量的减少幅度也超过了德国。[13]

民粹主义政治正在与科学相互对抗。德国拥有许多世界上历史最悠久、最受尊敬的环境保护智库。据说，德国现在有超过1 000名研究人员在非政府机构从事环境和气候研究（比任何国家都多），有同等数量的研究人员在大学从事同样的工作。德国第一个专门的环保组织应用生态学研究所（Öko-Institut），早在1977年就因反核运动诞生于西南部的弗赖堡。三年后，应用生态学研究所提出了一个非常超前的概念，即"能源转型"。

那么，究竟发生了什么呢？默克尔不是被称为"气候总理"吗？绿党不是在德国政府占据着一席之地吗？德国不是最早"走向绿色"并拥抱可再生能源、垃圾回收利用、自行车和所有环保事务的国家吗？部分原因是气候变化并不是迫在眉睫的有形威胁。多年来，德国境内气候变化造成的影响并不是主要问题，其影响实际上在更远的未来。最近的危险是海平面上升，这对德国北部和西部的邻国（比如丹麦和荷兰）的影响更大。大部分原因来自政治。默克尔面临着许多阻力：核能产业说客、汽车行业说客和煤炭行业说客。两德重新统一改变了许多事情，政府重新排列了任务的轻重缓急。德国东部的政客和经济家几乎不惜一切代价地维护就业和社会稳定。与此同时，默克尔的联盟伙伴社民党也处境糟糕，既需要留住其核心选民——工人阶级，又不能远离年轻的、更城市化的选民。

德国能源匮乏，人口稠密。与英国、法国、西班牙、葡萄牙和荷兰不同的地方是，德国过去没有依赖殖民地的无限资源供应。战前，煤炭是一种德国可以依靠的战略储备，是天然的宝藏。煤炭使这个国家变得强大。从1945年起，美国人确保德国能通过其无法控制的海上航线获得石油和天然气供应。德国就此与西方联盟紧紧地联系在了一起。能源安全对所有国家来说都是至关重要的。这个在一个世纪内被破坏和惩罚了两次的国家的子民学会了如何巧妙利用他们所拥有的资源。

2000年，德国成为第一个全力押注风能和太阳能的大型经济体，并通过了一部随后被大量复制的法案,该法案旨在为德国可再生能源产业提供有保证的高关税。该法案的出台不是因为气候变化,而是为了摆脱核电。两年后,经过政府与电厂运营商的长时间磋商,《关于有计划地逐步淘汰利用核能进行商业发电的法案》落地,该法案规定,德国将于2021年左右关闭所有核设施。有几家核电站已经提前关闭,大致符合人们预期的运行寿命和安全记录。[14] 2005年,德国可再生能源发电量仅占总发电量的10%。[15] 投资者争先恐后地在陆地和海上建造风力发电机,并安装了超过150万个太阳能发电装置。这是一个相当乐观的时期。乐观也得到了事实验证。可再生能源的发电份额稳步攀升,占总发电量的40%以上。德国的目标是到2030年将此数字提高到65%,到2050年将此数字提升至80%。这些需要大量投入。德国每年约有250亿欧元的补贴流入可再生能源行业,其中大部分源于消费者支付的电费溢价。[16]

德国风电行业有约16万名从业者。这是煤炭行业工人人数的8倍,尽管煤炭是德国人自我意识的一部分,但政客不会公开承认这一点。可再生能源行业的繁荣也伴随着其他压力。21世纪初,德国政府开始怀疑自己是否可以继续安心地依赖于俄罗斯的天然气和电力。太阳能和风能也无法填补这一空缺,德国人开始反思放弃核能是不是明智之举。2008年,《明镜周刊》发表了封面文章《核电——可怕的卷土重来》(Nuclear Power—The Scary Comeback)。[17] 默克尔和她的联盟伙伴自民党,在2010年底突然公布了一部新的法规,以延长核电站的运行期限。这种诡计被民间环保组织称为"大背叛"。人们发起了很多抗议活动,还有很多法律诉讼接踵而至。该法规因涉嫌违宪而备受质疑,因为部长们没有事先与各州政府协商,而是匆忙地将它提交给了联邦议院。绿党因此人气飙升,在民意调查中以30%的得票率领先,这在世界任何地方都是前所未有的。四分之三的德国选民告诉民意调查机构他们反对核电,甚至有政府的专家也谴责了这一举动。

随后到来的是 2011 年的福岛核事故。日本的核灾难为默克尔提供了一个挽回的机会。三个月后,德国联邦政府通过了一项新法规,规定了弃核的固定日期,即 2021 年。这是对核电根深蒂固的敌意,也是政治反噬,默克尔别无选择。就气候变化而言,此举是错误的。德国应该首先关闭煤炭和二氧化碳密集型发电站。目前,在减排方面优于德国的国家(英国、法国和瑞典)都拥有核电站。默克尔认为这是一种激进行为,但她是被迫这样做的。

即使德国未来无核化,欧盟仍有约 30% 的电力由核能供应,其中 14 个欧盟国家设有 130 座核电站。《欧洲原子能共同体条约》(Euratom Treaty)是欧洲对和平发展核电的承诺,于 1957 年由欧洲经济共同体的创始成员共同签署。该条约旨在"促进合作"并确保安全标准相互兼容。欧洲原子能共同体和其他国际协议也对核事故的跨境责任做出了规定与限制。活动人士争辩道,为什么德国不在 2021 年关闭最后一家核电站时退出这些条约?为什么德国政府要剥夺其公民在法国或比利时发生核事故后要求损害赔偿的权利?不过,退出欧洲的条约不可能是德国会做出的选择。

2018 年的夏天让人们第一次感受到了气候危机的严重程度。整个夏天,高温主宰着德国:庄稼都枯死了,河流也干涸了。在同年的下半年,河流水位是如此之低,以致莱茵河上的货物运输不得不停止,这在人们的记忆中是第一次。航道停运影响了德国的工业中心,鲁尔区的巨头蒂森克虏伯钢铁厂(Thyssen Krupp)被迫缩减生产规模;化工跨国公司巴斯夫(BASF)和拜耳(Bayer)被要求为其工厂引入备用冷却系统,因为河流水流量的减少导致水温升高。同年,森林频发大火,德国从未见过这种着火频率。对于许多从前对气候变化漠不关心的德国人来说,森林大火带来了直击灵魂的痛苦。我很难描述德国人对森林的心理。从塔西佗对日耳曼尼亚和在条顿堡森林之战中战胜罗马人的描述到格林兄弟，再到冯·艾兴多夫（von Eichendorff）的浪漫诗歌（灵魂的虔诚居所），森林是德国人的精神根源。

默克尔一边回望过去，一边展望未来。她意识到，是时候采取行动了。她说，这一切都不再是无关紧要的。默克尔在2019年6月发表讲话：不要再胡闹了。对于未能正确处理气候紧急情况——北极永冻层融化、森林大火、洪水或发生在德国的威胁生命的其他灾难性事件，她下了一个奇怪的结论。也许她一直在批评自己。

《气候保护法》（The Climate Protection Law）的目的是给总理的环保政绩增光添彩。像往常一样，为了达成共识，德国联邦政府首先需要委托一个委员会进行调查。到2038年，德国将关闭所有的燃煤发电厂。截至2022年，德国最大的能源运营商将被要求关闭功率相当于20座大型发电站的燃煤发电厂。到2030年，德国煤炭产量将减少一半以上。2019年9月，在与联盟党派进行了15小时的谈判后，默克尔在当夜宣布了预算达540亿欧元的一系列措施。生产和销售汽油、煤炭、供暖燃油和类似燃料的公司必须购买证书，以抵消其产品产生的二氧化碳排放量。这种系统早已存在于欧盟，但仅适用于重工业、航空和能源部门。然而，德国的碳价很低，从2021年以每吨10欧元开始，将于2025年升至每吨35欧元。基社盟成功地否决了每吨20欧元的初始价格。其他的措施则鼓励公司和家庭减少碳排放：通过削减增值税来降低铁路旅行的票价，对机票征收更高的税；从2026年起，新修建的建筑将被禁止使用石油供暖系统；高污染汽车的汽车税也将被提高，而电动汽车的价格将更优惠。到2030年，政府将在德国范围内为电动汽车安装100万个充电桩。重新造林也是该计划的重要组成部分。经济领域的每个环节都被赋予了相应的法律责任，政府部门则负责全程监督。

这一系列措施不仅复杂，而且德国政府也不能确保所有方面都能被纳入法律。德国政府希望最大限度地发挥其影响力，并高调地宣布了全部政策。德国时任环境部部长斯文娅·舒尔策（Svenja Schulze）将其描述为"德国气候政策的新开端"。[18] 许多人认为德国政府再次错过了机会，尤其是每吨 10 欧元的碳价无法改变消费者的行为。专家还列举了其他的不足之处。他们指出，对煤炭的持续补贴将导致产能过剩，并会使之以低廉价格被出口到邻国。讨论较少的问题是陆上风电的发展放缓。某些地区的居民一直在强制改变当地的法律，确保风力涡轮机不能修建在"居住区"（这是一个故意被含混的术语）的一千米范围内。随着许多第一代涡轮机逐渐接近使用寿命，它们可能最终无法被替换。现在的重点是海上可再生能源，但它只能由跨国公司开发。

在默克尔的 2020 年新年致辞中，她着眼于她的政治遗产，承诺将应对气候紧急情况作为她最后任期内的首要任务。她告诉德国民众："如果政客不采取行动的话，那么我们的子女和儿孙将不得不为我们今日的所作所为付出代价。这就是为什么我要竭尽全力确保德国在生态、经济和社会方面都为控制气候变化做出贡献。"[19] 在这些言论中，默克尔似乎暗示她知道近年来她让大家失望了。在任职之初，她一直是环保议程的先驱。

无论煤炭和汽车行业的说客以及德国东部右翼政治机构的压力如何，默克尔的继任者都知道德国有开辟崭新道路的机会。德国不仅有技术实力，也有政治架构。尽管德国失去了所有动力，但德国人已经将环保主义深深嵌入了社区核心，没有几个国家能做到这一点。

自两年前罗伯特·哈贝克（Robert Habeck）和安娜莱娜·巴尔博克（Annalena Baerbock）共同掌管绿党以来，他们见证了绿党支持率的激增。绿党经常在地区选举中胜过社民党，并且在德国民意调查中始终领先于社民党。美国杂志《外交政策》(Foreign Policy)最近将哈贝克称为"德国对马克龙的回应"。[20]这一描述可能有点牵强，但也证明了外界对绿党的看法发生了很大的变化。与许多德国政客一样，与英美的政客不同，哈贝克并不为自己的学术背景感到尴尬。他有一篇关于文学美学的论文，并出版过一本关于启蒙时代诗人卡西米尔·乌尔里希·博伦多夫（Casimir Ulrich Boehlendorff）的书。在2009年加入石勒苏益格-荷尔斯泰因州北部农村的地区议会前，他还是一名小说作家。他随后成为副州长和能源部部长。他曾谈到在开放和封闭的政治体系之间重新定义政治："我们现在正试图成为新的组织进攻者。我们如何在多元化的社会中建立共识呢？"[21]他补充说："世界上不可能有不禁止事物的政治。世界上有很多为了保障我们的自由而存在的禁令。如果你在更广泛的政治层面设定标准，那是一件好事。如果你告诉人们，他们对动物蛋白质的摄入应该满足某种个人卡路里预算，那就是一个坏主意。"[22]巴尔博克则更像一个幕后修复者，她是一名国际法专家。自2013年以来，巴尔博克是波茨坦的联邦议员，并获得了有史以来最高的绿党主席支持率——惊人的97.1%。

绿党领导人成为德国总理的可能性很小。无论绿党能否成为最大的政党，绿党都肯定会成为下一届政府的重要组成部分。

许多激进的年轻环保主义者指责绿党已经变得软弱且迎合主流。绿党无疑吸纳了德国政治的思想：妥协和可能性的艺术。与此同时，德国企业被迫重新思考自己的商业模式。陷入耻辱的汽车行业正在电动汽车领域努力追赶，但还有很多工作要做。德国作为最先解决环境危机并将其纳入政治和社会主流的国家之一，其环保信誉还是有可能恢复的。随着绿党的影响力日益增强，很少有国家能看到类似的希望，也很少有国家会像德国那样认真地对待自己的政治。

结　论
为什么德国人做得更好

如今的世界正处于战争结束后最危险的时期。德国人环顾四周，发现民粹主义、新冠肺炎疫情和气候变化就在自家门口。新冠肺炎疫情的影响可能持续数年，随之而来的还有数十年积累下来的环境危机。从第二次世界大战结束时起，德国人经历了分裂、柏林墙的修建和冷战，但他们总是有其他人可以依靠，他们的安全总会得到保障。但是现在，曾经的那种来自外部世界的稳定感已经不复存在了。事实上，全世界都将目光投在了德国身上。

当代德国的适应力大部分源于一位女性，即默克尔。在提前宣布不会参加2021年底举行的总理选举前不久，她说德国"需要写下新的篇章"。[1] 她没有立即卸任，一些批评者就此宣称她已经不再受欢迎了。然而，她的个人支持率是比较高的，并且远远高于基民盟所获得的支持率。当人们问及她对自己政治遗产的看法时，她只是说："我不考虑我会在历史上扮演怎样的角色，我只是做好我的工作。"[2] 许多人对默克尔离开之后的生活感到担忧和害怕，这些人是对的。处境越艰难，默克尔的冷静就越能凸显出她与世界其他领导人之间的不同。她可能对某些人严苛，但对大多数人是尽职尽责的，这就是默克尔。她不打算做出改变。

德国的下一代领导人将肩负巨大的责任。他将管理一个怎样的德国呢？如果说过去几年的全球动荡教会了我们什么道理，那就是不要以偏概全地预测未来。

默克尔选定的基民盟领袖克兰普－卡伦鲍尔的离任，使这个高层政要之位空缺了数月之久。由于新冠肺炎疫情，基民盟决定推迟党派领导人选举。当时，各个派系都在争夺这个职位，因为获胜者很有可能在2021年大选之时接任总理一职。

最受欢迎的是阿明·拉舍特（Armin Laschet），他是人口最多的州北莱茵－威斯特法伦州的州长，完全符合德国政治家的传统形象，并且很擅长做交易。2020年初，他巧妙地宣布了与另一位竞争者斯潘的联合竞选，顺利地使自己离党派领导人之位更进一步。他们两个人分别代表着基民盟的两派力量，即中间派的拉舍特和右翼的斯潘。斯潘曾在难民潮高峰期批评德国的开放政策，这激怒了默克尔，但两个人很快就和好了，默克尔将斯潘带入了决策层的核心圈。40岁的斯潘还有时间可以等待，但他在新冠肺炎疫情期间担任德国卫生部部长的经历也为他提供了危机管理的第一手经验。

与默克尔一样，拉舍特擅长建立联盟，无论是在组建政府的确切意义上还是在更广泛的不同政治领域方面。20世纪90年代，作为议员的拉舍特是"比萨联盟"（Pizza-Connection）的成员，这是一个由基民盟和绿党建成的组织，双方经常在联邦议院的所在地波恩的一家意大利餐厅会面，探讨共识与分歧。在那时的人们看来，这是一个古怪的举动，甚至颇具颠覆性。但如今看来，这是一个极具启发性的举措，因为两个党派实际上是在积极主动地为共同执政做准备。如今，拉舍特继续维护着他的"比萨联盟"，早年参与其中的许多人现在身居高位。在欧洲议会和联邦议院任职一段时间后，拉舍特于2017年接管了北莱茵－威斯特法伦州，与自由派的自民党联合执掌州政府。他可靠的作风备受夸赞。北莱茵-威斯特法伦州的 GDP 比很多欧洲国家都高，这可以算得上一场他在领导国家之前的模拟测验。

拉舍特的主要竞争对手弗里德里希·梅尔茨（Friedrich Merz）是强硬资本主义的代言人。他领导的基民盟会提出很多概念。梅尔茨可能会带回一些因心怀不满而偏向德国选择党的右翼选民，但同时也会疏远许多中间派选民。另一个重要人物是马库斯·索德尔（Markus Söder），他是巴伐利亚州州长，也是基社盟的领导人。按照传统，基民盟和基社盟会在国家政治中形成一个联盟，共同任命总理候选人。如果拉舍特-斯潘联盟的民意调查结果不理想，索德尔就可以宣布参加竞选。即使索德尔不这样做，他也将成为下一届政府的重要权力掮客。

无论是谁领导政府，德国的政策共识都已经改变了。新冠肺炎疫情迫使德国进行比默克尔巅峰时期更强有力的干预，以支撑所有地区和整个经济。

在英国，政府大臣和媒体都称赞英国凭借着闪电战精神"击败"了新冠肺炎疫情。英国在第二次世界大战时期的心态（英国的自大）又回来了——这一次更显著。更感人的是，英国女王引用了维拉·林恩（Vera Lynn）的战时歌曲《我们还会再见面》（We'll Meet Again）。但是，新冠肺炎疫情越是持久，人们的怀旧情绪就越高。1939—1945年是英国最后一次在全国范围内拥有社会团结。如今，英国还能再度拥有集体意识吗？英国整整一代的政治领导人加剧了英国的经济分歧，使渴望社区生活的民众的希望落空。

2020年夏天，一些英国报纸做梦都想不到自己会对德国发表积极的言论。这些英国报纸正在痛苦地问一个问题：为什么德国人的表现要好得多？随着德国的生活逐渐开始恢复正常，新冠肺炎疫情让英国有了一种无力感。人们看到，一些在新冠肺炎疫情中表现很差的国家都是由相似的、蛊惑人心的民粹主义者领导的。这些领导人都是活动家出身,上台后在国内外大肆发起文化战争。他们更擅长的是制造分歧,而不是将民众凝聚在一起。许多德国人曾经惯于批评他们的政治文化是乏味的,而实际上这是一个更加深思熟虑的政治体系。新冠肺炎疫情促使德国人重新认识到了自己的优势。

德国人在战后建立的民族意识基于纳粹遗留下来的恐怖和耻辱,以及他们需要吸取的教训。这种民族意识帮助德国度过了几十年来所面临的各种危机。在21世纪的第三个十年即将开始时,盎格鲁-撒克逊世界想起了那些被其视为过时的价值观(例如家庭、责任和国家应当扮演的角色),但这些价值观在德国不需要修复。因为德国人从来没有抛弃它们。

在财务方面,已经疲软的德国经济将受到进一步的影响,但德国拥有其他国家没有的保险政策。"黑色的零"(联邦政府和地区必须保持账目平衡的财政紧缩要求)使德国国库拥有巨额盈余。多年来,默克尔因没有增加政府支出而备受批评,即使德国的经济仍在蓬勃发展。节俭是默克尔的座右铭,正如个人应该尽可能地储蓄一样,国家也应该存钱。当紧急情况发生时,就像在新冠肺炎疫情期间的情况一样,德国政府能够提供7 500亿欧元以支撑经济,这是一个十分惊人的数字,这使德国能够更轻松地应对危急情况。"黑色的零"政策可能已经不复存在了,但是默克尔非常有远见。随着新冠肺炎疫情在欧洲蔓延,世界各地的人都在看着德国,想知道为什么德国比其他国家应对得更好?德国正在包机送外国居民回家,正在治疗生病的意大利人、西班牙人和法国人。德国的病毒检测率让其他国家感到羞愧。被问到这个问题的英国政客很痛苦:为什么德国人做得更好?

与邻国一样,德国发誓要尽可能地挽救因新冠肺炎疫情打击而濒临倒闭的企业。但不同之处在于,德国有更多的回旋余地,因此更可能以较小的经济和社会损失在这场全球性动荡中幸存下来。德国人对团结的渴求可能会打击极端主义政治势力，削弱看似势不可挡的德国选择党的崛起。2020年唯一一场地区选举发生在2月的汉堡，这也是德国选择党遭遇的第一次挫折，选民重新选择了社民党－绿党联合政府。几周后，德国联邦政府发布了一项重要公告，但由于人们在新冠肺炎疫情早期比较恐慌，这项公告的关注度不高。德国联邦宪法保卫局决定将德国选择党的一个分部（名为"羽翼"）列入官方观察名单。但是，这个分部很快就解散了。这是这个自由民主国家的第一次反击。我们现在宣布德国选择党的消亡还为时过早（新冠肺炎疫情导致的长期低迷可能会使其东山再起），但它的巅峰期可能已经结束了。

德国所面临的长期性挑战仍然像以前一样突出，其井井有条的经济模式正在努力拥抱新一代技术。德国在电动汽车、人工智能和计算机学习领域的发展是否可以赶上美国和中国？

德国在世界上的地位是怎样的？在默克尔任期的最后几个月，《外交政策》杂志对她的任期比了一个向下的拇指，这反映了华盛顿保守派的传统思想。《外交政策》杂志谈到的是一个"无情的大联盟"，该联盟主持着"神秘的"外交政策。[3] 针对她的第四届（最后一届）政府而言，部分批评是有道理的。德国应该在国家利益方面更坚定地维护自己的主张，还应该作为一个道德领袖承担更多的责任。默克尔在一定程度上做到了这一点，但她本可以做得更多，并且她的接班人也应如此。

在英国脱欧问题上，德国时任司法部部长巴利发出的警告很快成真。在英国脱欧的几周内，德国人和法国人开始减少与英国在安全问题方面进行接触，尽管这三个国家此前合作融洽。2020年，英国第一次找不出一位能参加至关重要的慕尼黑安全会议的高级大臣。英国从德国的第三大出口市场跌至第七位。英国曾经是战后德国的典范，但如今被德国视为一个海外的麻烦。英国的对抗性政治只是巩固了德国与其他26个欧盟国家的关系，它们仍然非常团结。离开欧洲（这个被特朗普称为"敌人"的大陆[4]）并没有为英国带来所谓的特殊关系的复苏，而英国在国际价值感方面非常依赖这种关系。

与此同时，约翰逊政府早期对公务员和大学教师等专家的幼稚攻击被危机管理的现实无情推翻。英国什么时候才能重新变成那个被几代德国人钦佩的样子？那个宽容、创新、富有同情心、开放的英国社会什么时候才会回来？在英国离开欧盟的那一天，德国作家贝蒂娜·舒尔茨（Bettina Schulz）在《时代周报》上写出了许多人的想法："当我30年前抵达英国时，伦敦对我来说是一个自由之都，是一个生灵活现的乌托邦，是生活的典范。全世界的人都可以一起生活，一起工作。这里没有外国人，每个人都属于伦敦。"[5] 德国人对英国脱欧时期的混乱感到悲痛，但这些混乱是关于政治的，而不是民众的。

无论如何，新时代的政治在所有国家都会变得更加混乱，包括德国在内。德国会继续犯错。"缓慢但踏实"是德国的生活方式。在德国，对规则的痴迷会立即引起对抗，不愿创新、不愿冒险和不愿放弃的谨慎态度也会产生消极影响。然而，这种一丝不苟和深思熟虑的方式保护着德国，并为其在战后的四个关键性历史时刻保驾护航。这种方式使德国在纳粹的恐怖统治之后得以重建，并由1949年的德国基本法向德国社会嵌入了新的民主体系。从1968年的抗议运动到1989年的柏林墙倒塌，再到2015年的难民危机，这种方式一直是德国的减震器。

在新冠肺炎疫情暴发几周后的电视讲话中，默克尔做了德国领导人很少会做的事情。她援引战争，但不是为了强调内疚。她说："自两德重新统一以来（不，自第二次世界大战以来），我们的国家没有遇到过更大的挑战。这一次，所有人的团结合作是至关重要的。"[6] 然后，她严肃地谈到了出行的限制、军队的介入以及国家对民众的监控。她继续说："我向你们保证，对于像我这样的人来说，行动自由是来之不易的权利，目前的这种限制只能说明是绝对必要的。在民主国家，我们只能暂时采取这些强制措施，但这些措施对于挽救生命来说是至关重要的。"对于这位经历过民主德国和柏林墙的女性来说，采取一系列紧急措施并非易事。

然而，德国默认的思维定式（焦虑和深思熟虑）是对未来有益的保险策略。有些外国人将这种思维定义为德国人的狂妄自大，他们以为自己更了解德国，但实际上他们并不了解。英国建筑师奇普菲尔德对我说："德国人清楚地表达了我们都应该感到的焦虑。"柏林艺术大学前校长雷纳特说："即使存在种种缺点，我还是很欣赏这里的工作方式。做出决策的方式是充满智慧的，这并不能确保每个决定都是正确的，但这种过程令人安心。"英国驻德国前大使保罗·利弗（Paul Lever）说："生活在如今的德国，人们可以真切地体会到欧洲和西方文明的全部美德。"

德国人不能接受这样的想法：他们在许多方面做得很好。他们对自己可以当作其他人榜样的想法感到震惊。我承认，当我第一次有这个想法时，我觉得这与其说是一个对事实的陈述，不如说是一个需要检验的命题。但我越想了解他们处理近代历史的方式、他们对待政治的态度、他们做生意的思维、他们处理危机的方法以及他们对彼此和外部世界的态度，我就越确信这个想法。尤其是在困难时期，如果其他国家忽视了德国成熟的情感和团结一心的民众，那就太愚蠢了。

总的来说，过去70多年的德国实现了非凡的成功。德国建立了一种新的稳定性范例，而这对美国、法国和英国等国家来说是难以达到的，尽管原因各不相同。当下处境艰难的国家沉浸在过去的辉煌中，通过怀旧来寻求安慰，无论这种辉煌是真实的还是想象的。然而，德国因为其历史并不能这样做。

在这个民族主义、反启蒙运动和恐惧盛行的时代，德国是欧洲最大的希望。英国曾一直被视作文明灯塔，美国也是如此，但这两个国家都放弃了对广阔世界的大部分责任。谁将在瞬息万变的世界中代表欧洲的价值观？谁将为自由民主辩护？德国可以，因为它知道当一个国家未能从历史中吸取教训时会有怎样的结果。

致　谢

如今的德国，与我在 20 世纪八九十年代居住过的德国相比，已经发生了翻天覆地的变化。在过去的几年间，我更加因为我与这个国家的紧密联系而感到兴奋和愉快。

正如我在前言中提到的那样，当我告诉我的老朋友和新朋友这本书的主题是什么时，他们都被吓了一跳。他们认为，当我在德国待的时间久了，我就会放弃这个想法。我并非主观臆断，而是让事实引导我前行。我认识了大量的新朋友，参加了各种活动。我参观了许多我以前从未去过的地方，也时常故地重游。

许多各行各业的人坦率地与我分享他们的经验、看法和意见。他们真诚地接纳了我，并把我引荐给了更多有趣的人。如果没有遇见这些人，我不可能以现在的方式完成这本书。我非常感谢他们。

这是我在 25 年间所写的第六本书。安德鲁·戈登几乎一直陪伴着我，他在我撰写《布莱尔的战争》（*Blair's Wars*）时担任我的编辑，并在我接下来的三部作品中担任大卫·海厄姆协会的经纪人。我很高兴与大西洋书局以及我的编辑迈克·哈普利合作。感谢威尔·阿特金森及其团队（凯特·斯特拉克、杰米·福雷斯特、爱丽丝·莱瑟姆、迈克·琼斯、大卫·英格尔斯菲尔德和詹姆斯·普尔福德）对我的帮助，使我能在新冠肺炎疫情期间顺利完成写作。我非常感谢我的研究助理山姆·菲茨-吉本，他在文件搜索、采访安排和书稿校对方面投入了极大的心力。

最后，感谢我的家人——露西、亚历克斯和康斯坦斯，他们在我所有的旅程中都陪伴在我身旁。

参考文献

前　言　他们与我们

1 G. Wheatcroft,'England Have Won Wars Against Argentina and Germany. Football Matches, Not So Much.', *New Republic*, 12 July 2014, newrepublic. com/article/118673/2014-world-cup-england-have-won-wars-against-both-argentina-germany（accessed 10 September 2019）.

2 P. Morgan,'Mirror declares football war on Germany', *Mirror*, 24 June 1996.

3 M. Sontheimer,'Gefangene der Geschichte', *Der Spiegel*, 16 December 2002, spiegel. de/spiegel/print/d-25940368. html（accessed 25 September 2019）.

4 D. Woidke, speaking at Chatham House conference, Berlin, 7 November 2019.

5 P. Oltermann,'Beach towels and Brexit: how Germans really see the Brits', *Guardian*, 30 September 2019, theguardian. com/world/2019/sep/30/beach-towels-and-brexit-how-germans-really-see-the-brits（accessed 30 September 2019）.

6 S. Schama and S. Kuper,'Margaret Thatcher 1925 – 2013', *Financial Times*, 12 April 2013, ft. com/content/536e095c-a23e-11e2-8971-00144

feabdc0（accessed 5 October 2019）.

7 F. O'Toole,'The paranoid fantasy behind Brexit', *Guardian*, 16 November 2018, theguardian. com/politics/2018/nov/16/brexit-paranoid-fantasy-fintan-otoole（accessed 20 November 2019）.

8 Nicholas Ridley, in an interview with Dominic Lawson, then editor of *The Spectator*. See J. Jones,'From the archives: Ridley was right', *The Spectator*, 22 September 2011, spectator. co. uk/article/from-the-archives-ridley-was-right（accessed 28 October 2019）.

9 A. Hyde-Price,'Germany and European Security before 1990', in K. Larres（ed.）, *Germany since Unification: The Development of the Berlin Republic*, Basingstoke, Palgrave, 2001, p. 206.

10 H. Young, *This Blessed Plot: Britain and Europe from Churchill to Blair*, London, Macmillan, 1998, p. 359.

11 M. Thatcher, *The Downing Street Years*, London, HarperCollins, 1993, p. 813.

12 D. Auer, D. Tetlow, Guest Blog: More Britons willing to leave UK to escape Brexit uncertainty, 28 October 2019, https://www. compas. ox. ac. uk/2019/brexit-uncertainty-motivates-risk-taking-by-brits-who-decide-to-leave-the-uk-and-theres-usually-no-turning-back/#_ftn1（accessed 1 November 2019）.

13 G. Will,'Today's Germany is the best Germany the world has seen', *Washington Post*, 4 January 2019, washingtonpost. com/opinions/global-opinions/todays-germany-is-the-best-germany-the-world-has-seen/2019/01/04/abe0b138-0f8f-11e9-84fc-d58c33d6c8c7_story. html（accessed 5 October 2019）.

1 重建和铭记

1 F. Stern, *Five Germanys I Have Known*, New York, Farrar, Straus and Giroux, 2006, p. 425.

2 Ibid., p. 4.

3 A. J. P. Taylor, *The Course of German History: A Survey of the Development of Germany since* 1815, London, Hamish Hamilton, 1945, p. 13.

4 G. Orwell, 'Creating Order out of Cologne Chaos', *Observer*, 25 March 1945.

5 N. MacGregor, *Germany: Memories of a Nation*, London, Allen Lane, 2014, p. 484.

6 Ibid.

7 Ibid., p. 484.

8 S. Crawshaw, *Easier Fatherland: Germany and the Twenty First Century*, London, Continuum, 2004, pp. 23 – 24.

9 J. Byrnes, Restatement of Policy on Germany, Stuttgart, 6 September 1946, usa. usembassy. de/etexts/ga4-460906. htm (accessed 15 October 2019).

10 G. Marshall, 'The Marshall Plan Speech', Harvard University, Cambridge, MA, 5 June 1947, marshallfoundation. org/marshall/the-marshall-plan/marshall-plan-speech (accessed 1 November 2019).

11 T. Wurm, H. C. Asmussen, H. Meiser et al., 'Stuttgarter Schulderklärung', Evangelischen Kirche in Deutschland, 19 October 1945, ekd. de/Stuttgarter-Schulderklarung-11298. htm (accessed 1 November 2019).

12 D. R. Henderson, 'German Economic Miracle', in D. R. Henderson (ed.), *The Concise Encyclopedia of Economics*, Liberty Fund, 2007,

econlib. org/library/Enc/GermanEconomicMiracle. html（accessed 5 November 2019）.

13 U. Greenberg,'Can Christian Democracy Save Us?', *Boston Review*, 22 October 2019, bostonreview. net/philosophy-religion/udi-greenberg-christian-democracy（accessed 30 Novmber 2019）.

14 H. Lübbe,'Der Nationalsozialismus im Bewußtsein der deutschen Gegenwart', *Frankfurter Allgemeine Zeitung*, 24 January 1983.

15 S. Friedländer, *Memory, History and the Extermination of the Jews of Europe*, Bloomington and Indianapolis, Indiana University Press, 1993, p. 8.

16 K. Kuiper, *The 100 Most Influential Women of All Time*, Britannica Educational Publishing, New York, NY, 2009, p. 277; S. Kinzer,'Dietrich Buried in Berlin, and Sentiment Is Mixed', *The New York Times*, 17 May 1992, nytimes. com/1992/05/17/world/dietrich-buried-in-berlin-and-sentiment-is-mixed. html（accessed 20 November 2019）.

17 R. Gramer,'Sales of Hitler's "Mein Kampf" Skyrocketing in Germany-But It's Not Why You Think', *Foreign Policy*, 3 January 2017, foreignpolicy. com/2017/01/03/sales-of-hitlers-mein-kampf-skyrocketing-in-germany-but-its-not-why-you-think（accessed 19 November 2019）.

18 H. Arendt,'Eichmann in Jerusalem-V', *The New Yorker*, 16 March 1963.

19 K. Wiegrefe,'The Holocaust in the Dock: West Germany's Efforts to Influence the Eichmann Trial', *Der Spiegel*, 15 April 2011, spiegel. de/international/world/the-holocaust-in-the-dock-west-germany-s-efforts-to-influence-the-eichmann-trial-a-756915. html（accessed 20 November 2019）.

20 F. Kaplan,'A Match That Burned the Germans', *The New York Times*, 12 August 2009, nytimes. com/2009/08/16/movies/16kapl. html（ac-

cessed 20 November 2019).

21 W. Brandt, *Erinnerungen*, Propyläen-Verlag, Frankfurt am Main, 1989, p. 214.

22 R. von Weizsäcker, Speech during the Ceremony Commemorating the 40th Anniversary of the End of War in Europe and of National-Socialist Tyranny, Bonn, 8 May 1985.

23 J. M. Markham, 'Facing Up to Germany's Past', *The New York Times*, 23 June 1985, nytimes. com/1985/06/23/magazine/facing-up-to-germany-s-past. html (accessed 20 November 2019).

24 'Hausbacken, aber erfolgreich', *Der Spiegel*, 19 November 1990.

25 H. Kohl, speech to the Knesset, Jerusalem, 24 January 1984.

26 E. Nolte, 'Vergangenheit, die nicht vergehen will: Eine Rede, die geschrieben, aber nicht mehr gehalten werden konnte', *Frankfurter Allgemeine Zeitung*, 6 June 1986.

27 M. Stürmer, 'Geschichte in einem geschichtslosen Land', *Frankfurter Allgemeine Zeitung*, 25 April 1986.

28 R. J. Evans, *In Hitler's Shadow: West German Historians and the Attempt to Escape from the Nazi Past*, New York, Pantheon Books, 1989, pp. 103–4.

29 H. Engdahl, Permanent Secretary of the Swedish Academy, 'Günter Grass', Nobel Prize for Literature 1999, 30 September 1999, nobelprize. org/prizes/literature/1999/press-release (accessed 10 November 2019).

30 'Zeitgeschichte: "Ein bisschen Spät"', *Der Spiegel*, 14 August 2006.

31 A. Beevor, 'Letter to the Editor: A Woman in Berlin', *The New York Times*, 25 September 2005.

32 W. G. Sebald, *On the Natural History of Destruction*, trans. A. Bell, London, Penguin, 2004, p. viii.

33 J. Banville, 'Amnesia about the Alliedbombing', *Guardian*, 6 March 2003.

2 母亲的怀抱

1 'Mitschrift Pressekonferenz: Podiumsdiskussion mit Bundeskanzlerin Merkel an der Prälat-Diehl-Schule', Groß-Gerau, 30 September 2014, www.bundesregierung.de/breg-de/aktuelles/pressekonferenzen/podiumsdiskussion-mit-bundeskanzlerin-merkel-an-der-praelat-diehl-schule-845834 (accessed 28 April 2020).

2 Ibid.

3 K. Connolly, 'Angela Merkel: I took a sauna while Berlin Wall fell', *Guardian*, 5 November 2009, theguardian.com/world/2009/nov/05/merkel-berlin-wall-sauna-1989 (accessed 24 November 2019).

4 'Sauna and oysters: Merkel remembers Berlin Wall fall', The Local (AFP), 8 November 2019, thelocal.de/20191108/sauna-and-oysters-merkel-recalls-berlin-wall-fall (accessed 28 April 2020).

5 Connolly, 'Angela Merkel: I took a sauna while Berlin Wall fell'.

6 Ibid.

7 M. Amann and F. Gathmann, 'Angela Merkel on theFall of the Wall: "I Wanted to See the Rockies and Listen to Springsteen"', *Der Spiegel*, 7 November 2019, spiegel.de/international/europe/interview-with-angela-merkel-on-the-fall-of-the-berlin-wall-a-1295241.html (accessed 20 November 2019).

8 R. Pfister, 'The Reckoning: Kohl Tapes Reveal a Man Full of Anger',

Spiegel, 14 October 2014, spiegel. de/international/germany/helmut-kohl-tapes-reveal-disdain-for-merkel-and-deep-sense-of-betrayal-a-997035. html (accessed 5 November 2019).

9 M. Orth, 'Angela's Assets', *Vanity Fair*, January 2015.

10 Ibid.

11 C. Drösser, 'Gorbis Warnung', *Die Zeit*, 13 October 1999, zeit. de/stimmts/1999/199941_stimmts_gorbatsc (accessed 25 November 2019); 'Die Geduld ist zu Ende', *Der Spiegel*, 9 October 1989, spiegel. de/spiegel/print/d-13497043. html (accessed 25 November 2019).

12 C. Drösser, 'Geflügeltes Wort', *Die Zeit*, 5 November 2009, zeit. de/2009/46/Stimmts-Brandt-Zitat (accessed 26 November 2019).

13 H. A. Winkler, *Germany: The Long Road West*, Volume 2: 1933 – 1990, trans. A. J. Sager, Oxford, Oxford University Press, 2007, p. 468.

14 F. Stern, *Five Germanys I Have Known*, New York, Farrar, Straus and Giroux, 2006, p. 470.

15 H. Kohl, 'Der entscheidende Schritt auf dem Weg in die gemeinsame Zukunft der Deutschen', Presse-und Informationsamt der Bundesregierung, Bulletin No. 86, pp. 741 – 2, 3 July 1990, www. bundesregierung. de/breg-de/service/bulletin/der-entscheidende-schritt-auf-dem-weg-in-die-gemeinsame-zukunft-der-deutschen-fernsehansprache-des-bundeskanzlers-zum-inkrafttreten-der-waehrungsunion-am-1-juli-1990-788446 (accessed 26 November 2019).

16 Interview with Angela Merkel, *Bild*, 29 November 2004. See M. Ottenschlaeger, 'Sind wir noch ganz dicht?', *Die Zeit*, 9 December 2004, zeit. de/2004/51/Sind_wir_noch_ganz_dicht_ (accessed 27 April 2020).

17 C. Rietz, 'Großbritannien: Fürs Heizen zu arm', *Die Zeit*, 28 November 2013, zeit. de/2013/49/grossbritannien-heizungsarmut-boiler-energie (accessed 17 November 2019).

18 C. Kohrs and C. Lipkowski, '40 Jahre Grüne: Von der Protestpartei in die Mitte der Gesellschaft', *Süddeutsche Zeitung*, 11 January 2020, ueddeutsche. de/politik/gruene-buendnis-90-parteigeschichte-1. 4750533 (accessed 15 January 2020).

19 Rezo, 'Die Zerstörung der CDU', YouTube, 18 May 2019, youtube. com/watch? v=4Y1lZQsyuSQ&t=830s (accessed 20 September 2019).

20 'Birgit Breuel: Frühere Treuhandchefin räumt Fehler ein', *Die Zeit*, 21 July 2019, zeit. de/politik/deutschland/2019-07/birgit-breuel-treuhand-chefin-fehler-privatisierung-ddr-betriebe (accessed 30 July 2019).

21 T. Buck, 'Lingering divide: why east andwest Germany are drifting apart', *Financial Times*, 29 August 2019, ft. com/content/a22d04b2-c4b0-11e9-a8e9-296ca66511c9 (accessed 29 August 2019).

22 S. Neiman, *Learning from the Germans: Race and the Memory of Evil*, London, Allen Lane, 2019, p. 82.

23 Ibid.

24 G. Grass, trans. D. Dollenmayer, 'On Christa Wolf', *New York Review of Books*, 17 January 2012, nybooks. com/daily/2012/01/17/gunter-grass-christa-wolf-what-remains (accessed 10 November 2019).

25 M. Leo, trans. S. Whiteside, *Red Love: The Story of an East German Family*, London, Pushkin Press, 2003, p. 230.

26 Ibid.

27 A. Riding, 'Behind the Berlin Wall, Listening to Life', *The New York Times*, 7 January 2007, nytimes. com/2007/01/07/movies/awardssea-

son/07ridi. html（accessed 30 October 2019）.

28 'Germans still don't agree on what reunification meant', *The Economist*, 31 October 2019.

3　多元文化

1 'Global Trends: Forced Displacement in 2018', UNHCR, 20 June 2019, unhcr. org/5d08d7ee7. pdf（accessed 10 October 2019）.

2 J. Delcker, 'The phrase that haunts Angela Merkel', Politico, 19 August 2016, politico. eu/article/the-phrase-that-haunts-angela-merkel（accessed 2 February 2020）.

3 'One in every four German residents now has migrant background', The Local, 1 August 2018, thelocal. de/20180801/one-in-every four-german-residents-now-has-migrant-background（accessed 30 November 2019）; L. Sanders IV, 'Germany second-largest destination for migrants: OECD', Deutsche Welle, 18 September 2019, dw. com/en/germany-second-largest-destination-for-migrants-oecd/a-50473180（accessed 30 November 2019）.

4 S. Boniface, 'It's starting to look like Germany won WW2 in every way bar the fighting', *Mirror*, 7 September 2015, mirror. co. uk/news/uk-news/its-starting-look-like-germany-6397791（accessed 1 December 2019）.

5 Ibid.

6 A. Taub, 'Angela Merkel should be ashamed of her response to this sobbing Palestinian girl', Vox, 16 July 2015, vox. com/2015/7/16/8981765/merkel-refugee-failure-ashamed（accessed 29 April 2020）.

7 'Pressekonferenz von Bundeskanzlerin Merkel und dem österreichischen Bundeskanzler Faymann', Berlin, 15 September 2015, www. bundesregierung. de/breg-de/aktuelles/pressekonferenzen/pressekonferenz-von-bu-

ndeskanzlerin-merkel-und-dem-oesterreichischen-bundeskanzler-faymann-844442 (accessed 1 December 2019).

8 K. Richter, 'Germany's refugee crisis has left it as bitterly divided as Donald Trump's America', *Guardian*, 1 April 2016, theguardian.com/commentisfree/2016/apr/01/germany-refugee-crisis-invited-into-my-home-welcoming-spirit-divided (accessed 1 December 2019).

9 Ibid.

10 'Ausgelassene Stimmung-Feiern weitgehend friedlich', POL-K: 16010 1-1-K/LEV, 1 January 2016, presseportal.de/blaulicht/pm/12415/3214905 (accessed 29 April 2020). '"Ausgelassene Stimmung-Feiern weitgehend friedlich"', *Süddeutsche Zeitung*, 5 January 2016, sueddeutsche.de/panorama/uebergriffe-in-koeln-ausgelassene-stimmung-feiern-weitgehend-friedlich-1.2806355 (accessed 2 December 2019).

11 'Germany shocked by Cologne New Year gang assaults on women', BBC, 5 January 2016, bbc.co.uk/news/world-europe-35231046 (accessed 2 December 2019).

12 Y. Bremmer and K. Ohlendorf, 'Time for the facts. What do we know about Cologne four months later?', Correspondent, 2 May 2016, thecorrespondent.com/4401/time-for-the-facts-what-do-we-know-about-cologne-four-months-later/1073698080444-e20ada1b (accessed 2 December 2019).

13 Ibid.

14 Journalist speaking at 'Brown Bag Lunch: "Populism and its Impact on Elections: A Threat to Democracy?"', Aspen Institute, Berlin, 4 September 2019.

15 T. Abou-Chadi, 'Why Germany-and Europe-can't afford to accommodate

the radical right', *Washington Post*, 4 September 2019, washington-post. com/opinions/2019/09/04/why-germany-europe-cant-afford-accommodate-radical-right（accessed 20 November 2019）.

16 M. Fiedler, 'Alexander Gauland und der "Vogelschiss"', *Tagesspiegel*, 2 June 2018, tagesspiegel. de/politik/afd-chef-zum-nationalsozialismus-alexander-gauland-und-der-vogelschiss/22636614. html（accessed 3 December 2019）.

17 J. Wells, 'Leader of German Anti-Muslim Group ReinstatedAfter Hitler Photo Controversy', BuzzFeed News, 23 February 2015, buzzfeednews. com/article/jasonwells/leader-of-german-anti-muslim-group-reinstated-after-hitler-p（accessed 29 April 2020）.

18 'Pegida mobilisiert Tausende Demonstranten', *Süddeutsche Zeitung*, 6 October 2015, sueddeutsche. de/politik/dresden-pegida-mobilisiert-tausende-demonstranten-1. 2679134（accessed 29 April 2020）.

19 M. Bartsch, M. Baumgärtner et al. , 'Is Germany Lurching To the Right？', *Der Spiegel*, 31 July 2018, spiegel. de/international/germany/german-immigration-discourse-gets-heated-after-footballer-s-resignation-a-1220478. html（accessed 3 December 2019）.

20 C. Erhardt, 'Hasswelle: Kommunalpolitik-Aus Hetze werden Taten', Kommunal, 25 June 2019, kommunal. de/hasswelle-alle-Zahlen（accessed 3 December 2019）.

21 In an interview with the *Guardian*: P. Oltermann, 'Germany slow to hear alarm bells in killing of Walter Lübcke', *Guardian*, 2 July 2019, theguardian. com/world/2019/jul/02/germany-slow-to-hear-alarm-bells-in-killing-of-walter-lubcke（accessed 3 December 2019）.

22 Thomas Haldenwang, speaking at a press conference for the presentation of

the annual Report on Constitutional Protection (Verfassungsschutzbericht), Berlin, 27 June 2019. H. Bubrowski and J. Staib, 'Mord an Walter Lübcke: Versteckt im braunen Sumpf', *Frankfurter Allgemeine Zeitung*, 28 June 2019, faz. net/aktuell/politik/inland/was-der-mord-an-luebcke-mit-dem-nsu-zu-tun-hat-16257706. html?printPagedArticle = true#pageIndex_2 (accessed 3 December 2019).

23 M. Hohmann, MdB, 'Hohmann: Ein missbrauchter politischer Mord', 25 June 2019, afdbundestag. de/hohmann-ein-missbrauchter-politischer-mord (accessed 3 December 2019).

24 P. Oltermann, 'Germany slow to hear alarm bells in killing of Walter Lübcke', *Guardian*, 2 July 2019, theguardian. com/world/2019/jul/02/germany-slow-to-hear-alarm-bells-in-killing-of-walter-lubcke (accessed 3 December 2019).

25 M. Eddy, 'German Lawmaker Who Called Muslims "Rapist Hordes" Faces Sanctions', *The New York Times*, 2 January 2018, nytimes. com/2018/01/02/world/europe/germany-twitter-muslims-hordes. html (accessed 4 December 2019).

26 J. C. M. Serrano, M. Shahrezaye, O. Papakyriakopoulos and S. Hegelich, 'The Rise of Germany's AfD: A Social Media Analysis', SMSociety' 19: Proceedings of the 10th International Conference on Social Media and Society, July 2019, 214 – 23, p. 3, doi. org/10. 1145/3328529. 3328562 (accessed 4 December 2019). J. Schneider, 'So aggressiv macht die AfD Wahlkampf auf Facebook', *Süddeutsche Zeitung*, 14 September 2017, sueddeutsche. de/politik/gezielte-grenzverletzungen-so-aggressiv-macht-die-afd-wahlkampf-auf-facebook-1. 3664785-0 (accessed 4 December 2019).

27 HeuteJournal, ZDF, 15 August 2017. T. Escritt, 'In Charlottesville, Germans sense echoes of their struggle with history', Reuters, 18 August 2017, reuters.com/article/us-usa-trump-germany/in-charlottesville-germans-sense-echoes-of-their-struggle-with-history-idUSKCN1AY1NZ (accessed 3 December 2019).

28 P. McGee and O. Storbeck, 'Fears over far-right prompt Siemens chief to rebuke AfD politician', *Financial Times*, 20 May 2018, ft.com/content/046821ba-5c17-11e8-9334-2218e7146b04 (accessed 3 December 2019).

29 Joe Kaeser, @JoeKaeser, Twitter, 20 July 2019, twitter.com/JoeKaeser/status/1152502196354859010 (accessed 22 July 2019).

30 K. Proctor and S. Murphy, 'Andrew Sabisky: Boris Johnson's ex-adviser in his own words', *Guardian*, 17 February 2020, theguardian.com/politics/2020/feb/17/andrew-sabisky-boris-johnsons-ex-adviser-in-his-own-words (accessed 17 February 2020).

31 Mesut Özil, @MesutOzil1088, Twitter, 22 July 2018, twitter.com/MesutOzil1088/status/1021093637411700741 (accessed 6 December 2019).

32 J. Spahn, 'Berliner Cafés: Sprechen Sie doch deutsch!', *Die Zeit*, 23 August 2017, zeit.de/2017/35/berlin-cafes-hipster-englisch-sprache-jens-spahn (accessed 6 December 2019).

33 G. W. Leibniz, 'Ermahnung an die Deutschen, ihren Verstand und Sprache besser zu üben, samt beigefügten Vorschlag einer Deutsch gesinten Gesellschafft', *Sämtliche Schriften*, vierte Reihe, dritter Band, Berlin, Akademie-Verlag, 1986, p. 798.

34 W. Thierse, 'Von Schiller lernen?', Die Kulturnation, *Deutschland-*

funk Kultur, 3 April 2005.

35 'Antisemitismus: "Kann Juden nicht empfehlen, überall die Kippa zu tragen"', *Die Zeit*, 25 May 2019, zeit. de/gesellschaft/zeitgeschehen/2019-05/judenfeindlichkeit-antisemit-felix-klein-kippa（accessed 6 D-ecember 2019）.

36 Ibid.

37 A. Merkel, 'Rede zum zehnjährigen Bestehen der Stiftung Auschwitz Birkenau', Auschwitz, 6 December 2019, www. bundesregierung. de/breg-de/aktuelles/rede-von-bundeskanzlerin-merkel-zum-zehnjaehrigen-bestehen-der-stiftung-auschwitz-birkenau-am-6-dezember-2019-in-auschwitz-1704518（accessed 7 December 2019）.

38 E. Reents, 'Morde in Hanau: Böser, als die Polizei erlaubt', *Frankfurter Allgemeine Zeitung*, 20 February 2020, faz. net/aktuell/feuilleton/morde in-hanau-jetzt-ist-der-staat-am-zug-16644270. html（accessed 28 February 2020）.

39 'Bundesinnenminister Seehofer: "Wir müssen den Rassismus ächten"', Bundesministerium des Innern, für Bau und Heimat, 21 February 2020, bmi. bund. de/SharedDocs/kurzmeldungen/DE/2020/02/pk-hanau. html（accessed 23 February 2020）.

4 不再是孩童

1 T. Barber, 'Germany and the European Union: Europe's Reluctant Hegemon?', *Financial Times*, 11 March 2019, ft. com/content/a1f327ba-4193-11e9-b896-fe36ec32aece（accessed 10 December 2019）; H. W. Maull, 'Germany and Japan: The New Civilian Powers', *Foreign Affairs*, vol. 69, no. 5, Winter 1990/91, foreignaffairs. com/articles/asia/

1990-12-01/germany-and-japan-new-civilian-powers（accessed 10 December 2019）.

2 G. Will，'Today's Germany is the best Germany the world has seen'，*Washington Post*, 4 January 2019, washingtonpost. com/opinions/global-opinions/todays-germany-is-the-best-germany-the-world-has-seen/2019/01/04/abe0b138-0f8f-11e9-84fc-d58c33d6c8c7_story. html（accessed 5 October 2019）.

3 'Schröder on Kosovo: "The Goal Was Exclusively Humanitarian"'，*Spiegel*, 25 October 2006, spiegel. de/international/schroeder-on-kosovo-the-goal-was-exclusively-humanitarian-a-444727. html（accessed 15 December 2019）.

4 J. Fischer in a speech to the Green Party Conference, Bielefeld, 13 May 1999. 'Auszüge aus der Fischer-Rede'，*Der Spiegel*, 13 May 1999, spiegel. de/politik/deutschland/wortlaut-auszuege-aus-der-fischer-rede-a-22143. html（accessed 13 December 2019）.

5 'Stenographischer Bericht: 186: Sitzung'，Deutscher Bundestag, Berlin, 12 September 2001, dipbt. bundestag. de/doc/btp/14/14186. pdf（accessed 15 December 2019）.

6 G. Schröder, 'The Way Forward in Afghanistan'，*Der Spiegel*, 12 February 2009, spiegel. de/international/world/essay-by-former-chancellor-gerhard-schroeder-the-way-forward-in-afghanistan-a-607205. html（accessed 15 December 2019）.

7 J. Gauck, 'Speech to open 50th Munich Security Conference'，Munich, 31 January 2014, bundespraesident. de/SharedDocs/Reden/EN/Joachim-Gauck/Reden/2014/140131-Munich-Security-Conference. html（accessed 16 December 2019）.

8 F. Steinmeier, 'Speech by Foreign Minister Frank Walter Steinmeier at the 50th Munich Security Conference', Munich, 1 February 2014, auswaertiges-amt. de/en/newsroom/news/140201-bm-muesiko/259556 (accessed 16 December 2019).

9 'Schröder lobt Putin erneut', *Der Spiegel*, 11 December 2006, spiegel. de/politik/ausland/staatsaufbau-schroeder-lobt-putin-erneut-a-453795. html (accessed 15 December 2019).

10 H. Gamillscheg, 'Denkmalstreit in Tallinn eskaliert', *Frankfurter Rundschau*, 28 April 2007.

11 T. Paterson, 'Merkel fury after Gerhard Schroeder backs Putin on Ukraine', *Telegraph*, 14 March 2014, telegraph. co. uk/news/worldnews/europe/ukraine/10697986/Merkel-fury-after-Gerhard-Schroeder-backs-Putin-on-Ukraine. html (accessed 15 December 2019); 'Der Altkanzler im Interview: Schröder verteidigt Putin und keilt gegen Merkel', *Bild*, 22 December 2017, bild. de/politik/ausland/gerhard-schroeder/vertraut-wladimir-putin-54277288. bild. html (accessed 15 December 2019).

12 'Das "Wall Street Journal" stellt eine unbequeme Frage: Warum gibt es keine Sanktionen gegen Schröder?', *Bild*, 18 March 2018, bild. de/politik/inland/gerhard-schroeder/warum-gibt-es-keine-sanktionen-gegen-schroeder-55137570. bild. html (accessed 15 December 2019).

13 S. S. Nelson, 'Why Putin's Pal, Germany's Ex-Chancellor Schroeder, Isn't on a Sanctions List', NPR, 18 April 2018, npr. org/sections/parallels/2018/04/18/601825131/why-putins-pal-germanys-ex-chancellor-hasnt-landed-on-a-sanctions-list (accessed 16 December 2019).

14 J. D. Walter and D. Janjevic, 'Vladimir Putin and Angela Merkel:

Through good times and bad', Deutsche Welle, 18 August 2018, dw. com/en/vladimir-putin-and-angela-merkel-through-good-times-and-bad/g-45129235 (accessed 18 December 2019).

15 G. Packer, 'The Quiet German: The astonishing rise of Angela Merkel, the most powerful woman in the world', *The New Yorker*, 24 November 2014, newyorker. com/magazine/2014/12/01/quiet-german (accessed 18 December 2019).

16 Ibid.

17 A. Merkel, Lowy Lecture, Sydney, 17 November 2014, www. lowyinstitute. org/publications/2014-lowy-lecture-dr-angela-merkel-chancellor-germany (accessed 19 December 2019).

18 C. Hoffmann, T. Lehmann, V. Medick and R. Neukirch, 'Relations with Moscow Emerge as German Election Issue', *Der Spiegel*, 29 July 2019, spiegel. de/international/germany/east-german-politicians-see-advantage-in-pro-putin-views-a-1279231. html (accessed 19 December 2019).

19 Ibid.

20 'White Paper 2016: On German Security Policy and the Future of the Bundeswehr', Berlin, Federal Ministry of Defence, 2016, p. 32.

21 S. Thévoz and P. Geoghegan, 'Revealed: Russian donors have stepped up Tory funding', Open Democracy, 5 November 2019, opendemocracy. net/en/dark-money-investigations/revealed-russian-donors-have-stepped-tory-funding (accessed 6 November 2019).

22 Donald Trump, @ realDonaldTrump, Twitter, 9 December 2015, twitter. com/realDonaldTrump/status/674587800835092480 (accessed 19 December 2019); S. B. Glasser, 'How Trump Made War on Angela Merkel and Europe', *The New Yorker*, 17 December 2018, newyor-

ker. com/magazine/2018/12/24/how-trump-made-war-on-angela-merkel-and-europe（accessed 19 December 2019）.

23 G. Will,'Today's Germany is the best Germany the world has seen'.

24 I. Traynor and P. Lewis,'Merkel compared NSA to Stasi in heated encounter with Obama', *Guardian*, 17 December 2013, theguardian. com/world/2013/dec/17/merkel-compares-nsa-stasi-obama（accessed 20 December 2019）.

25 R. Hilmer and R. Schlinkert,'ARD-DeutschlandTREND: Umfrage zur politischen Stimmung im Auftrag der ARD-Tagesthemen und DIE WELT', Berlin, 2013, infratest-dimap. de/fileadmin/_migrated/content_uploads/dt1311_bericht. pdf（accessed 19 December 2019）.'Bürger trauen Obama und den USA nicht mehr', *Der Spiegel*, 7 November 2013, spiegel. de/politik/deutschland/ard-deutschlandtrend-mehrheit-der-deutschen-ist-mit-obama-unzufrieden-a-932455. html（accessed 19 December 2019）.

26 J. Borger and A. Perkins,'G7 in disarray after Trump rejects communique and attacks "weak" Trudeau', *Guardian*, 10 June 2018, theguardian. com/world/2018/jun/10/g7-in-disarray-after-trump-rejects-communique-and-attacks-weak-trudeau（accessed 21 December 2019）.

27 Donald Trump,@ realDonaldTrump, Twitter, 18 June 2018, twitter. com/realDonaldTrump/status/1008696508697513985（accessed 19 December 2019）.

28 K. Martin and T. Buck,'US ambassador to Germany backs European right wing', *Financial Times*, 4 June 2019, ft. com/content/3b61a19e-67c7-11e8-b6eb-4acfcfb08c11（accessed 19 December 2019）.

29 J. Poushter and M. Mordecai,'Americans and Germans Differ in Their

Views of Each Other and the World', Pew Research Center, March 2020.

30 G. Allison, 'Less than a third of German military assets are operational says report', *UK Defence Journal*, 21 June 2018, ukdefencejournal. org. uk/less-third-german-military-assets-operational-says-report/ (accessed 22 December 2019). T. Buck, 'German armed forces in "dramatically bad" shape, report finds', *Financial Times*, 20 February 2018, ft. com/content/23c524f6-1642-11e8-9376-4a6390addb44 (accessed 22 December 2019).

31 L. Barber and G. Chazan, 'Angela Merkel warns EU: "Brexit is a wake-up call"', *Financial Times*, 15 January 2020, ft. com/content/a6785028-35f1-11ea-a6d3-9a26f8c3cba4 (accessed 16 January 2020).

32 'PESCO: The Proof is in the Field', *European Defence Matters*, no. 5, 2018, eda. europa. eu/webzine/issue15/cover-story/pesco-the-proof-is-in-the-field (accessed 22 December 2019).

33 U. von der Leyen, 'Europe is forming an army', *Handelsblatt*, 1 October 2019, handelsblatt. com/today/opinion/ursula-von-der-leyen-europe-is-forming-an-army/23851656. html?ticket=ST-166577-7jif-WCpsKUzfXhWetQ0v-ap2 (accessed 22 December 2019).

34 P. Köhler, 'China continues German shopping spree', *Handelsblatt*, 25 January 2018, handelsblatt. com/today/companies/international-investments-china-continues-german-shopping-spree/23580854. html?tic-ket=ST-5042-VvXmnInrGnIliTrJj0IW-ap5 (accessed 28 December 2019).

35 D. Weinland and P. McGee, 'China's Midea makes offer for German robotics group Kuka', *Financial Times*, 18 May 2016, ft. com/content/90f9f7ae-1cd4-11e6-b286-cddde55ca122 (accessed 28 December 2019).

36 S. Mair, F. Strack and F. Schaff (eds.), *Partner and Systemic Competitor-How Do We Deal with China's State-Controlled Economy?*, Bundesverband der Deutschen Industrie, 10 January 2019. B. A. Düben, 'The souring mood towards Beijing from Berlin', The Interpreter, The Lowy Institute, 15 April 2019, www. lowyinstitute. org/the-interpreter/souring-mood-towards-beijing-berlin (accessed 29 December 2019).

37 'KfW erwirbt im Auftrag des Bundes temporär Anteil am deutschen Übertragungsnetzbetreiber 50Hertz', Bundesministerium für Wirtschaft und Energie, 27 July 2018, bmwi. de/Redaktion/DE/Pressemitteilungen/2018/20180727-kfw-erwirbt-im-auftrag-des-bundes-temporaer-anteil-am-deutschen-uebertragungsnetzbetreiber-50hertz. html (accessed 29 December 2019).

38 ' "Wir Europäer müssen unser Schicksal in unsere eigene Hand nehmen" ', *Süddeutsche Zeitung*, 28 May 2017, sueddeutsche. de/politik/g-7-krise-wir-europaeer-muessen-unser-schicksal-in-unsere-eigene-ha-nd-nehmen-1. 3524718 (accessed 30 December 2019).

39 L. Barber and G. Chazan, 'Angela Merkel warns EU'.

40 J. Lau and B. Ulrich, 'Im Westen was Neues', *Die Zeit*, 18 October 2017, zeit. de/2017/43/aussenpolitik-deutschland-usa-transatlantische-beziehungen-werte (accessed 30 December 2019).

41 T. Bagger, 'The World According to Germany: Reassessing 1989', *Washington Quarterly*, vol. 41, no. 4, 2018, p. 55.

42 K. Pfeiffer, 'Vortrag von Dr. Kurt Pfeiffer', Aachen, 19 December 1949, karlspreis. de/de/karlspreis/entstehungsgeschichte/vortrag-von-dr-kurt-pfeiffer (accessed 30 December 2019).

43 L. Barber and G. Chazan, 'Angela Merkel warns EU'.

5 经济奇迹

1 R. Zitelamann, 'The Leadership Secrets of the Hidden Champions', *Forbes*, 15 July 2019, forbes. com/sites/rainerzitelmann/2019/07/15/the-leadership-secrets-of-the-hidden-champions/#54b7640e6952 (accessed 6 January 2020).

2 D. R. Henderson, 'German Economic Miracle', in D. R. Henderson (ed.), *The Concise Encyclopedia of Economics*, Liberty Fund, 2007, econlib. org/library/Enc/GermanEconomicMiracle. html (accessed 5 November 2019).

3 H. Wallich, *The Mainsprings of the German Revival*, New Haven, Yale University Press, 1955, p. 71.

4 'The sick man of the euro', *The Economist*, 3 June 1999, economist. com/special/1999/06/03/the-sick-man-of-the-euro (accessed 6 January 2020).

5 C. Odendahl, 'The Hartz myth: A closer look at Germany's labour market reforms', Centre for European Reform, July 2017, p. 3, cer. eu/sites/default/files/pbrief_german_labour_19. 7. 17. pdf (accessed 6 January 2020).

6 U. Deupmann and B. Kellner, 'Manche Finanzinvestoren fallen wie Heuschreckenschwärme über Unternehmen her', *Bild am Sonntag*, 17 April 2005.

7 V. Romei, 'Germany: from "sick man" of Europe to engine of growth', *Financial Times*, 14 August 2017, ft. com/content/bd4c856e-6de7-11e7-b9c7-15af748b60d0 (accessed 10 January 2020).

8 E. von Thadden, 'Sind wir nicht die Reichsten?', *Die Zeit*, 27 March 2013, zeit. de/2013/14/europa-reichtum-werner-abelshauser (accessed

30 April 2020).

9 W. Martin, 'Workers at BMW, Mercedes and Porsche can now work a 28-hour week', Business Insider, 7 February 2018, businessinsider. com/german-workers-can-now-work-a-28-hour-week-2018-2?r=US&IR=T (accessed 11 January 2020).

10 G. Clark, *Question Time*, BBC One, 23 November 2017.

11 N. Adams, 'UK's Creative Industries contributes almost £13 million to the UK economy every hour', Department for Digital, Culture, Media and Sport, 6 February 2020, gov. uk/government/news/uks-creative-industries-contributes-almost-13-million-to-the-uk-economy-every-hour (accessed 12 February 2020).

12 'Germany's business barons are finding it harder to keep a low profile', *The Economist*, 15 June 2019.

13 S. Bach, A. Thiemann and A. Zucco, 'Looking for the missing rich: Tracing the top tail of the wealth distribution', German Institute for Economic Research, 23 January 2018, diw. de/documents/publikationen/73/diw_01. c. 575768. de/dp1717. pdf (accessed 15 January 2020). F. Diekmann, '45 Deutsche besitzen so viel wie die ärmere Hälfte der Bevölkerung', *Der Spiegel*, 23 January 2018, spiegel. de/wirtschaft/soziales/vermoegen-45-superreiche-besitzen-so-viel-wie-die-halbe-deutsche-bevoelkerung-a-1189111. html (accessed 15 January 2020).

14 R. Wearn, ' "Drowning" in debt as personal borrowing tops £180bn', BBC News, 20 January 2016, bbc. co. uk/news/business-35361281 (accessed 15 January 2020).

15 'Merkel kritisiert Aufnahmestopp für Ausländer-Dobrindt widerspricht', *Die Zeit*, 27 February 2018, zeit. de/politik/deutschland/2018-02/tafel-es-

sen-angela-merkel-aufnahmestopp-auslaender（accessed 17 January 2020）.

16 'Wir lassen uns nicht von der Kanzlerin rügen', *Süddeutsche Zeitung*, 1 March 2018, sueddeutsche. de/politik/debatte-um-essener-tafel-wir-lassen-uns-nicht-von-der-kanzlerin-ruegen-1. 3888853（accessed 17 January 2020）.

17 N. Sagener, trans. E. Körner, 'Minimum wage unlikely to remedy rising poverty in Germany', Euractiv, 20 February 2015, euractiv. com/section/social-europe-jobs/news/minimum-wage-unlikely-to-remedy-rising-poverty-in-germany（accessed 17 January 2020）.

18 N. Sagener, trans. S. Morgan, 'Child poverty in Germany increasingly the norm', Euractiv, 13 September 2016, euractiv. com/section/social-europe-jobs/news/child-poverty-in-germany-increasingly-becomes-the-norm/（accessed 17 January 2020）.

19 'Pressemeldung: Paritätischer Armutsbericht 2019 zeigt ein viergeteiltes Deutschland', Der Paritätische Gesamtverband, 12 December 2019, der-paritaetische. de/presse/paritaetischer-armutsbericht-2019-zeigt-ein-viergeteiltes-deutschland（accessed 17 January 2020）.

20 H. Morgenthau, 'Suggested Post-Surrender Program for Germany', 1944, Franklin D. Roosevelt Presidential Library and Museum, Hyde Park, NY. Scans of the memorandum can be viewed at docs. fdrlibrary. marist. edu/PSF/BOX31/t297a01. html（accessed 17 January 2020）.

21 'Ackermann räumt Mitschuld der Bankmanager ein', *Der Spiegel*, 30 December 2008, spiegel. de/wirtschaft/finanzkrise-ackermann-raeumt-mitschuld-der-bankmanager-ein-a-598788. html（accessed 17 January 2020）.

22 M. Hüther and J. Südekum, 'The German debt brake needs a reform', VoxEU, 6 May 2019, voxeu. org/content/german-debt-brake-needs-re-

form (accessed 17 January 2020).

23 'Sommerpressekonferenz von Bundeskanzlerin Merkel', Berlin, 19 July 2019, www. bundesregierung. de/breg-de/aktuelles/sommerpressekonferenz-von-bundeskanzlerin-merkel-1649802 (accessed 17 January 2020).

24 S. Wood, 'Whisper it softly: it's OK to like Germany', *Guardian*, 13 July 2014, theguardian. com/commentisfree/2014/jul/13/germany-world-cup-final-football (accessed 17 January 2020).

6　同室不操戈

1 T. Fontane, 'Richmond', *Ein Sommer in London*, Dessau, Gebrüder Katz, 1854, p. 75.

2 'In Profile: The Federal Ministry of the Interior', Bundesministerium des Innerns, October 2016, bmi. bund. de/SharedDocs/downloads/DE/publikationen/themen/ministerium/flyer-im-profil-en. html (accessed 10 February 2020).

3 M. Großekathöfer, 'Früher war alles schlechter: Zahl der Vereine', *Spiegel*, 15 April 2017, p. 50; A. Seibt, 'The German obsession-with clubs', Deutsche Welle, 6 September 2017, dw. com/en/the-german-obsession-with-clubs/a-40369830 (accessed 10 February 2020).

4 C. Dietz, 'White gold: the German love affair with pale asparagus', *Guardian*, 14 June 2016, theguardian. com/lifeandstyle/wordofmouth/2016/jun/14/white-gold-german-love-affair-pale-asparagus-spargelzeit (accessed 10 February 2020).

5 J. Major, 'Speech to the Conservative Group for Europe', London, 22 April 1993.

6 'Mixed Compensation Barometer 2019', Ernst & Young, November

2019, p. 4, ey. com/de _ de/news/2019/11/gehaltseinbussen-fuer-deutsche-vorstaende (accessed 15 February 2020).

7 L. Himmelreich, 'Der Herrenwitz', *Stern*, 1 February 2013, stern. de/politik/deutschland/stern-portraet-ueber-rainer-bruederle-der-herrenwitz-3116542. html (accessed 17 February 2020).

8 'Kritik an Deutsche-Bank-Chef: Ackermann schürt die Diskussion um die Frauenquote', *Handelsblatt*, 7 February 2011, handelsblatt. com/unternehmen/management/kritik-an-deutsche-bank-chef-ackermann-schuert-die-diskussion-um-die-frauenquote/3824928. html?ticket=ST-957390-MTISlcC9d2pPjTw9uzYC-ap1 (accessed 20 February 2020).

9 K. Bennhold, 'Women Nudged Out of German Workforce', *The New York Times*, 28 June 2011, nytimes. com/2011/06/29/world/europe/29iht-FF-germany29. html?_r=1&src=rechp (accessed 20 February 2020).

10 J. Hensel, 'Angela Merkel: "Parität erscheint mir logisch"', *Die Zeit*, 23 January 2019, zeit. de/2019/05/angela-merkel-bundeskanzlerin-cdu-fe-minismus-lebensleistung (accessed 20 February 2020).

11 'The German Vocational Training System', Bundesministerium für Bildung und Forschung, bmbf. de/en/the-german-vocational-training-system-2129. html (accessed 20 February 2020).

12 F. Studemann, 'German universities are back in vogue for foreign students', *Financial Times*, 22 August 2019, ft. com/content/a28fff1c-c42a-11e9-a8e9-296ca66511c9 (accessed 21 February 2020).

13 G. Chazan, 'Oversupply of hospital beds helps Germany to fight virus', *Financial Times*, 13 April 2020, ft. com/content/d979c0e9-4806-4852-a49a-bbffa9cecfe6 (accessed 13 April 2020).

14 M. Diermeier and H. Goecke, 'Capital Cities: Usually an economic driv-

ing force', Institut der deutschen Wirtschaft, 20 October 2017, iwkoeln. de/presse/iw-nachrichten/beitrag/matthias-diermeier-henry-goecke-capital-cities-usually-an-economic-driving-force-366303. html (accessed 21 February 2020).

15 R. Mohr, 'The Myth of Berlin's Tempelhof: The Mother of all Airports', *Der Spiegel*, 25 April 2008, spiegel. de/international/germany/the-myth-of-berlin-s-tempelhof-the-mother-of-all-airports-a-549685. html (accessed 21 February 2020).

16 C. Fahey, 'How Berliners refused to give Tempelhof airport over to developers', *Guardian*, 5 March 2015, theguardian. com/cities/2015/mar/05/how-berliners-refused-to-give-tempelhof-airport-over-to-developers (accessed 21 February 2020).

17 S. Shead, 'The story of Berlin's WWII Tempelhof Airport which is now Germany's largest refugee shelter', *Independent*, 20 June 2017, independent. co. uk/news/world/world-history/the-story-of-berlins-wwii-tempelhof-airport-which-is-now-germanys-largest-refugee-shelter-a7799296. html (accessed 21 February 2020).

18 L. Kaas, G. Kocharkov, E. Preugschat and N. Siassi, 'Reasons for the low homeownership rate in Germany', Research Brief 30, Deutsche Bundesbank, 14 January 2020, bundesbank. de/en/publications/research/research-brief/2020-30-homeownership-822176 (accessed 25 February 2020); 'People in the EU-statistics on housing conditions', Eurostat, December 2017, ec. europa. eu/eurostat/statistics-explained/index. php/People_in_the_EU_-_statistics_on_housing_conditions#Home_ownership (accessed 25 February 2020).

19 T. Lokoschat, 'Kommentar zur Enteignungsdebatte: Ideen aus der

DDR', *Bild*, 8 March 2019, bild. de/politik/kolumnen/kolumne/kommentar-zur-enteignungsdebatte-ideen-aus-der-ddr-60546810. bild. html (accessed 25 February 2020).

20 C. Higgins, 'The cutting edge', *Guardian*, 24 November 2007, theguardian. com/books/2007/nov/24/theatre. stage (accessed 25 February 2020).

21 P. Oltermann, 'Katie Mitchell, British theatre's true auteur, on being embraced by Europe', *Guardian*, 9 July 2014, theguardian. com/stage/2014/jul/09/katie-mitchell-british-theatre-true-auteur (accessed 25 February 2020).

22 'Open Letter', Volksbühne, Berlin, 20 June 2016, volksbuehne. adk. de/english/calender/open_letter/index. html (accessed 25 February 2020).

23 C. Dercon, speaking at the Goethe-Institut London, video posted on Facebook, 27 April 2018, facebook. com/watch/live/?v=10160588326450529&ref=watch_permalink (accessed 30 April 2020).

24 N. MacGregor, 'Berlin's blast from the past', The World in 2019, London, The Economist Group, 2018, p. 133, worldin2019. economist. com/NeilMacGregorontheHumboldtForum (accessed 26 February 2020).

25 S. Hölig and U. Hasebrink, 'Germany', in N. Newman, R. Fletcher, A. Kalogeropoulos and R. K. Nielsen (eds.), *Reuters Institute Digital News Report* 2019, Reuters Institute, 2019, pp. 86 – 7, reutersinstitute. politics. ox. ac. uk/sites/default/files/inline-files/DNR_2019_FINAL. pdf (accessed 26 February 2020).

7 未来充满挑战

1 'Information für die Bevölkerung in der Umgebung des Kernkraftwerkes

Tihange', Fachbereich Feuerwehr der Stadt Mönchengladbach, October 2018. H. Hintzen, 'Neue Broschüre in Mönchengladbach: Stadt erklärt Verhalten bei Atomunfall', RP Online, 8 February 2019, rp-online. de/nrw/staedte/moenchengladbach/moenchengladbach-verhaltenstip-ps-bei-unfall-im-atomkraftwerk-tihange_aid-36550915 (accessed 1 March 2020).

2 C. Parth, 'Tihange Nuclear Power Plant: Fear of a Meltdown', *Die Zeit*, 1 June 2018, zeit. de/wirtschaft/2018-06/tihange-nuclear-power-plant-residents-opposition-english (accessed 1 March 2020).

3 'Cooperation on nuclear safety', Dutch Safety Board, 31 January 2018, onderzoeksraad. nl/en/page/4341/cooperation-on-nuclear-safety (accessed 1 March 2020). D. Keating, 'Belgium's Neighbors Fear a Nuclear Incident', *Forbes*, 4 February 2018, forbes. com/sites/davekeating/2018/02/04/belgiums-neighbors-fear-a-nuclear-incident/#55c658216ca2 (accessed 1 March 2020).

4 K. Bennhold, 'Impose a Speed Limit on the Autobahn? Not So Fast, Many Germans Say', *The New York Times*, 3 February 2019, nytimes. com/2019/02/03/world/europe/germany-autobahn-speed-limit. html (accessed 1 March 2020).

5 Ibid.

6 'Abgasaffäre: VW-Chef Müller spricht von historischer Krise', *Der Spiegel*, 28 September 2015, spiegel. de/wirtschaft/unternehmen/volkswagen-chef-mueller-sieht-konzern-in-historischer-krise-a-1055148. html (accessed 2 March 2020).

7 J. Miller, 'VW offers direct payouts to sidestep emissions lawsuit', *Financial Times*, 14 February 2020, ft. com/content/f41adade-4f24-11ea-95a0-43d18ec715f5 (accessed 14 February 2020).

8 P. Nair, 'Stuttgart residents sue mayor for "bodily harm" caused by air pollution', *Guardian*, 2 March 2017, theguardian. com/cities/2017/mar/02/stuttgart-residents-sue-mayor-bodily-harm-air-pollution (accessed 2 March 2020).

9 'DB 2019: Long distance patronage over 150 million for the first time', DB Schenker, 26 March 2020, dbschenker. com/global/about/press/db2019 – 631574 (accessed 29 March 2020); 'German domestic air travel slump points to increase in "flight shame" and carbon awareness', AirportWatch, 19 December 2019, airportwatch. org. uk/2019/12/german-domestic-air-travel-slump-points-to-increase-in-flight-shame-and-carbon-awareness (accessed 29 March 2020).

10 'Fridays for Horsepower: The German Motorists Who Oppose Greta Thunberg', *Der Spiegel*, 15 October 2019, spiegel. de/international/germany/fridays-for-horsepower-german-motorists-oppose-fridays-for-future-a-1290466.html (accessed 5 March 2020).

11 K. Gutmann, J. Huscher, D. Urbaniak, A. White, C. Schaible and M. Bricke, 'Europe's Dirty 30: How the EU's coal-fired power plants are undermining its climate efforts', Brussels, CAN Europe, WWF European Policy Office, HEAL, the EEB and Climate Alliance Germany, July 2014, awsassets. panda. org/downloads/dirty_30_report_finale. pdf (accessed 5 March 2020).

12 S. Kersing and K. Stratmann, 'Germany's great environmental failure', *Handelsblatt*, 19 October 2018, handelsblatt. com/today/politics/climate-emergency-germanys-great-environmental-failure/23583678. html?ticket=ST-1141019-0RgHHhpypfii593mjbq0-ap1 (accessed 5 March 2020).

13 Ibid.

14 'Germany 2020: Energy Policy Review', International Energy Agency, February 2020, pp. 27-8, bmwi. de/Redaktion/DE/Downloads/G/germany-2020-energy-policy-review. pdf?__blob=publicationFile&v=4 (accessed 5 March 2020).

15 See the graph 'Entwicklung des Anteils erneuerbarer Energien am Bruttostromverbrauch in Deutschland', Bundesministerium für Wirtschaft und Energie, March 2020, erneuerbare-energien. de/EE/Navigation/DE/Service/Erneuerbare_Energien_in_Zahlen/Entwicklung/entwicklung-der-erneuerbaren-energien-in-deutschland. html (accessed 31 Ma-rch 2020).

16 Ibid.

17 *Der Spiegel*, 7 July 2008.

18 T. Buck, 'Germany unveils sweeping measures to fight climate change', *Financial Times*, 20 September 2019, ft. com/content/26e8d1e0-dbb3-11e9-8f9b-77216ebe1f17 (accessed 25 September 2019).

19 A. Merkel, 'Neujahrsansprache 2020', 31 December 2019, www. bundesregierung. de/breg-de/service/bulletin/neujahrsansprache-2020-1709738 (accessed 10 February 2020).

20 P. Hockenos, 'How to Say Emmanuel Macron in German', *Foreign Policy*, 8 December 2019, foreignpolicy. com/2019/12/08/robert-habeck-greens-merkel-emmanuel-macron-in-german (accessed 11 March 2020).

21 P. Oltermann, 'Robert Habeck: could he be Germany's first Green chancellor?', *Guardian*, 27 December 2019, theguardian. com/world/2019/dec/27/robert-habeck-could-be-germany-first-green-chancellor (accessed 11 March 2020).

22 Ibid.

结　论　为什么德国人做得更好

1 'Angela Merkels Erklärung im Wortlaut', *Die Welt*, 29 October 2018, welt.de/politik/deutschland/article182938128/Wurde-nicht-als-Kanzlerin-geboren-Angela-Merkels-Erklaerung-im-Wortlaut.html（accessed 15 March 2020）.

2 L. Barber and G. Chazan, 'Angela Merkel warns EU: "Brexit is a wake-up call"', *Financial Times*, 15 January 2020, ft.com/content/a6785028-35f1-11ea-a6d3-9a26f8c3cba4（accessed 16 January 2020）.

3 N. Barkin, 'You May Miss Merkel More Than You Think', *Foreign Policy*, 9 March 2020, foreignpolicy.com/2020/03/09/armin-laschet-merkels-pro-russia-china-friendly-successor（accessed 9 March 2020）.

4 *Face the Nation*, CBS, 15 July 2018. 'Donald Trump calls the EU a foe during interview in Scotland-video', *Guardian*, 15 July 2018, theguardian.com/us-news/video/2018/jul/15/donald-trump-calls-the-eu-a-foe-video（accessed 15 March 2020）.

5 B. Schulz, 'British Hypocrisy', *Die Zeit*, 31 January 2020, zeit.de/politik/ausland/2020-01/great-britain-brexit-alienation-eu-withdrawal-english（accessed 1 February 2020）.

6 'Fernsehansprache von Bundeskanzlerin Angela Merkel', Tagesschau, Das Erste, 18 March 2020.